AF130304

Friedrich Oscar Schwarze

Das Verbrechen des ausgezeichneten Diebstahls

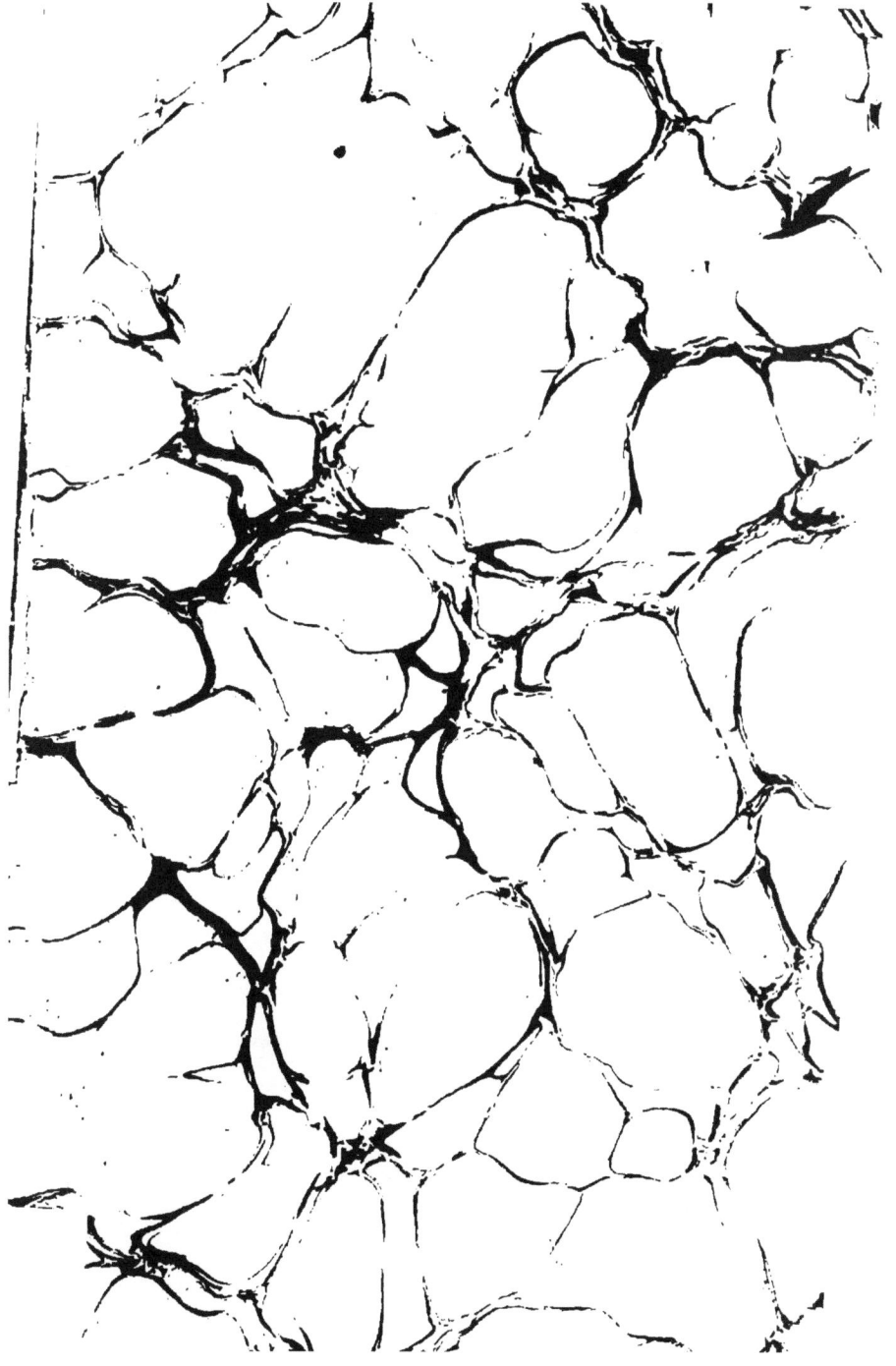

Ceremony

Das Verbrechen

des

ausgezeichneten Diebstahls,

nach den neuen deutschen Gesetzbüchern.

Von

Dr. Friedrich Oscar Schwarze,

Königl. Sächs. General-Staatsanwalt ꝛc. ꝛc.

***

Erlangen.

Verlag von Ferdinand Enke.

1863.

Druck der A. E. Junge'schen Universitätsbuchdruckerei in Erlangen.
(G. Th. Jacob.)

Vorwort.

Der Verf. hat in der gegenwärtigen Schrift nur die, in Art. 159. der C. C. C. ausgezeichneten und die ihnen verwandten Diebstähle, nämlich die Diebstähle durch Einbrechen, Einsteigen und mit Waffen, sowie durch Einschleichen bei nächtlichem Stehlen und durch falsche Schlüssel, in das Auge gefaßt. Die außerordentliche Verschiedenheit, welcher man betreff des Thatbestandes dieser Diebstähle in den neuen Gesetzbüchern begegnet, hatte den Verf. zunächst bestimmt, den Thatbestand derselben näher zu erörtern. Er beabsichtigte aber zugleich hierdurch nicht blos den Praktikern bei der Beantwortung der überreichen Zahl von Controversen in dieser Lehre einige Hilfe zu gewähren, sondern auch in derselben einen Beitrag zur Herstellung allgemeiner Ausgangspunkte bei der einstigen gemeinsamen Criminalgesetzgebung Deutschlands zu liefern. Es zeigt sich nämlich auch in dieser Lehre wiederum das Bestreben unserer Gesetzgebungen, womöglich alle schwereren, zeither vorgekommenen Fälle durch Häufung einer Menge von Specialvorschriften zu treffen, ohne hierbei ein bestimmtes und allgemeines Princip an die Spitze zu stellen. Es ist dadurch der Kreis der qualificirten Diebstähle außerordentlich erweitert und ein ziemlich regelloses Aggregat von Bestimmungen geschaffen worden.

Die obigen Diebstahlsfälle betreffen die, in der Art der Begehung und (abgesehen von dem bewaffneten Diebstahle) durch das Mittel der Entwendung qualificirten Categorien. Dieses gemeinsame Moment der Qualification ermöglichte ihre gemeinschaftliche Behandlung, wie es auch überhaupt einen festeren und sicheren Anhalt bietet, als dasjenige, welches bei den meisten übrigen Qualificationen in dem Objecte der Entwendung gefunden wird.

Durch die Beschränkung der Abhandlung auf unsre neuen Gesetzbücher wurde zwar einerseits die Nothwendigkeit nicht beseitigt, die Bestimmungen des Art. 159 der C. C. C. und die gemeinrechtliche, auf sie bezügliche Praxis zum Ausgangspunkte der Erörterungen zu nehmen, andrerseits aber auch die Besprechung dieses Artikels auf ein bescheidenes Maß zurückgeführt. Desto ausführlicher mußte der Verf. die Praxis in den einzelnen Ländern, soweit er von ihr Kenntniß erlangen konnte, berücksichtigen, weil gerade hier, bei einer Vergleichung der Rechtssprechung in den einzelnen Ländern, eine sehr starke Verschiedenheit, selbst bei der Gleichheit des Ausdrucks in den einschlagenden Gesetzen, hervortritt.

Der Abschnitt, welcher von dem Diebstahle mit falschen Schlüsseln handelt, war in seinen Grundzügen bereits im Gerichtssaale Jahrg. 1862 S. 438 f. mitgetheilt worden. Gegenwärtig ist er umgearbeitet und vervollständigt wieder mit aufgenommen worden.

Dresden, den 1. Mai 1863.

Dr. Fr. Schwarze.

Inhaltsverzeichniß.

VI

Zweite Abtheilung.
Besonderer Theil.

Erster Abschnitt.
Gebäude — Wohnhaus — bewohnte Gebäude — „umschlossener Raum" — Mitbewohner — der „dazu gehörige Hofraum."

Zweiter Abschnitt.
Der Diebstahl mittels Einbrechens (furtum violentum.)

Fünfter Abschnitt.
Diebstahl bei Nacht mit Einschleichen.

Sechster Abschnitt.
Diebstahl mit falschen Schlüsseln.

Erste Abtheilung.
Allgemeiner Theil.

~~~~

Erster Abschnitt.
Art. 159. der Carolina.

§. 1.

Einleitung.

In den Bestimmungen der Carolina über den Diebstahl tritt bekanntlich das Bestreben Schwarzenberg's ganz besonders hervor, deutsches Recht und deutsche Rechtsgewohnheit zur Grundlage zu nehmen, das Römische Recht und dessen Vermittelung aber nur aushilfsweise zu beanspruchen.[1] Es mag wohl zugegeben werden, daß das ältere deutsche Recht in dieser Lehre der „unentbehrliche Schlüssel zum Verständnisse und zur richtigen Auslegung der Carolina"[2] ist, wie denn in manchen Beziehungen auch die neue und neueste Gesetzgebung in dieser Lehre die Carolina und die Entwicklung derselben zu ihrem Ausgangspunkte genommen hat. Allein andererseits läßt sich nicht verkennen, daß diese Praxis wiederum von der Grundidee der Carolina häufig sich entfernt und völlig fremde Elemente in sich aufgenommen hat.

---

[1] Vergl. insbesondere Wächter, in Weiske's Rechtslexikon Bd. III. S. 380. Cropp, Diebstahl in den criminalist. Beiträgen von Trummer und Hudtwalker, Bd. II. S. 1. f. Dollmann, die Entwendung, S. 82 f. 87, 93 f. Roßhirt, Lehrb. §. 174. Köstlin, in der Münchner krit. Uebersschau Bd. III. S. 151 f.

[2] Köstlin, a. a. O. S. 152.

1

Jedenfalls, um zunächst bei dem Art. 159 stehen zu bleiben, bietet hier das Römische Recht nur einen geringen Anhalt zur Auslegung. Die Bestimmungen in fr. 1. §. 2. fr. 2. D. de effractor. XLVII. 18 über die effractores in fr. 1. pr. D. XLVIII. 8. ad L. Cornel. de sicar., die offenbar gegenwärtig nach unseren Ansichten über Versuch und Vollendung nicht mehr anwendbar ist, — die Definitionen von Waffen, welche in mehrfacher Hinsicht Bedenken erregen, sind in der Hauptsache die hier einschlagenden Vorschriften.

Art. 159 der Carolina lautet:

„Von ersten geverlichen diebstalen durch einsteigen oder brechen, ist noch schwerer.

Item so aber eyn dieb inn vorgemeltem stelen, jemandts bei tag oder nacht inn sein behausung oder behaltung bricht oder steigt, oder mit waffen, damit er jemandt der im widerstandt thun wolt, verletzen möcht, zum stehlen eingeht, solchs sei der erst oder mer diebstall, auch der diebstall groß oder kleyn, darob oder darnach berüchtigt oder betretten, so ist doch der diebstall darzu, als absteht, gebrochen oder gestiegen wirdt, ein gestißner, geverlicher diebstall. So ist tu dem diebstall, der mit waffen geschicht eyner vergewaltigung vnd verletzung zu besorgen. Darumb inn disem fall, der mann mit dem strang, vnd das weib mit dem wasser oder sunst nach gelegenheyt der personen, vnd ermessung des richters inn ander weg, mit außstechung der augen, oder abhawung der handt, oder einer andern dergleichen schweren leibstraff gestrafft werden soll."

Die Erklärung dieses Artikels verlangt ein Zurückgehen auf die alten deutschen Volksrechte und die Ansichten der italienischen Juristen, namentlich auf die Auffassung des latrocinii in den Schriften der letzteren.

§. 2.

Volksrecht. — Italienische Juristen. — Auffassung des latrocinii in Verbindung mit den Bestimmungen des Art. 159.

In den alten deutschen Volksrechten wird häufig das Einsteigen oder Einbrechen in ein Haus als besonderer Erschwerungsgrund vorgehoben. Ebenso findet sich im Rechte des Mittelalters gleiche Anschauung. Dem Hause wird meistens der dazu gehörige geschlossene Hofraum gleichgestellt. Jedoch wird die Qualification auch auf befriedigte Räume überhaupt ausgedehnt.[1]) Dagegen läßt sich nicht behaupten, daß der in einem Hause verübte Dieb=stahl nur deshalb, weil er in einem Hause verübt worden, und ohne den Hinzutritt einer weiteren Erschwerung, qualificirt gewe=sen sei. Allerdings sollte der Hausfrieden gegen gewaltsames Eindringen in die Behausung und gegen Gewalt an den darin sich befindenden Personen und Sachen sicher stellen[2]); und es galt schon das Eingehen in diebischer Absicht in ein Haus als eine Verletzung der fremden Were. Allein diese Auffassung er=streckte sich auf jedes unbefugte Eingehen in ein fremdes Haus.[3])

Sehr bestimmt werden dagegen die Qualificationsgründe des Einsteigens und Einbrechens in den Excursen der italienischen Juristen hervorgehoben. Es hat hier namentlich Geib, Criminal=Archiv 1847, S. 533 f. ausgeführt, daß die italienischen Crimina=listen, gestützt auf einige Stellen des Römischen Rechts, die Ent=wendung durch Einbruch dem Raube gleichstellten. Nicht minder finden wir in den alten Volksrechten, daß Diebstahl und Raub häufig gleichbedeutend genommen wurden[4]); deshalb ist es aber auch bedenklich, ohne Weiteres aus dem Gebrauche des einen oder des andern Wortes eine ausschließliche Beziehung auf das eine oder das andere Verbrechen abzuleiten, wie denn die Bestrafung, insbesondere die Strafart der beiden Verbrechen grundsätzlich, wie bekannt, eine ganz verschiedene war.

Schon die italienischen Juristen sahen in der Wiederholung des Diebstahls ein für die Strafbestimmung wichtigeres Moment, als in dem Betrage des Diebstahls, da in der Wiederholung des Verbrechens (consuetudo delinquendi) ein besonders schlechter Sinn des Thäters sich kundgebe. Der Dieb, der zum dritten

---

1) Vgl. Wilda, d. Strafrecht d. Germanen, S. 878 in Verb. mit Köstlin, Ueberschau a. a. D. S. 188 f.

2) Wilda, a. a. D. S. 242.

3) Wilda, a. a. D. S. 605 in Verb. mit S. 781.

4) Hohbach, in d. N. Archive d. Crim. R. Bd. IX. S. 124. Schwarze de crim. rapinae, pag. 74 sq.

Male gestohlen, wurde daher als latro famosus bezeichnet, und hiermit die Anwendung des fr. 28. §. 15 D. XLIX. 19, woselbst die famosi latrones mit der Strafe des Galgens bedroht werden, auf den dritten Diebstahl vermittelt. Der dritte Diebstahl wurde ebenso wie der dritte Raub allgemein als Capitalfall behandelt.[1]

In dieser Jurisprudenz liegt das Material zur Erklärung des Art. 159 der C. C. C.[2] Der dritte Diebstahl wird in Art. 162 der C. C. C. mit dem Tode bedroht und dies damit gerecht=fertigt, daß ein solcher Dieb einem „vergewaltiger gleich geacht" werden müsse, d. i. einem latro.[3] Auf diese, bereits von den italienischen Juristen gelehrte Gleichstellung des ter furatus und des latro wird die Capitalstrafe gegründet, obwohl bei ersterem eine Gewalt gegen die Person selbst nicht in Frage ist. Vielmehr ist es die, beiden Verbrechern eigene besondere Hartnäckigkeit und Beharrlichkeit, welche zur Gleichstellung führt, und die sich bei dem latro in der Gewalt gegen die Person und bei dem ter furatus in der Wiederholung des Verbrechens kund gibt. Am nächsten dem „vergewaltiger" steht sodann der bewaffnete Dieb; die (wirk=liche oder zu befürchtende) Vergewaltigung der Person ist bei jenem wie bei diesem das gravirliche Moment. Auch der drei=malige Dieb zeigt eine gleich hohe Gefährlichkeit, wie der latro; ebenso finden wir bei dem Diebe, der einsteigt und einbricht, diese hartnäckige Neigung zum Stehlen; sie überwindet die entgegen=stehenden localen Hindernisse. Ohnedieß war man einerseits gewöhnt, den Dieb, der bereit war, Gewalt anzuwenden, einem Räuber gleich zu achten,[4] und ebenso wurde andererseits von den

---

1) Vgl. hierüber allenthalben Schwarze, l. l. pag. 75 sq. Doll-mann, Entwendung S. 81.

2) Vgl. die Ausführung bei Herrmann, Comment. ad art. 159. C. C. C. (Kiel, 1844) in Verb. mit Dollmann, Entwendung S. 81.

3) Vgl. auch Schwarze, l. l. pag. 73. Remus übersetzt: „is pro famoso fure . . . . . habebitur et latroni aequiparatur." Vgl. noch Roßhirt, Geschichte des deutschen Strafrechtes, Bd. II. S. 311.

4) Die von Geib, a. a. O. citirte Stelle des Aegid. Bossius: „Rapina fit et vi et sine vi. ita tamen ut eam committentes parati sint vim inferre."

italienischen Juristen der Diebstahl mit Einbruch in Gebäude häu=
fig als Raub behandelt.[1] Die „Geflissenheit"[2] des Diebes zeigt
sich bei dem Diebstahle mit Einbruch besonders stark; sie ist es,
die auch im Artikel der C. C. C. betont wird; es ist ein furtum
„voluntarium et malitiosum." (Gobler.)

So bot das latrocinium und die auf dasselbe gesetzte Todes=
strafe dem Verfasser der Carolina den Weg zur Qualificirung des
furti tertii, und weiter sodann zur Qualificirung der in Art. 159
hervorgehobenen Diebstähle.[3] Diese Qualificirung ist nur die
weitere Entwicklung des, der Qualification des latrocinii unter=
liegenden Motivs. Es hat daher die gleiche Strafdrohung für
diese drei Diebstahlsfälle nichts Auffälliges,[4] und ebensowenig
erscheint die angedrohte Capitalstrafe selbst als eine Verletzung des
von Schwarzenberg in Art. 104 ausgesprochenen Grundsatzes, nach
welchem die Capitalfälle der Carolina nicht über die Satzungen
des Römischen Rechts ausgedehnt werden sollen.

§. 3.

Auslegung des Art. 159 und insbesondere des Wortes „geverlich."

Es kann nicht bestritten werden, daß diese Auffassung des
Art. 159 in den Worten desselben eine wesentliche Unterstützung
findet. Die Worte weisen offenbar auf eine Unterscheidung des
Diebstahls mit Brechen und Steigen und des bewaffneten Dieb=
stahls hin. Jener wird als ein „geflißner geverlicher" Diebstahl

---

1) Geib, a. a. O. S. 535. Die Worte „in domibus" in der Auth.
Sed novo jure C. de serv. fugit. können jedoch hier nicht angezogen
werden. Sie bedeuten vielmehr, daß es gleichgültig sei, ob in einem
Hause oder an einem andern Orte (in itineribus ꝛc.) das „violenter ag-
gredi" erfolgt ist; daß Alles auf die violentia ankomme, im Gegensatze
zu dem „occulte et sine armis."

2) Vgl. hier Feuerbach, in d. Bibl. f. d. p. Rechtsw. Bd. II.
S. 138.

3) Vgl. d. Ausführung von Herrmann, a. a. O.

4) Vgl. dagegen hier z. B. Grolmann, a. a. O. S. 52 f.

bezeichnet, — bei diesem wird hervorgehoben, daß „eyner verge=
waltigung und verletzung zu besorgen." Es wird in diesen Wor=
ten die Gleichstellung mit dem für famosus, bez. dem latro ge=
rechtfertigt. [1] Die Ueberschrift selbst handelt nun zwar nur vom
Diebstahl mit Einbrechen. [2] Allein es ist wohl auch der Schwer=
punkt des Artikels auf den Diebstahl mit Einbrechen und Ein=
steigen zu setzen, da bei diesem Verbrechen die Androhung der
Capitalstrafe jedenfalls wichtiger und auffälliger war, als bei dem
bewaffneten Diebstahle. Ebenso wird in andern Artikeln (157,
158, 161, 174) der Carolina der Diebstahl mit Einsteigen oder
Brechen gleichsam als eine Diebstahlsart erwähnt, ohne zugleich
des bewaffneten Diebstahls mit zu gedenken. [3]

Es ist bekannt, daß die Interpreten der Carolina den Grund
der Auszeichnung dieser Diebstähle sehr verschieden aufgefaßt haben.
Es liegt nicht im Zwecke dieser Abhandlung, diese Auffassungen
speciell vorzuführen, zumal bereits Wächter sie in seinem Lehrbuche
§. 192. (Bd. II. S. 298 f.) klar und übersichtlich zusammengestellt
hat. [4] Allein sie sind immer wichtig für das Verständniß der
gemeinrechtlichen Praxis und der auf ihr beruhenden neuen Ge=
setzgebungen, sowie auch zur Erklärung der höchst auffälligen Aus=
dehnung der im Art. 159 etablirten Qualificationsgründe.

Die Criminalisten haben vorzüglich das Wort „geverlich"
im Art. 159 zum Gegenstande ihrer Erörterung gemacht, dasselbe
mit periculosum als einem Gebahren des Diebes, welches Gefahr
bringt, übersetzt und sodann über den Grund und das Object
dieser Gefahr gestritten. [5] Man hat die besondere Gefahr theils
auf die Person des Bestohlenen bezogen; sie zeige sich bei dem
Diebstahle durch Einsteigen und Einbrechen darin, daß bei einem

---

1) Vgl. hierüber noch Herrmann, pag. 21.

2) Feuerbach, a. a. O. S. 110. Rot. ** vermuthet einen Druckfehler.
Vgl. noch Klien, Diebstahl, S. 398. Anm. X.

3) Herrmann, l. l. pag. 22.

4) Vgl. auch Hammer, im N. Crim. Archive, 1845. S. 428 f.

5) Vgl. hier und über die Literatur Wächter, a. a. O. und im
Rechtslexicon (von Weiske) s. v. Diebstahl, Bd. III. S. 411.

Zusammentreffen des Diebes mit dem Bestohlenen Gewalt gegen den letzteren zu befürchten sei,[1]) — theils auf die besondere Gefahr für das Eigenthum, welches durch die Verwahrungsmittel gegen solche Diebe nicht gesichert sei,[2]) — theils auf die Person des Bestohlenen und auf das Eigenthum (jene bei dem bewaffneten Diebe, diese bei den andern Diebstählen,[3]) — theils endlich bei allen drei Diebstählen auf die subjective Gefährlichkeit des Thäters für die allgemeine Sicherheit.[4])

Daß bei den Diebstählen durch Einsteigen und Einbrechen nicht die Gefahr für das Eigenthum, sondern die besonders schwere Geflissenheit und Hartnäckigkeit des Diebes das maßgebende Moment in der Carolina sei, hat bereits Feuerbach[5]) nachgewiesen. Hiermit war der wichtigste Schritt zum richtigen Verständnisse des Artikel erfolgt.

Wächter hat nunmehr festgestellt, daß das Wörtchen „geverlich" nichts anderes als einen gefährlichen Sinn, einen besonders hohen Grad von dolus bedeute, und diese Ansicht, welche die meisten Neueren adoptirt haben, ist durch die höchst schätzenswerthen Excurse Herrmann's a. a. O. pag. 7 wesentlich unterstützt worden.[6]) Es ist der besonders starke und verbrecherische Sinn des Diebes,

---

1) Der hauptsächlichste Vertreter ist Grolmann, in s. Bibliothek f. d. peinl. R. W. Bd. I. St. 2. S. 45 f.

2) Vgl. z. B. Leyser, Med. ad P. sp. 535 seq. Hellfeld, de justit. poen. capit. §. 15.

3) Der hauptsächlichste Vertreter ist Feuerbach in Grolmanns ungn. Bibl. Bd. II. St. 1. S. 116 f. 137 f. Er unterscheidet hiernach den subjectiv gefährlichen und objectiv gefährlichen Diebstahl. Vgl. gegen diese Bezeichnung insbes. Hammer, a. a. O. S. 440.

4) Vgl. insbes. Konopack, Crim. Archiv Bd. V. St. 1. S. 144 f. Salchow, Entwendung S. 99 f. Martin, Lehrb. §. 153.

5) A. a. O. S. 140.

6) Vgl. auch die Ausführung Häberlin's im N. Archiv f. d. Crim. R. 1857. S. 8. S. 287 f., der jedoch einen zu großen Werth auf die dem Diebe drohende Gefahr und die Beharrlichkeit desselben, ihr zu trotzen, legt. Nach der richtigen Auffassung ist häufig bei dem Einbrechen und Einsteigen keine Gefahr für den Dieb selbst vorhanden.

welcher sich in diesen Fällen durch das Einsteigen, Brechen und Bewaffnen manifestirt und aus welchem allerdings wiederum eine besondere Gefahr für das Eigenthum, wie für das Leben Anderer entspringt. Die Verwegenheit des Diebes, welcher die Befriedigungen und Verwahrungen des Eigenthums beseitigt, ist ebenso wie die Verwegenheit des bewaffneten Diebes, welcher auf den Fall des Zusammentreffens mit dem Bestohlenen sich vorbereitet, eine sehr bedeutende. Der gefährliche Sinn des Diebes äußert sich darin, daß er mit Gewalt sein Vorhaben auszuführen bereit ist; jener wendet Gewalt gegen Sachen an, — dieser ist auf Gewalt gegen die Personen vorbereitet. Es ist, wie Remus sagt, in beiden Fällen ein „furtum deliberatum et destinata voluntate factum."

Sonach liegt den, von Wächtern widerlegten Ansichten der älteren Rechtslehrer über die Bedeutung des Wortes „geverlich" immer noch ein richtiger Gedanke zum Grunde. Nur sind diese Rechtslehrer stets auf dem halben Wege stehen geblieben, indem sie nur das objective Moment der Gefahr des Bestohlenen hervorhoben, während diese lediglich das Resultat und die Wirkung der gefährlichen Gesinnung des Diebes ist. Die letztere äußert sich bei den hier fraglichen Diebstahlsarten verschieden; die Aeußerung ist theils gegen das Eigenthum und dessen Verwahrung, theils gegen die Person selbst gerichtet. Man kann daher wohl Abstufungen in dieser gefährlichen Gesinnung, wie in ihren Aeußerungen zugestehen, insofern man bei dem bewaffneten Diebstahle den dolus des Diebes und die Gefährdung des Bestohlenen für schwerer hält als beides bei dem Diebstahle mit Einsteigen und Einbrechen. Hiermit verträgt es sich, wenn in dem Art. 159 das „geverlich" bei den letztgedachten Diebstählen besonders accentuirt wird; — bei dem bewaffneten Diebstahle liegt die Gefährlichkeit der Gesinnung, wie die aus ihr entspringende Gefährdung des Bestohlenen in der zu besorgenden „Vergewaltigung und Verletzung." Eine Gefahr für den Bestohlenen selbst wird überhaupt bei den Diebstählen durch Einbrechen und Einsteigen nicht nothwendig vorauszusetzen sein; — sie wurde erst durch die Commentatoren der Carolina und die Praxis als Requisit in den Thatbestand hineingetragen.

Wir glauben, daß auf diese Weise es sich erklären läßt, weshalb Schwarzenberg es für angemessen hielt, die Gefährlichkeit zunächst und vorzugsweise bei dem Diebstahle durch Brechen und Steigen zu accentuiren, bei dem bewaffneten Diebstahle sie jedoch nicht besonders hervorhebt und sich mit einer Bezugnahme auf die zu besorgende Vergewaltigung begnügt.

§. 4.
Die Erklärung des Art. durch Dr. Hammer.

Hammer hat in einer sehr interessanten Abhandlung (N. Archiv des Crim. Rechtes 1845, S. 452 f.) die von den älteren Rechtslehrern vertheidigte Erklärung des Wortes „geverlich" als „Gefahrbringend" „gefährlich" (periculosus) wieder aufgenommen. Derselbe gibt zu, daß der Ausdruck „geverlich" im Altdeutschen unserm „boshaft, böswillig, hinterlistig" entspreche und den Begriff des dolus, des verbrecherischen bewußten Willens habe. Allein mit dieser Bedeutung sei die spätere, nach welcher das Wort objectiv als „Gefahrbringend" aufzufassen sei, so innig verknüpft und verwebt, daß beide oft nicht getrennt und in ihrer einzelnen Bedeutung nachgewiesen werden könnten; es sei die spätere Bedeutung nur die praktische Anwendung, das Resultat jener erstern Bedeutung. Die Carolina habe bereits diese spätere Bedeutung sehr wohl gekannt und der Art. 159 das Wort „geverlich" in dieser letztern Bedeutung verstanden. Hammer sucht dies folgendermaßen nachzuweisen. Die Diebstähle wurden in der Carolina eingetheilt, einmal nach dem Objecte der Entwendung, und sodann nach der Art und Weise, wie sie begangen werden; hierfür sei die Oeffentlichkeit der Begehung, die Art und Weise des Eindringens zum Orte des Diebstahls und die Wiederholung des Verbrechens entscheidend. Daß aber wirklich das Verbrechen selbst, in seinem Verhältnisse zum Staate sowohl, wie zur Person des Verbrechers den Eintheilungs- und Auszeichnungsgrund abgegeben, sei durch die Ausdrücke bewiesen, mit denen der Diebstahl selbst und nicht die Person des Diebes beschrieben worden; jener, nicht diese werde „geverlich" genannt, und zwar der Diebstahl mit

Einbrechen und Einsteigen, um sowohl dessen Wesen zu kennzeichnen, als auch um ihn von den übrigen Diebstahlsarten zu
unterscheiden.

Hiergegen ist Folgendes zu erinnern: Wie zugegeben werden
kann, daß im Gesetze einzelne Diebstähle wegen des Objects des
Diebstahls qualificirt werden, so ist andrerseits eben so wenig zu
bestreiten, daß die Art und Weise der Begehung nicht als ein
durchschlagender Eintheilungsgrund angesehen werden darf. So
kann insbesondere bei dem Diebstahle mit Einbrechen die Art
und Weise ziemlich ungefährlich für den Bestohlnen sein; — so
bietet die Wiederholung des Diebstahls, obgleich sie qualicifirt ist,
doch in der Art der Begehung nichts Besonderes und von der erst-
maligen Begehung äußerlich Abweichendes dar. Vielmehr manifestirt sich hier lediglich die Beharrlichkeit des Diebes, also ein
internum.

Daß, wie Hammer ausführt, zur Zeit der Carolina das
Wort „geverlich" im Sinne von periculosus bekannt gewesen sei,
kann zugegeben werden, ebenso wie daß die Uebersetzung mit
dolus malus an sich einen Pleonasmus enthält. Letzteres ist jedoch,
wie Wächter überzeugend dargethan, kein Gegenargument. Es
liegt vielmehr in diesem Pleonasmus eine besonders starke Be-
tonung der gefährlichen Gesinnung. Ebenso ist daraus, daß die
Carolina den tor furatus einen „mehr verleumbten Dieb" nennt
und nicht einen „geverlichen," keineswegs, wie Hammer meint,
eine Beschränkung des Worts „geverlich" auf das Objective abzuleiten; — das Gesetz hat hier nur die Beziehung auf den „fur
famosus" und die Gleichheit und Hartnäckigkeit der schlechten
Gesinnung, die ihn einem „Verwaltiger" an die Seite stelle, besonders hervorgehoben. Daraus aber, daß das Gesetz den tor
furatus wegen seiner Gesinnung einen „geverlichen" Dieb nennen
konnte, (da das Wort doch jedenfalls auch in dieser Beziehung
in der C. C. C. gebraucht wird) aber nicht so genannt hat, folgt
nicht, daß das Wort „geverlich" da, wo es gebraucht ist, auf die
Gesinnung des Diebes nicht bezogen werden könne.

Der Diebstahl — sagt man ferner — wird als gefährlich
bezeichnet, nicht der Dieb selbst. Die Beziehung auf die gefähr-

liche Gesinnung des Diebes passe also nicht. Allein wir möch-
ten — abgesehen von allen andern Gründen — kaum ein solches
Argument, gegenüber dem damaligen Sprachgebrauche, gelten lassen.
Auch gegenwärtig gilt die That als entscheidend, in welcher die
Gefährlichkeit der Gesinnung sich kundgibt, und welche als die
Aeußerung der letzteren bestraft wird. Kann man nicht auch den
Diebstahl einen gefährlichen nennen, in welchem die Gefährlichkeit
des Diebes zur concreten Aeußerung gelangt?

Auch Hammer kennzeichnet S. 456 den Diebstahl mit Einsteigen „als einen, wo der Dieb beweise, daß ihn äußere Schwierigkeiten von der Ausführung seines verbrecherischen Vorhabens nicht
abzuhalten vermögen, er sich also als einen der bürgerlichen Ge-
sellschaft höchst gefährlichen Menschen zeige."[1] In dieser Kenn-
zeichnung liegt die Uebereinstimmung mit unserer Meinung. Es
handelt sich immer nur um Ursache und Folge. Wir anerkennen
die Folge, führen sie aber auf ihre Ursache zurück und betrachten
die letztere als das entscheidende Moment bei der Erklärung des
Artikels. Von praktischer Bedeutung wird die Frage insbesondere
bei dem bewaffneten Diebstahle und der Frage, ob die Bewaffnung in der eventuellen Absicht des Widerstandes erfolgt sein
müsse oder aber ob die Thatsache der Bewaffnung ausreiche? Die
letztere würde hinreichen, wenn man die (objective) Gefahr für
den Bestohlnen für genügend zur Qualificirung erachten will, —
dies thut auch, nach dem Vorgange Feuerbachs', Hammer.[2]

Allein gerade bei dem bewaffneten Diebstahle wiederholt
Schwarzenberg das zweifelhafte Wort „geverlich" nicht, sondern
beruft sich auf die Gefahr der „Vergewaltigung". — Die bloße
Gefahr (ohne die eventuelle Absicht des Widerstandes) würde aber
die Gleichstellung des bewaffneten Diebstahls mit dem latrocinium
nicht rechtfertigen, — ebenso wird andererseits die wirkliche Gewaltanwendung zum Thatbestande des bewaffneten Diebstahls nicht,
wie bei dem latrocinium, verlangt. Worin liegt also der Grund
der Gleichstellung? Derselbe wird in der Gesinnung des bewaff-

---

1) Ebenso S. 458 u. f. f.
2) a. a. O. S. 622 f.

neten Diebes und des latro, sowie in der bez. directen oder even=
tuellen Richtung auf die Gewalt gefunden.

Hätte mit „geverlich“ nur das surtum periculosum, die
Gefahr an sich, bezeichnet werden sollen, so würde dieser Ausdruck
auch auf die Bewaffnung (ohne die eventuelle Absicht des
Widerstandes) gepaßt haben; — in allen diesen Fällen würde
sodann nur die Gefährdung des Bestohlnen, — nicht die Absicht,
nicht die besondere Verwegenheit des Diebes entscheiden. Dann
würde Schwarzenberg alle drei Fälle auch nur mit diesem Namen
bezeichnet haben, während er das Wort „geverlich“ auf die Dieb=
stähle mit Einsteigen und Einbrechen beschränkt hat. Gerade in
dieser Trennung und verschiedenen Charakterisirung finden wir ein
Argument für die Herrmann'sche Ansicht, welche wiederum darauf
entschieden hinweist, daß „gefährlich“ hier auf die Gesinnung des
Diebes zu beziehen ist.

Hierfür spricht ferner auch die Wendung, welche Schwarzen=
berg am Schlusse des Artikels mit den Worten „in diesem Falle“
beginnt. Diese Worte beziehen sich scheinbar nur auf den be=
waffneten Diebstahl, allein in Wahrheit auf alle drei Fälle.[1]
Der letzte Fall ist unter ihnen der prägnanteste; bei ihm tritt die
schwere Verschuldung des Diebes besonders hervor; die Bezug=
nahme auf die „Vergewaltigung“ rechtfertigt vorzugsweise die harte
Leibesstrafe; die beiden andern Diebstähle setzen daher einen gleich
starken dolus des Diebes voraus, um auch sie mit gleicher Strafe
bedrohen zu können, wie den bewaffneten Diebstahl.

In dieser Gleichheit der subjectiven Gefährlichkeit des Die=
bes[2] liegt daher auch das Moment, durch welches das Bedenken[3]
beseitigt wird, daß die Diebstähle durch Einbrechen und Einsteigen
mit dem bewaffneten Diebstahle, trotz ihrer übrigen Verschiedenheit
in einem Artikel zusammengefaßt worden sind.

---

1) Vgl. dagegen Grolmann, in s. Bibliothek d. peinl. R. W. Bd. I. St. II.
S. 50 f.

2) Martin, Lehrb. §. 153 a. E.

3) Grolmann, a. a. O.

§. 5.
Die Erklärung des Art. 159 durch Dr. Geib.

Dr. Geib hat in seiner lehrreichen Abhandlung über den
Artikel 159 der C. C. C.[1]) das Wort „geverlich“ gleichfalls nicht
auf die Böswilligkeit des Diebes, die er vielmehr bereits in dem
Worte „geflissen“ zur Genüge ausgedrückt findet, sondern darauf
bezogen, daß die Diebstähle recht eigentlich deshalb gefährlich
seien, weil durch sie das Höchste und Heiligste, der Friede von
Haus und Hof, verletzt werde.[2]) Wenn hierbei von Geib das
Wort „doch“[3]) accentuirt wird, so wird von ihm aus diesem
Worte wohl eine falsche Consequenz gezogen. Das Wort „doch“
kann hier nur bedeuten, daß alle die Unterschiede, ob der Betrag
groß oder klein, der Diebstahl handhaft oder heimlich 2c., die außer=
dem maßgebend sind, nichts gelten sollen. Also: obgleich der
Diebstahl nicht handhaft 2c., so solle er doch für einen „geflißnen“
und „geverlichen“ geachtet und mit dem Tode bestraft werden.[4])
Diese Gleichstellung mit dem dritten Diebstahle 2c., welche hier aus=
gesprochen wird, — wie Geib zugibt — führt aber nicht dazu,
das Wesen dieser Diebstähle in einer Verletzung des Friedens
von Haus und Hof zu finden, sondern zu dem, dem dritten Dieb=
stahle, sowie dem Diebstahle mit Einsteigen gemeinsamen Momente,
nämlich zu der Verwegenheit und Hartnäckigkeit des Diebes.

Die, von Geib geltend gemachte Verletzung des Friedens
von Haus und Hof zeigt sich bei dem Diebstahle mit Einsteigen,
— nicht aber eigentlich bei dem bewaffneten Diebstahle. Das
Eingehen in das Haus ist an sich noch nicht eine solche Verletzung;
das Eingehen kommt ja überhaupt bei der überwiegenden Mehr=
zahl der Diebstähle vor. Geib will, zur Beseitigung dieses Ein=

1) N. Archiv des Crim. Rechts 1847. S. 352 f. S. 521 f.
2) Geib's Ansicht ist insbesondere von Mittermaier zu Feuerbach's
Lehrb. §. 334 Note II. adoptirt worden.
3) S. 562 f. — „so ist doch der diebstall . . . eyn geflißner ge=
verlicher diebstall.“
4) Vgl. schon Klein, Grundf. d. peinl. R. §. 442. Note.

wands, bei dem bewaffneten Diebstahle den unverkennbaren Man
gel dieses Requisits (der Verletzung des Hausfriedens) durch die
Gefahr „gewissermaßen ersetzen," von welcher die Bewohner des
Hauses durch die Bewaffnung des Diebes bedroht sind. Allein
dieses Ersatzes bedarf es dann nicht, wenn man den Schwerpunkt
auf die besondere Verwegenheit des Diebes legt; unter ihm sind
alle Fälle des Art. 159 leicht zusammenzufassen.

Geib hat ferner auszuführen gesucht (a. a. O. S. 523. f.),
daß der alte Grundsatz über die höhere Strafbarkeit des Dieb=
stahls in Häusern und Höfen, so wie über die Gleichstellung
der beiden letzteren Arten unter einander bis in das Mittelalter
und so ziemlich bis auf das Zeitalter der Bambergensis und
Carolina gegolten habe, so wie, daß die italienischen Juristen von
dem dreizehnten bis in das sechszehnte Jahrhundert gerade diese
Art des qualificirten Diebstahls besonders hervorgehoben haben.

Allein, abgesehen von demjenigen, was gegen diese Ansicht
Geibs bereits Köstlin in d. krit. Ueberschau ꝛc. (Bd. III. S. 154 f.[1])
allerdings in sehr schroffer Weise, insbesondere über den Diebstahl
intra et extra sepia (Haus und Hof) bemerkt hat, so zeigt sich
auch überwiegend in den von Geib selbst citirten Stellen, daß das
erschwerende Moment nicht darin, daß in einem Hause gestohlen
worden, sondern vielmehr in dem Brechen und Steigen oder im
nächtlichen Stehlen gefunden worden ist, wenigstens in den Fällen,
in denen eine schwere Strafe angedroht wird. Das clam et
animo furandi intrare ist an sich schon strafbar, wie wir oben
andeuteten, aber deshalb noch nicht ein Qualificationsmoment.
Die Idee der Verletzung des Hausfriedens gelangt bei diesem
Diebstahle ebenso, aber auch nicht mehr als wie bei jedem andern
unbefugten Eintreten in das Haus, zur Geltung, — auf eine unmit=
telbare Störung des Hausfriedens ist die Absicht des Diebes
ohnedem nicht gerichtet. Es ist vielmehr etwas Reelleres in
Frage, — es ist die Sicherheit, welche das Haus dem Bewohner
und dessen Eigenthum gewährt. Der Diebstahl wird nicht deßhalb

---

1) Vgl. auch noch f. Abhandl. (ed. Geßler) S. 221. Anm. 4, so
wie Cropp, a. a. O. II. S. 27 f.

ein ausgezeichneter, weil Sachen, die in einem Hause befindlich
sind, gestohlen worden sind; diese Sachen genießen keinen besondern
Schutz und werden deshalb allein, weil sie in einem bewohnten
Hause sich befinden, wohl nirgends als befriedete behandelt. Die
Sicherheit des Hauses ist auch nicht in Frage, wenn der Dieb bei
Tage in das offene Haus hineingeht und daselbst eine Sache
wegnimmt. Kam der Dieb bei Nacht in das Haus, so erachtete
man dies wohl für qualificirt,[1] weil der Hausbewohner sein
Eigenthum in der Nacht weniger schützen kann, wohl auch selbst,
im Schlafe wehrlos, persönlich gefährdet ist. Ein Friede des
Hauses, wie ihn das alte Recht Kirchen, Mühlen, Schmieden ɾc.
vindicirt, ist aber in der Ausdehnung auf alle Häuser oder doch
Wohnhäuser nicht nachzuweisen. Das unbefugte Eintreten in
das Haus ist vielmehr überhaupt, nach altem Rechte, ein Ver=
gehen.[2] Will man es als Friedensbruch bezeichnen,[3] so zeigt
wenigstens hier das diebische Eingehen nichts Besonderes. Das
Charakteristische ist hierbei nur, daß das Eintreten in das Haus
furandi nomine, sonach der Versuch des Diebstahls, als ein eignes
Verbrechen, als Verletzung der fremden Were behandelt wird.[4]
Hierdurch hoffen wir Geib's Argumente, trotz des Scharfsinns,
welcher von ihrem Urheber auch hier gezeigt worden, zur Genüge
widerlegt zu haben.

---

1) Vgl. hierüber noch Köstlin, a. a. O. S. 186 f. Wilda, a. a. O.
S. 877.

2) Vgl. Clarus, pract. crim. qu. 68 n. 4. „sive sit ex causa
amoris, sive ex causa furandi, sive aliud maleficium committendi."
Vgl. Wilda, a. a. O. S. 605 f.

3) Vgl. jedoch Wilda im Rechtslexikon von Weiske, s. v. Landfrie-
densbruch (Bd. VI. S. 271), welcher zeigt, daß das eigenmächtige Eingehen in die Were eines freien Mannes zwar als Rechtsbruch, nicht
aber als Friedensbruch angesehen worden.

4) Vgl. Wilda, Strafrecht, S. 605 f. 781.

§. 6.
Die gemeinrechtliche Praxis bei Anwendung des Art. 159.

Aus der verschiedenen Auffassung des Art. 159 haben sich auch verschiedene Streitfragen entwickelt.

Es kann auf die einzelnen, hier sich darbietenden Fragen nicht näher eingegangen werden. — Die Erörterung derselben würde weit über den Zweck der vorliegenden Schrift hinausführen.

Allein wie die Auslegung des Artikels 159 schon frühzeitig vielfache Zweifel hervorrief, so war auch natürlich, daß die Praxis eine ziemlich schwankende und unsichere war. Es soll hierüber nur Einiges bemerkt werden.

Carpzov hatte die Ansicht aufgestellt,[1] daß es nur einen qualificirten Diebstahl, nämlich den mit Waffen, gebe. Es ist von Klien[2] bereits nachgewiesen worden, daß Carpzov hierbei nicht sowohl auf den Artikel 159 der C. C. C. als vielmehr auf ein sächsisches Particulargesetz sich stützt, und daß er daher die Vorwürfe der Willkürlichkeit nicht verdient, die ihm hierunter wiederholt gemacht worden sind. Trotzdem hat die Carpzov'sche Ansicht lange Zeit in der gemeinrechtlichen Praxis geherrscht;[3] — die Unrichtigkeit derselben, gegenüber der Carolina, ist ebenso unbezweifelt[4], als die Unrichtigkeit der Ansicht,[5] daß der Artikel 159 unbedingt in allen Fällen Bewaffnung des Diebes voraussetze und unter dieser Voraussetzung nur noch unterscheide, ob der bewaffnete Dieb einsteige oder einbreche oder keines von beiden thue. Diese letztere Ansicht beruhte auf der Annahme, daß die Gefahr für die Person des Bestohlnen das maßgebende Criterium

---

1) Pract. crim. P. II. qu. 79.

2) Klien, Diebstahl, S. 403 f.

3) Kleinschrod, Abhandl. a. d. peinl. R. Nr. VIII. Bd. VI. §. 3. Engau, el. jur. crim. L. I. Tit. VII. §. 112 „— res per duo fere saecula judicatas." Leyser, Med. ad. Pand. sp. 535 med. 11. Dorn, Commentar I. §. 143.

4) Feuerbach, in d. Bibl. f. d. peinl. R. W. Bd. II. S. 123 f.

5) Vgl. Kleinschrod, a. a. O. §. 4.

bei diesen Diebstahlsarten, eine solche aber nur bei der Führung von Waffen zu befürchten sei.

Im Allgemeinen machte sich in der gemeinrechtlichen Praxis auch hier das Bestreben geltend, die angedrohte Capitalstrafe auf die schwersten Fälle und die Anwendung des Artikels 159 daher durch verschiedenartige Voraussetzungen, welche man aus der behaupteten ratio legis ableitete, einzuschränken.

So sehr jedoch die Meinungen der Rechtslehrer auseinandergingen, sah man doch durchgängig das maßgebende Moment in der Gefahr, welche in diesen drei Diebstahlsarten entweder für die Person des Bestohlenen oder für das Eigenthum desselben oder für beides zugleich gefunden wurde. Am weitesten ging auch hier Carpzov,[1]) welcher bei dem Diebstahle mit Einbruch eine effractio seditiosa ac violenta verlangte. Er sprach von einer effractio seditiosa et coadunatis hominibus facta. Mindestens erforderte er eine vis ingens ac maxima oder aber den Gebrauch von Waffen. Carpzov nahm daher z. B. einen qualificirten Diebstahl zwar auch bei dem Erbrechen von Kisten 2c. an, jedoch nur dann, wenn die Kiste 2c. eine bene ac fortiter munita war und sie mit großer Gewalt oder mit Waffen erbrochen wurde. ((n. 36 sq.) Deßhalb wurde auch das Oeffnen mit falschen Schlüsseln nicht hierher gerechnet.

Auch, nachdem die Carpzov'sche Meinung ziemlich überwunden war, hielt die gemeinrechtliche Praxis, hauptsächlich nach dem Vorgange Böhmer's (ad C. C. C.), an der Ansicht fest, daß bei dem Diebstahle durch Einbrechen und Einsteigen die Gefahr für die Person des Bestohlenen als das maßgebende Moment zu betrachten sei. Während aber die Carpzov'sche Meinung die Gefährdung des Bestohlenen in der Bewaffnung des Diebes fand, sah die neue Meinung zwar auch die Gefährdung für entscheidend an, beschränkte sie jedoch nicht auf die Bewaffnung, und erblickte sie andererseits nicht in jedem Einbrechen oder Einsteigen des Diebes. War, wie z. B. bei dem Diebstahle in unbewohnten Gebäuden, überhaupt nicht oder aber bei der Art und Weise, wie das Einsteigen, bez. Einbrechen bewirkt worden, eine Gefahr für

---

1) Qu. 19. n. 3 sqq. 32 sqq.

ben Bestohlenen nicht inbicirt, so nahm man die Auszeichnung nicht an. [1)] Insbesondere wurde die Gefährdung des Bestohlenen als inbicirt betrachtet, wenn das Einbrechen und das Einsteigen in einer Weise ausgeführt war, oder überhaupt dasselbe eine solche Verwegenheit des Diebes bekundete, daß die Befürchtung nahe lag, es werde der Dieb, wenn er bei der That betroffen würde, mit Gewalt den Weg zur Flucht suchen oder mit Gewalt die Durchführung seines Vorhabens anstreben. Bei dem Einbrechen verlangte man daher häufig eine vis seditiosa oder atrocior oder gefährliche Instrumente, mit denen der Einbruch bewirkt worden. [2)] Fand der Einbruch absque peculiari violentia statt, wie z. B. bei dem Einbringen durch Lehmwände, ja selbst bei gewöhnlichen Bauernhäusern, so wurde die Qualification nicht angenommen. Bei dem Einsteigen verlangte man zur Qualification den Gebrauch von Leitern, auf denen ein Rückzug Schwierigkeiten für den Dieb bot, und überdies ein Einsteigen in die oberen Gebäudetheile. [3)] Man nahm daher bei dem Erbrechen von Verzäunungen und ähnlichen Einfriedigungen von Sachen, die sich im F r e i e n befanden, Qualification nicht an, wohl aber bei der Gewalt gegen Anstalten, welche zur Verwahrung der in G e b ä u d e n befindlichen Sachen getroffen sind. [4)] Ebenso verlangten diejenigen Rechtslehrer, welche auch den Einbruch in u n b e w o h n t e Gebäude qualificirten, wenigstens eine solche Gewalt, durch welche Geräusch verursacht und dadurch die Gefahr der Entdeckung herbeigeführt

---

1) Vgl. beispielsweise Kress, ad C. C. C. 159 §. 2 sqq. Böhmer ad C. C. C. 159 §. 3 sqq. Westphal. Criminalrecht, Anm. 55. Struben, rechtl Bedenken Thl II. Bed 107. Thl III 15. Meister, princ. jur. crim. §. 216 sqq. Dorn, Commentar I. §. 143. Quistorp, Grunds d. peinl. Rechts Thl. I. §. 349 f. Koch, instit jur. crim. §. 188. Stelzer, Lehrb des peinl Rechts § 611. Auch Tittmann, Handb. § 463, hebt diesen Gesichtspunkt hervor.

2) Vgl. insbes Geib, a. a O. S. 551 f.

3) Schon Remus übersetzt: de furto violento, quod per effractionem aut in locum superiorem ascensu fit. Vgl. ferner z. B. die Ausführungen bei Böhmer. Quistorp rc.

4) Vgl. z. B Tittmann, §. 468.

werbe. Doch blieb man sich hier nicht consequent. Auch wurde häufig der Einbruch in leerstehende Häuser unbedingt als qualificirt angesehen,[1] indem man mehrseitig anfing, die Gefahr für das Eigenthum als das entscheidende Moment anzusehen.[2]

Man verlangte bei dem Diebstahle mit Einbrechen zwar nicht mehr gefährliche Werkzeuge, wohl aber eine besonders schwere Gewalt, die jedoch schließlich wieder in dem Gebrauche solcher Werkzeuge sich äußerte.[3] Dabei distinguirte man so, daß aus der Eigenschaft des Werkzeuges allein nicht auf die Größe der Gewalt geschlossen werden dürfe, da es möglich sei, daß ein minder starkes Werkzeug zum Einbrechen ausgereicht hätte, wenn es der Dieb gehabt hätte. Es wurde daher mehrseitig die Beaugenscheinigung der Sache durch den Richter als unbedingt nöthig verlangt.[4] Erst Grolmann[5] hat a. a. O. eine ziemlich entschiedene Geltung in der Praxis derjenigen Ansicht verschafft, welche das Einbrechen auf das Einbrechen in Gebäude beschränkte.

Bei der Frage, ob Gefahr für den Bestohlenen vorhanden gewesen, wurde vielfach auf das Verhalten des Diebes bei seiner Ertappung Rücksicht genommen und in ihm ein Grund für, bez. wider die Gefährlichkeit gefunden, ja dieses Verhalten sogar von einigen Rechtslehrern als ein Moment des Thatbestandes behandelt.[6]

Mit dieser Verschiedenheit der Auffassung steht auch der Streit über die richtige Benennung der einzelnen dieser drei Diebstahlsarten in Verbindung. Die meisten neueren Criminalisten bezeichnen sie gemeinsam als furtum periculosum (was offenbar unrichtig ist) und unterscheiden sodann wieder zwischen dem furtum violentum (Einbrechen), audax (Einsteigen), und periculosum im engeren Sinne oder armatum.[7]

---

1) Vgl. z. B. Meckbach, ad C. C. C. 159.
2) Vgl. die Literatur bei Wächter a. a. O.
3) Vgl. Leyser, l. l. Sp. 536. med. 10 sqq.
4) Vgl. z. B. Koch, Anfangsgr. § 192. u. d. das. Angef.
5) Vgl. noch Geib, a. a. O. S. 361 f.
6) Vgl. z. B. Grolmann selbst, Grundf. §. 189.
7) Hammer, a. a. O. S. 444 f.

Wenn man nun eine Vergleichung der Ansichten nach ihrer Zeitfolge vornimmt, so findet man, daß zunächst die Qualification des Einbruchs es war, welche man — wenn auch nicht durch- gängig — von den verschiedenen Modificationen befreite, die nach und nach sich in der Praxis festgesetzt hatten,[1] daß aber bei dem Einsteigen bis in die neueste Zeit vielseitig das Moment festge- halten wurde, daß das Einsteigen ein für den Rückzug des Die- bes selbst gefährliches und dadurch auch für die Person des Be- stohlenen, bei einem Zusammentreffen mit dem Diebe, gefährliches gewesen sein müsse.[2] Eigenthümlich nimmt es sich dabei aus, wie die Praktiker in ihren Schriften den Schutz des Gesetzes für die ruricoli, deren Häusern er durch Carpzov entzogen worden, anrufen und die Bedeutung der Landwirthschaft für das allge- meine Interesse betonen.

Die Ansicht, daß außer der in der That selbst sich mani- festirenden Gefährlichkeit des Diebes noch eine besondere Gefahr für Personen erfordert werde, ist insbesondere von Feuerbach und Konapack a. a. O. widerlegt worden. Es kehrt jedoch diese Ansicht in einzelnen Bestimmungen der neuen Gesetze wieder. So nahm zwar das Bayer. GB. v. J. 1813 Art. 221 darauf, ob das Gebäude, in welches eingestiegen oder eingebrochen worden, be- wohnt gewesen, keine Rücksicht; allein bereits die Diebstahlsnovelle v. J. 1816. Art. VI. beseitigte die Qualification in den Fällen, wo das Einsteigen und der Einbruch in „einsam stehende unbe- wohnte Gebäude" erfolgt war und das Rescript vom 31. Jan. 1817[3] bezeichnet, als das „charakteristische Merkmal des ausge- zeichneten Diebstahls" die „Angriffe an die häusliche Sicherheit."[4]

---

1) Vgl Geib, a. a. O. Die Frage, ob auch Einbruch in unbe- wohnte Häuser qualificire, blieb jedoch streitig.

2) Vgl j. B noch Martin, Lehrb §. 154.

3) Vgl Dopvelmayer's Sammlung (Ed. III.) S. 56.

4) Vgl. auch Gönner, über d. Bayer Diebstahls-Gesetz, im N. Arch. d. Crim. R. Bd. VIII. S. 21.

Zweiter Abschnitt.

Die legislatorische Behandlung der genannten Diebstahlsarten.

§. 1.

Die ordnungswidrige Beseitigung des Verschlusses bei dem Ein- (Er-) Brechen und dem Einsteigen; — die Formen der Gewalt und List.

Bei der Frage über die legislatorische Behandlung der Diebstähle mit Brechen und Einsteigen bieten sich zwei verschiedene Gesichtspunkte zur Auswahl dar. Einmal der Gesichtspunkt der häuslichen Sicherheit und deren Gefährdung, und sodann der der Beseitigung der Aufbewahrungsmittel für eine Sache. Der erstere Gesichtspunkt[1]) führt, wenn er ohne Beschränkung adoptirt wird, zur Qualification jedes, in einem Wohnhause ausgeführten Diebstahls, und daher offenbar zu weit. Die meisten der neueren Gesetzbücher haben den zweiten Gesichtspunkt angenommen. Auch dieser führt, wie wir noch sehen werden, allerdings sehr weit und nöthigt zur Qualicirung auch ziemlich unerheblicher Fälle, läßt aber eine consequente Durchführung und die Aufstellung bestimmter und gleichmäßiger Merkmale zu.

Der erstere Gesichtspunkt schließt die Diebstähle in unbewohnten Häusern, so wie außerhalb eines bewohnten Hauses unbedingt aus. Insbesondere macht er sich bei dem Erbrechen von Behältnissen im Freien (außerhalb des Hauses) geltend; dasselbe würde nicht qualificirt sein. Ebenso verliert bei diesem Gesichtspunkte das Moment des Verschlusses als Qualificationsgrund seine volle Bedeutung; auch der Diebstahl im unverschlossen gebliebenen Wohnhause würde qualificirt sein.

---

1) Vgl auch noch Geib a. a. O. S. 564, welcher bemerkt, daß die ältere Idee eines das Haus und den Hof umgebenden Schutzes und sog. höheren Friedens unserem Rechte fremd geworden.

Die neuen Gesetzbücher haben die Beseitigung des Verschluß=
mittels mit Gewalt oder List hervorgehoben, — die Gewalt bei
dem Erbrechen, die List bei dem Einsteigen und den falschen
Schlüsseln. Es ist die ordnungswidrige Beseitigung
oder Ueberwindung eines räumlichen Hindernisses,
durch welches dem Diebe der sofortige und unmittel=
bare Zugang zu der Sache verwehrt ist. Die Sache be=
findet sich in einer Räumlichkeit, welche für den Dieb unzugäng=
lich und verschlossen ist. Diese Schutzwehr der Sache gegen das
sofortige Ergreifen der Sache wird von dem Diebe beseitigt; — er
beseitigt den Schutz der Räumlichkeit, in welcher sie sich befindet.

Es ist der „umschlossene Raum," in welchem „man nur
durch den Gebrauch von Schlüsseln oder durch Einbrechen oder
Einsteigen gelangen kann," und in welchem sich die Sache, welche
den Gegenstand der Entwendung ausmacht, befindet. Es bietet
jedoch, wie wir sehen, diese Bezeichnung noch verschiedene Schwierig=
keiten.

Wenn es gestattet ist, das Wort „Behältniß" auch auf
Gebäude und ähnliche Räumlichkeiten anzuwenden, so würde das=
selbe eine schärfere Lösung der Frage gewähren. Nach der Ab=
stammung des Wortes steht dasselbe einer solchen Anwendung
nicht entgegen.

Es ist das Behältniß der Ort oder Raum, in welchem
Gegenstände aufbewahrt werden.

Das Entwenden der Sache aus dem Behältnisse reicht jedoch
zur Qualification nicht hin. Der Dieb, welcher im Hause aus
einem offenen Schranke einen Gegenstand stiehlt, nimmt ihn aus
einem Behältnisse, aber doch unter Umständen, durch welche das
Moment des Behältnisses keine Bedeutung beanspruchen kann.
Der Gegenstand war in dem Behältnisse „aufbewahrt," aber durch
den Mangel des Verschlusses in gleicher Lage, wie jede offen
daliegende Sache; sie war jeder im Hause oder Zimmer befind=
lichen Person leicht zugänglich. Allerdings gehörte vielleicht Ver=
wegenheit oder List dazu, in das Haus oder Zimmer zu treten,
um bis zu dem Gegenstande zu gelangen. Allein es würde,
wenn man schon in der Verwegenheit oder List allein, mit welcher

ein Diebstahl verübt wird, das Qualificationsmoment finden wollte,
dieses offenbar zu weit führen und ziemlich unbestimmte Merkmale
darbieten, sonach in der Praxis Schwankungen und Willkürlichkeiten erzeugen.

Es wird die Aufstellung von sichern und **objectiv** festbestimmten Merkmalen nöthig, durch welche das Entwenden der
Sache aus dem Behältnisse als besonders strafbar sich darstellt.
Diese Nothwendigkeit bezieht sich insbesondere auf den schwankenden Begriff der „List," — weniger auf den, einen bestimmteren
Charakter bereits an sich tragenden Begriff der „Gewalt." Wir
müssen zur Erlangung solcher Merkmale bestimmte Thätigkeiten
des Diebes kennzeichnen, in denen die List oder die Gewalt bei
der Ausführung sich kundgibt.

Zu diesem Zwecke stellen wir dem offenen Behältnisse das
geschlossene gegenüber. Es läßt sich wohl sagen, daß der ursprüngliche Begriff des Behältnisses auf das Geschlossensein hindeutet.
Es wird in dem Behältnisse eine Sache „behalten," gehalten,
d. i. aufbewahrt in der Maße, daß sie durch das Behältniß gleichsam gehalten, abgesperrt, eingesperrt, eingeschlossen ist. Der Begriff des Behältnisses setzt daher ursprünglich die Möglichkeit eines
Eingreifens in dasselbe, einer Oeffnung desselben, überhaupt eines
Zuganges in dasselbe zur Herausnahme der in ihm enthaltenen
Sache nicht voraus. Die Sperre des Behältnisses kann vielmehr eine so totale sein, daß nur die Zerstörung desselben die
Möglichkeit der Herausnahme und Aneignung der Sache gewährt.

Der Sprachgebrauch ist ein anderer geworden. Der offene,
deckellose Kasten ist ebenfalls ein Behältniß, — eine Räumlichkeit,
in welcher Sachen aufbewahrt werden. Dessenungeachtet wird das
Behältniß nach seiner gewöhnlichen Bestimmung den Zweck der
Aufbewahrung erst dann völlig erfüllen, wenn es verschließbar und
verschlossen ist. Erst hierdurch wird die Sache in ihm „behalten,"
in Wahrheit abgesperrt und dem Dritten unzugänglich gemacht.

Die Sperre ist nicht nothwendig eine solche, durch welche
die Sache in einen räumlichen Gewahrsam gebracht wird, der sie
von allen andern Sachen räumlich trennt. Dasselbe Behältniß

kann eine Mehrheit gleichartiger, sowie verschiedenartiger Gegenstände umfassen. Eine Sache, welche sich in einer Stube des Hauses befindet, ist in der Stube, aber auch im Hause selbst „behalten."

Die Beseitigung dieser Sperre ist das qualificirende Moment; in ihm äußert sich zugleich die Gewalt, bez. die List. Mit der Aeußerung der Gewalt oder der List gegen die Sperre zeigt sich zugleich die größere Gefährlichkeit des Diebes. Das verschlossene Behältniß wird geöffnet und hierdurch der Schirm, welchen die Sache genoß, beseitigt; sie wird ihrem Gewahrsam entzogen.

Die Sperre der Sache wird, wenn sie ihren Zweck einigermaßen erreichen soll, auch da, wo sie in voller Integrität sich nicht befindet oder nur als eine leichte sich darstellt, immer nur auf eine Art beseitigt werden können, welche als Gewalt oder List sich kennzeichnet, dafern letzteren Falls (List) der, welcher sie beseitigt, zu dieser Beseitigung nicht befugt ist. Das Gesetz hat die ordnungswidrige Beseitigung der Sperre nicht im Allgemeinen qualificirt, sondern mit Recht bestimmte Formen derselben hervorgehoben, um dadurch den Begriff der Qualification speciell zu fixiren und ihn vor willkürlichen Anwendungen in der Praxis zu schützen. Die Gewalt und List sind daher die Arten der Oeffnung des verschlossenen Behältnisses.

Allein auch die „Gewalt" und die „List" bedürfen fester und gleichmäßiger Merkmale und Begrenzungen in der Subsumtion ihrer Aeußerungen.

Das Gesetz hat als solche das Erbrechen, sowie das Einsteigen und den falschen Schlüssel aufgestellt. Man kann auch das Einschleichen hierher rechnen. Es sind daher diese Begehungsarten die Formen, in welchen die Gewalt, bez. die List sich äußert, mit welcher der Verschluß eines Behältnisses behufs der Entwendung einer in ihm befindlichen Sache ordnungswidrig beseitigt wird. Der Grundgedanke bleibt jedoch die ordnungswidrige Beseitigung des Verschlusses, — nur daß dieser Gedanke auf bestimmte und im einzelnen Falle leicht fixirbare Aeußerungen und Formen zurückgeführt wird.

Das Steigen bezeichneten wir ebenfalls als eine Art der
Beseitigung des Verschlusses. Dasselbe enthält zwar nicht eine
thatsächliche Aufhebung und Lösung des Verschlusses, wie das
Brechen und Aufschließen, wohl aber eine Beseitigung des in ihm
liegenden räumlichen Hindernisses, um zu der Sache, welche den
Gegenstand der Entwendung bildet, zu gelangen und sie ihrem
Gewahrsame zu entziehen. Steht auch z. B. das Fenster der
Stube offen, in welche eingestiegen worden, so ist doch die Höhe
desselben und insbesondere die Mauer des Gebäudes gewiß ein
Verschluß der Gegenstände in der Stube. Der Inhaber einer
Stube erachtet die in ihr befindlichen Gegenstände ebenfalls für
verwahrt, auch wenn das Fenster der Stube offen steht, dafern
nur nicht das bloße Hineinlangen durch das Fenster möglich ist,
um die Gegenstände zu erfassen und herauszuholen. Zwar kann
die Sorglosigkeit des Inhabers der Sache in der Art ihrer Auf=
bewahrung möglicherweise die Aufbewahrung als eine sehr leicht=
sinnige und wenig genügende erscheinen lassen. Allein die Art
der Aufbewahrung ist bei unserer Frage nicht maßgebend. Sie
kann von Einfluß bei der Frage sein, ob der Dieb erhebliche
räumliche Schwierigkeiten zu überwinden hatte, und in dessen
Folge auch von Einfluß bei der Strafabmessung werden; aber sie
kann keinen Einfluß auf die Beantwortung der Frage gewinnen,
ob die Sache verschlossen gewesen? Es ist überhaupt (wie wir bei
den einzelnen Qualificationsarten näher sehen werden) bei der
Frage, ob die Qualification vorhanden sei? auf die etwa bei der
Verwahrung der Sache sich kundgebende culpa des Besitzers keine
Rücksicht zu nehmen. Ebenso ist, wie wir später weiter ausführen
werden, die Art des Verschlusses selbst, je nachdem sie eine beson=
dere Schwierigkeit zur Ueberwindung darbietet oder nicht, für die
Qualificationsfrage gleichgiltig.

Es genügt hier festzustellen, daß durch das Steigen der
Zugang zu der verschlossenen Sache erlangt wurde, daß das
Steigen das Mittel zu diesem Zugange war. Das Steigen auf
den Baum, um daselbst die Früchte desselben zu stehlen, qualificirt
ebensowenig, als das Aufsteigen am Hause, um einen an der
Außenseite desselben aufgehangenen Gegenstand zu entwenden. Die

in der Stube des Hauses befindliche Sache wird dagegen durch die Mauer des Hauses verwahrt und abgesperrt, — sie befindet sich in dem Hause, — sie ist in einem verschlossenen Behältnisse.

Dadurch, daß das Fenster offen steht, wird der Begriff des Verschlusses nicht beseitigt. Es ist das Fenster nicht der ordnungs= mäßige Zugang zur Sache und das Eindringen oder Eintreten durch dasselbe nicht der Weg zu derselben. Der Verschluß liegt hier, wie bemerkt, in der Mauer des Gebäudes. Dieser Ver= schluß wird durch das oben charakterisirte Aufsteigen beseitigt. Daher ist auch die am offenen Parterrefenster liegende Sache nicht verschlossen. Die Mauer ist hier nicht so hoch, daß sie das sofor= tige Zulangen des Diebes ausschlösse.

Allerdings fragt es sich hiernach, ob es nicht consequenter wäre, das Aufsteigen am Hause und das dadurch ermöglichte Herauslangen einer Sache aus der Stube durch das Fenster zu qualificiren, — nicht aber zur Qualification auch das Einsteigen in das Gebäude selbst zu erfordern? Ohnedem wird jetzt ziemlich allgemein bei dem Einbruchsdiebstahle zur Qualification nicht das Einbrechen in das Gebäude erfordert, sondern bereits das Er= brechen des Gebäudes (ohne Eindringen in dasselbe) für genügend angesehen. Es wird das Zerstören des Verschlusses, durch wel= chen die Sache geschützt wird, qualificirt und zu demselben ist der Eintritt in das Gebäude selbst nicht nöthig. Dessenungeachtet hat man bei dem Diebstahle durch Steigen meistens verlangt, daß der Dieb in das Gebäude selbst eingestiegen sei.

Indem wir das Einsteigen nur als einen Fall der ord= nungswidrigen Beseitigung des Verschlusses prädiciren, bietet auch die Qualificirung des „Einkriechens“ „Einschlüpfens“ nichts Be= sonderes, während doch gegenwärtig die gesetzliche Definition des Einsteigens in ihrer Ausdehnung auf das „Einkriechen“ sprachlich mehr als bedenklich ist.

§. 2.

Die Frage einer Vereinigung der im §. 1. aufgestellten Gesichtspunkte. — Verhältniß des Thatbestandes zu dem des einfachen Diebstahls.

Eine wesentliche Beschränkung der Qualification würde sich dadurch vermitteln lassen, daß man die Gefährdung des Bestohlenen, welche von der älteren Jurisprudenz als wesentliches Requisit bezeichnet wurde, (wenn auch vielleicht mit gewissen Beschränkungen) als Moment des Thatbestandes rehabilitirte, dergestalt, daß man die Casuistik der Jurisprudenz durch Feststellung bestimmter Normen abschnitte. Die Annahme einer Gefährdung des Bestohlenen dürfte nicht, wie in der älteren Jurisprudenz geschehen, von zufälligen Vorkommnissen und von der späteren Haltung des Diebes bei einem Zusammentreffen mit dem Bestohlenen (das ohnedem nur in seltenen Fällen sich ereignet) abhängig gemacht werden, sondern sie müßte auf das Einbrechen (Erbrechen) und Einsteigen in bewohnten Häusern, wo ein Zusammentreffen mit dem Bestohlenen oder andern Personen leicht vorkommen kann, beschränkt werden. Es würde sonach eine Vereinigung der beiden, im Eingange des vorigen §. aufgestellten Gesichtspunkte in Frage kommen. Mit ihr würde sich der Umfang der Qualification und die Zahl der hierher gehörigen Fälle wesentlich mindern. Allein soviel ist andererseits nicht zu bestreiten, daß dieses objective Merkmal (der Gefährdung der häuslichen Sicherheit) meistentheils in der subjectiven Seite des Verbrechens keinen Wiederhall finden würde, da wohl in der Mehrzahl der Fälle, wo der Dieb einbricht oder einsteigt, er möglichst dafür besorgt ist, nicht gehört und dadurch der Gefahr der Entdeckung und Ergreifung ausgesetzt zu werden, überhaupt jedes Zusammentreffen mit den Hausbewohnern thunlichst zu vermeiden sucht und auch im Falle eines Herannahens der letzteren in der Regel die Flucht ergreift. Ist dies aber (wie jeder Praktiker bestätigen wird) der gewöhnliche Fall, so würde die gedachte Vereinigung beider Gesichtspunkte dem praktischen Bedürfnisse nicht entsprechen und eine nicht geringe

Zahl schwerer Diebstähle der Kategorie der einfachen Diebstähle zuweisen, weil der Dieb zwar eingebrochen und eingestiegen ist, — nicht aber den Fall des Zusammentreffens mit dem Bestohlenen in Erwägung genommen hat.

In dem Thatbestande des Diebstahls mit Brechen und Einsteigen zeigt sich zugleich eine weitere Durchführung derjenigen Anschauung, von welcher man bei der Construirung des Thatbestandes des einfachen Diebstahls ausgegangen ist. Das Requisit der Entziehung der Sache aus dem fremden Gewahrsame erlangt bei dem Thatbestande dieser ausgezeichneten Diebstähle gleichsam einen potenzirteren Ausdruck und eine concretere Gestaltung. Es ist nicht der einfache, sondern der geschützte Gewahrsam, aus welchem die Sache entwendet wird; — es ist nicht blos die Nichtachtung, sondern eine Verletzung und Beschädigung des Gewahrsams, — es ist der Bruch des besondern Schutzes, mit welchem der Gewahrsam umgeben ist. Ja, es gestatten diese Diebstähle sogar eine Analogie mit dem Raube.

Wie der Räuber die Sache mit Gewalt gegen die Person dem Inhaber entzieht, so entzieht sie hier der Dieb dem Inhaber mit rechtswidriger Beseitigung ihres Verschlusses. Dort schützte sie persönlich der Inhaber, hier an Stelle desselben der besondere Verschluß; — dort ein persönliches, hier ein sachliches Hinderniß der sofortigen Wegnahme, welches der Verbrecher in einer der Natur desselben entsprechenden Maße zu beseitigen weiß. Es läßt sich wohl sagen, daß auch der qualificirte Diebstahl wie der Raub in der Ueberwindung des entgegengesetzten Willens des Inhabers bestehe. Der Verschluß der Sache tritt an die Stelle der unmittelbaren Inhabung der Sache Seiten des Besitzers, — der Verschluß ist gleichsam der Repräsentant des Besitzers und der Ausdruck seines Willens; — er erachtet die verschlossene Sache für ziemlich eben so sicher, als diejenige, welche er bei sich trägt. Dort ein sachlicher, hier ein persönlicher Schutz.

§. 3.

Durchführung des aufgestellten Grundsatzes. — Der Zweck des Verschlusses entscheidet nicht; — Mitbewohner.

Diese Beseitigung der localen Schwierigkeiten, welche dem Zugange zu der versperrten Sache entgegenstehen, ist auch das Kennzeichen der größeren Verwegenheit des Diebes. Jene, wie diese ist aber unabhängig davon, zu welchem speciellen Zwecke die Versperrung der Sache durch den Besitzer erfolgte. Ueberdieß ist möglich, daß hierbei die Intention desselben äußerlich nicht erkennbar und zweifellos ist. Daher kann von ihr nicht die Verschuldung des Diebes, und zwar weder zu seinem Gunsten noch zu seinem Nachtheile, abhängig gemacht werden. Nach Befinden ist sogar bei einzelnen Verwahrungsmitteln der Bestohlene über den speciellen Zweck ihrer Verwendung im Augenblicke derselben sich nicht klar gewesen, z. B. bei dem Versiegeln eines Briefcouverts, in welchem Geld eingelegt ist. Oft wird die Verwahrung nicht eigentlich gegen diebische Eingriffe, als vielmehr zur besseren und bequemeren Aufbewahrung selbst erfolgt sein. Hier würde im einzelnen Falle die Annahme der Qualification leicht von großen, mit der Verschuldung des Diebes in keiner Beziehung stehenden Zufälligkeiten, sowie von Willkürlichkeiten mancher Art abhängen. Oft ist die Verwahrung nur zur Ermöglichung der Aufbewahrung oder des Transports, wie bei flüssigen Gegenständen, erforderlich; jeder weitere Zweck tritt hier von selbst in den Hintergrund.[1]

Eine gleichmäßige Behandlung der vorkommenden Fälle, wie eine der Verschuldung des Diebes entsprechende Aburtheilung ist nur bei der Aufstellung allgemeiner und äußerlich bestimmt erkennbarer Merkmale zu erzielen. Das objective Merkmal des Verschlusses, sowie die Beseitigung desselben durch Brechen oder

---

1) So ist in einem, in Zu Rheins Sammlung ꝛc. Bd. I. Abth. 16. S. 430 mitgetheilten Erkenntnisse der Diebstahl mittels Anbohrens eines Weinfasses nicht für ausgezeichnet erachtet worden, weil das Faß wohl ein Aufbewahrungsmittel des Weins, nicht aber ein Verwahrungsmittel zur häuslichen Sicherheit sei.

Steigen entsprechen dieser Voraussetzung. Es ist daher bedenklich, die Qualification wieder davon abhängen zu lassen, zu welchem speciellen Zwecke die Verwahrung der Sache, das Legen 2c. der Sache in das Behältniß erfolgt ist, oder welche Bestimmung sonst das letztere in der Regel hat.

Es genügt, wenn im Allgemeinen der Zweck der Auf= bewahrung oder des Verschlusses der Sache bei dem Einlegen oder Niederlegen derselben in das Behältniß stattfand. Dies wird wohl stets der Fall sein, weil das Behältniß und der Verschluß diesem Zwecke dienen. Die Thatsache, daß die Sache in einem ver= schlossenen Behältnisse sich befunden, genügt daher zur Feststellung dieses Requisits.

Ob dagegen die Aufbewahrung dauernd oder nur vorüber= gehend erfolgt, ist dabei gleichgiltig; auch z. B. die eingemauerte Sache wird in der Mauer aufbewahrt.

Wir werden hierdurch von selbst auf das Requisit geleitet, daß die Behaltung der Sache in dem Behältnisse durch Menschen= hand bewirkt ist. Naturereignisse, durch welche eine Umhüllung der Sache geschaffen wird, reichen nicht hin; z. B. die Schnee= wand, welche das Fenster bedeckt und von dem Diebe durchbrochen wird, um an das Fenster zu gelangen, ist kein Verschluß des letzteren. Wohl aber können derartige Ortsveränderungen von dem Menschen bei Aufbewahrung von Sachen mitbenutzt und dadurch Behältnisse geschaffen werden; z. B. der hohle Baum, die Felsenhöhle 2c.

Nach den obigen Ausführungen kann darauf nichts ankommen, ob das Behältniß im Gebäude oder im Freien sich befunden, ob das Gebäude, in welches eingebrochen oder eingestiegen wird, be= wohnt gewesen oder nicht, ob das Einsteigen bei Tage oder bei Nacht erfolgt ist.

Hiermit steht die Frage in Verbindung, ob der Diebstahl mit Einbrechen oder Einsteigen auch von einem Mitbewohner des Hauses (bez. in welchem das Behältniß sich befindet) verübt wer= den könne? Bei dem Einbrechen oder richtiger Erbrechen, wenn dieses allein und ohne weitere Beschränkung qualificirt, ist die Frage selbstverständlich zu bejahen. Anders bei dem Einsteigen.

Wenn Jemand in dem Hause, in welchem er wohnt, in den, einem Mitbewohner gehörenden Raum einsteigt, so läßt sich noch nicht ohne Weiteres behaupten, daß dadurch der Verschluß der in dem Raume befindlichen Gegenstände beseitigt worden sei, wie bei dem Einsteigen in das Gebäude von Außen. A steigt in den offenen, über der Küche gelegenen Holzstall, und entwendet daselbst Holz. Man kann nicht sagen, daß für den Mitbewohner des Hauses das Holz eine versperrte Sache gewesen. Der Unterschied mit dem Falle, wo die Sache durch die Hausmauer gegen das Einsteigen von Außen geschützt wird, liegt klar vor. Die Nothwendigkeit des Aufsteigens im Gebäude, um zu der Sache zu gelangen, begründet noch nicht die Annahme des Verschlusses. Ebenso ist bei dem Erbrechen die Frage zweifelhaft, dafern das Erbrechen eines Behältnisses nur dann für qualificirt erachtet wird, wenn es in einem bewohnten Hause gestanden. Wir behalten uns jedoch vor, auf diese Frage bei der Erklärung des Begriffs „Wohngebäude" und in dem Abschnitte vom Diebstahle mit Einsteigen zurückzukommen.

§. 4.
Der bewaffnete Diebstahl.

Die legislatorische Behandlung des bewaffneten Diebstahls bietet in mehrfacher Beziehung Schwierigkeiten dar, wie auch bezüglich seiner eine sehr verschiedene Auffassung in den neuen Gesetzbüchern uns entgegentritt und in der Praxis sehr erhebliche Controversen die Anwendung des Gesetzes erschweren. Es kann nicht verkannt werden, daß die Verwandtschaft dieser Diebstahlsart mit dem Begriffe des Raubes öfters auf die scharfe Ab- und Begrenzung derselben nachtheilig eingewirkt hat und daß bei der Begriffsbestimmung häufig der Fall mit in's Auge gefaßt worden, in welchem der Dieb von den Waffen Gebrauch gemacht hat, sei es zur Sicherung seiner Person, sei es zur Behauptung des Entwendeten. Der Fall des Waffengebrauchs berührt aber in keiner Weise den Thatbestand des Diebstahls, am wenigsten, wenn der Act der Entwendung bereits vollendet war. Wird die Gewalt

vor Beendigung dieses Acts behufs der Vollendung der Aneig=
nung verübt, so geht die That in das Verbrechen des Raubes
über. Diese Ansicht ist aber eine einfache Consequenz und bedarf
in keiner Weise der besondern Berücksichtigung in dem Gesetze.

Der bewaffnete Diebstahl unterscheidet sich wesentlich von
dem Diebstahle durch Einbrechen und Einsteigen. Das Brechen
und das Steigen hebt den Verschluß einer Sache auf und ist das
Mittel für den Zugang zur Sache; — die Waffe, welche der
Dieb führt, ist nicht nothwendig ein Werkzeug für die Begehung
des Diebstahls. Der Zweck der Bewaffnung richtet sich nicht auf
den Diebstahl und die zu entwendende Sache, sondern auf den
Dieb selbst und gegen den Entdecker. Dieser Zweck geht gleichsam
nebenher und ist an sich kein Moment in dem Thatbestande des
Diebstahls, dessen Ausführung von der Bewaffnung unabhängig ist.

Die Absicht, eventuell Gewalt gegen die Person zu verüben,
zeigt eine besonders schwere Verwegenheit des Diebes. Der ge=
wöhnliche Dieb scheut sich vor dem Zusammentreffen mit dem
Bestohlenen rc., der bewaffnete Dieb sucht es zwar nicht auf, trifft
aber für den Fall des Zusammentreffens seine Maßregeln, und
diese richten sich auf eine Gewalt gegen die Person selbst.

Nur uneigentlich kann man hier von einer schweren Be=
gehungsart sprechen und die Bewaffnung mit dem Einbrechen und
Einsteigen zusammenstellen. Die rechtsgeschichtlichen Gründe,
welche den Verfasser der Carolina hierzu bestimmten, sind jetzt
nicht mehr maßgebend. Die einzige Verwandtschaft, welche sich
noch darbietet, ist theils die besondere Verwegenheit des Diebes
in allen diesen Fällen, theils die Rücksicht, daß das Object des
Diebstahls auch bei dem bewaffneten Diebstahle nicht für die
Qualification entscheidet, sondern eine bestimmte, jene besondere
Verwegenheit kennzeichnende Thätigkeit des Diebes. Der bewaff=
nete Dieb kann daher, wenn man ihm nicht eine völlig exceptionelle
Stellung im Gesetzbuche anweisen will, wie z. B. im Gesetzbuche
von Sachsen (wo er als „besonders ausgezeichneter Diebstahl"
und in völlig abweichender Weise behandelt wird), höchstens mit
den, durch ihre Begehungsart qualificirten Diebstählen z u s a m=
m e n g e s t e l l t werden.

§. 5.
Die Vollendung bei diesen Diebstahlsarten.

Das Einbrechen und das Einsteigen sind Begehungsarten des Diebstahls. Jenes wie dieses qualificirt daher nur, wenn es in Absicht auf einen Diebstahl und dessen Ausführung, welcher es als Mittel dienen soll, vorgenommen wurde.

Indem es Mittel zum Zwecke ist, kann es nicht weiter qualificiren, sobald der Zweck erreicht ist und daher aufhört, das Mittel zu sein; — dies ist der Fall, wenn der Dieb die Sache an sich genommen hat und daher der Diebstahl vollendet ist. Das Brechen oder Steigen des Diebes nach Vollendung des Diebstahls kann dem letztern nicht nachträglich eine Qualification verleihen, welche ihm nicht beiwohnte. Es ist vielmehr dieses Gebahren des Diebes ein selbstständiges Factum. Bezieht es sich auf den Gegenstand des Diebstahls, so ist ein Gebahren mit der bereits gestohlenen Sache, — nicht die Absicht zum Stehlen, sondern z. B. das Gestohlene zu sichern, also nicht eine diebische Absicht ist der Bestimmungsgrund. Ebenso wenig wird dadurch, daß der Diebstahl mit Brechen oder Steigen ausgeführt worden, an der allgemeinen Vorschrift über die Vollendung des Diebstahls etwas geändert. Der einfache, wie der qualificirte Diebstahl haben hier denselben Thatbestand, — nur in Bezug auf das Mittel zur Entwendung differiren sie. Wir werden aber bei dem Diebstahle mit Erbrechen sehen, daß die neue Doctrin mehrfach von diesen Sätzen abgewichen ist.

Die Bewaffnung des Diebes bei dem bewaffneten Diebstahle ist, wie bemerkt, an sich keine Art der Begehung, aber ein dieselbe begleitendes Moment. Ist die Entwendung vollendet, so verliert dadurch naturgemäß dieses Moment seine Bedeutung. Das Ergreifen von Waffen nach dem Diebstahle kann den Charakter des letzteren nicht mehr ändern und der Gebrauch der Waffe nach dem Diebstahle nur als eine selbstständige Handlung aufgefaßt werden. Der Dieb, welcher nach Vollendung des Diebstahls Waffen gebraucht, sei es zur Sicherung des Entwendeten, sei es

3

seiner Person, ist ebenso zu behandeln, wie der Dieb, welcher nach Vollendung des Diebstahls a u s bricht oder a u s steigt.

§. 6.
Eintheilung des ausgezeichneten Diebstahls in den neuen Gesetzbüchern.

Die Bestimmungen der neuen Gesetzbücher über den ausge= zeichneten Diebstahl bieten ein ziemlich willkürliches Gemisch von Qualifications=Gründen, und sind ein neuer Beleg für den Vor= wurf der Casuistik und übergroßer Specialität, welcher manchem dieser Gesetzbücher mit Recht gemacht wird. Das weite Straf= maß, welches dem Richter eingeräumt worden, macht ohnedem eine so weite Ausdehnung des Gebiets der ausgezeichneten Dieb= stähle, sowie die besondere Hervorhebung und anderweite Aus= zeichnung einzelner Klassen desselben mit erhöhter Strafe überflüssig. Dies gilt auch von den sogen. (einfachen) Diebstählen mit Er= schwerungsgründen, welche man in mehreren Gesetzbüchern zwischen die Kategorien der einfachen und der ausgezeichneten Diebstähle einge= schoben hat, und von der in manchen Gesetzbüchern nach dem Vor= gange des Code pénal Art. 881 f. eingeführten zweiten (gerin= geren) Klasse der ausgezeichneten Diebstähle. In dieser Klasse hat man insbesondere die qualificirten Diebstähle wiederholt, wenn sie nicht die gesammten, bei der ersten Classe für nöthig erachteten Requisite der Qualification, sondern nur einige derselben enthalten. So wird z. B. das Einbrechen häufig unter zwei Kategorien ge= stellt und gestraft, je nachdem der Dieb in das Haus selbst ein= gedrungen oder aber, ohne in das Haus einzudringen, die Sache aus dem Hause durch die gemachte oder erweiterte Oeffnung herausgezogen hat; — ferner je nachdem das Einbrechen und Einsteigen in bewohnte oder nicht bewohnte Gebäude erfolgt ist.

Wir wiederholen bezüglich der sogen. einfachen Diebstähle mit Erschwerungsgründen die Ansicht, daß zur Einführung dieser speciellen Erschwerungsgründe ein praktisches Bedürfniß durchaus nicht vorhanden, und die Versicherung, daß wir tagtäglich diese Ansicht in der Praxis bestätigt finden. Die zweite (geringere)

Klaſſe der ausgezeichneten Diebſtähle dagegen anlangend, ſo ſind in dieſelbe in mehreren Geſetzen Diebſtähle aufgenommen worden, bei denen die gewöhnlichen Strafrahmen eine vollkommen aus= reichende Möglichkeit zu gerechter Ahndung derſelben darbieten.

Im Allgemeinen laſſen ſich zwei Gruppen von Auszeich= nungen in den neuen Geſetzbüchern unterſcheiden.[1] Die erſte Gruppe umfaßt die Fälle, bei welchen die Qualification darin gefunden wird, daß die Entwendung an Gegenſtänden verübt worden, welche entweder überhaupt oder unter beſondern Umſtän= den oder im Verhältniſſe zu der Perſon des Diebes ſchwer zu verwahren, oder endlich welche beſonders heilig oder wichtig ſind. Hierher gehören Diebſtähle an befriedeten Sachen, an Vieh auf der Weide oder in Pferchen oder in Wildgärten, auf Märkten, Meſſen ꝛc., auf öffentlichen Flüſſen, an dem Gepäcke der Reiſen= den, an den von Schiffern, Fuhrleuten oder Boten verfahrenen Sachen, — Diebſtähle, welche von dem Hausgeſinde, den Lehr= lingen, Fabrikarbeitern ꝛc. an dem Hausherrn, von Gaſtwirthen an den Gäſten ꝛc. begangen werden (Hausdiebſtahl), — Diebſtähle, welche bei Gelegenheit einer Feuers= oder Waſſersnoth, Kriegs= gefahr ꝛc., — Diebſtähle, welche an zum Gottesdienſte beſtimmten Sachen oder in Kirchen (Kirchendiebſtahl), in Reſidenzſchlöſſern (Hofdiebſtahl), an Erzen und in Bergwerken, an öffentlichen Bau= ten, an Leichen ꝛc. verübt werden.

Die zweite Gruppe umfaßt die ſogen. gefährlichen Diebſtähle. Es entſcheidet hier die Begehungsart. Die Gefliſſenheit oder Ge= fährlichkeit des Diebes, welche in der Art der Begehung ſich aus= ſpricht, iſt das gemeinſame Merkmal. Das Geſetzbuch für Baden hat die bedeutendſten Arten unter dem Namen „gefährliche“, — das (ältere, nicht auch das gegenwärtige) Geſetzbuch für Bayern und das Geſetzbuch von Oldenburg haben ſie unter dem Namen „gefliſſengefährliche“ zuſammengefaßt. Hierher gehören die gemein=

---

1) Vgl. hier auch Häberlin, Grundſätze, Bd. IV. S. 31 f. Weeber, Abhandl. a. b. Gebiete vergleichender Strafgeſetzkunde. (Olmütz, 1861.) §. 47 f.

rechtlich als gefährliche Diebstähle ausgezeichneten Fälle des Ein=
bruchs, des Einsteigens und der Bewaffnung. Diese, in Art. 159
der Carolina hervorgehobenen Fälle sind durch die Diebstähle mit
Einschleichen, bez. bei Nacht, und mit falschen Schlüsseln vermehrt
worden. Einige Gesetzbücher zählen hierher noch den Banden= und
den gewerbmäßigen Diebstahl.

Bei dieser zweiten Gruppe findet sich zwar nicht eine gleiche,
aber immer noch bedeutende Verschiedenheit in den einzelnen Ge=
setzbüchern. Allerdings bieten auch die hierher gehörigen Fälle
vorzugsweise Stoff zu Streitfragen. Die Praxis in den einzelnen
Ländern liefert hierzu reiche Belege. Ob es den neuen Gesetzen
gelungen sei, ein bestimmtes Princip für die Behandlung der hier=
her gehörigen Fälle consequent durchzuführen, möchte wohl bezwei=
felt werden.

§. 7.

Ueber die Behandlung des Diebstahls mit Einbrechen und Einsteigen in den neuen Gesetzbüchern.

Im Allgemeinen haben bei dem Diebstahle mit Einbrechen
und Einsteigen die neuen Gesetze den Schwerpunkt auf die, in der
That sich äußernde vorzügliche Festigkeit des verbrecherischen Wil=
lens gelegt, in Uebereinstimmung mit den auch sonst geltenden
Grundsätzen, ohne eine besondere Gefahr für den Bestohlenen
als Thatbestandsrequisit zu erfordern. Mit dieser Auffassung steht
es in Uebereinstimmung, wenn man den Diebstahl mit Nach=
schlüsseln und mit Einschleichen qualificirte. Was dort die in der
Gewalt sich äußernde Kühnheit, — das ist hier die in der List
und Verschlagenheit sich äußernde Hartnäckigkeit des Diebes.

Die Frage, welches der leitende Gesichtspunkt der Auszeich=
nung sei, kehrte namentlich auch bei dem Erbrechen von Kisten rc.,
die nicht in einem bewohnten Hause sich befinden, so wie bei dem
Erbrechen und dem Einsteigen in unbewohnte Räume wieder. Sie
ist von den neuen Gesetzen verschieden beantwortet worden.

Dabei zeigt sich häufig in den neuen Gesetzen eine, die Anwendung des Gesetzes sehr erschwerende Casuistik.[1])

Die Strafen des ausgezeichneten Diebstahls sind gegenwärtig an sich milder, als die in der Carolina für ihn festgestellten; — sie sind aber auch insoferne strenger, als der Kreis der Qualification weit über die Bestimmung der Carolina ausgedehnt worden. Die maßlose Härte des Code pénal ist hierbei nicht ohne Einfluß geblieben.

Dazu kommt, daß man den ausgezeichneten Diebstahl unbedingt der Jury überwiesen und zur Feststellung der Competenz für diese ein ziemlich hohes Strafminimum angenommen hat.

Das Oesterreich. Gesetzbuch qualificirt weder das Einsteigen, noch das Erbrechen, indem es lediglich den Diebstahl an „versperrten Sachen“ qualificirt. Es ist hier die Art und Weise, wie der Dieb, ungeachtet des Hindernisses, zu der versperrten Sache gelangte, gleichgiltig.[2]) Es entscheidet nicht die Art, wie, sondern der Gegenstand, an welchem der Diebstahl verübt worden ist; — es ist die Sperre, durch welche der Gegenstand geschützt und welche vom Diebe, mit Gewalt, List ꝛc., beseitigt wird. Das Oesterr. Gesetzbuch hat hierdurch den, den meisten Gesetzbüchern unterliegenden Gedanken bestimmter ausgedrückt und eine Menge von Controversen abgeschnitten.

Das k. Sächs. Strafgesetzbuch hat in Art. 278 für die Strafe des ausgezeichneten Diebstahls bis mit zehn Thalern die Modification getroffen, daß der Richter „in Fällen von geringerer Bedeutung“ ermächtigt ist, (statt der schweren Freiheitsstrafe) auf Gefängniß von zwei bis vier Monaten zu erkennen. Diese Bestimmung hat sich in praxi sehr gut bewährt. Mit ihr ist die Vorschrift der Straf-P.-O. zu verbinden, nach welcher das Collegialgericht — mit Zustimmung des Staatsanwalts — befugt ist, eine an sich zu seiner Competenz gehörige Sache an das Gericht der nächsten Ordnung zu verweisen, wenn nach Lage der

---

1) Vgl. hier auch Häberlin, Grundsätze des Crim. Rechts ꝛc. Bd. IV. S. 69 f.

2) Vgl. Herbst, Handb. ꝛc. Bd. I. S. 344.

Sache eine die Dauer von vier Monaten Gefängniß übersteigende
Strafe nicht zu erwarten ist. Auch mit dieser Vorschrift ist für
eine rasche und zweckentsprechende Aburtheilung solcher qualificirter
Diebstähle gesorgt, die in Wahrheit eine besondere Bedeutung
nicht beanspruchen.

Aehnliche Bestimmungen, daß in besonders milden Fällen
auf eine niedrigere Strafe erkannt werden könne, finden sich auch
in anderen Gesetzgebungen; — das Preuß. Strafgesetzbuch läßt die
Feststellung mildernder Umstände zu und ermächtigt das Gericht
für diesen Fall zu bedeutender Strafherabsetzung.

Diese mildere Beurtheilung wird aber auch in Hinblick
auf die Ausdehnung, welche die Qualification erhalten, eine drin=
gende Nothwendigkeit. Das weite Strafmaß gibt dabei hinreichen=
den Raum zu angemessener Bestrafung der schweren und schwer=
sten Fälle.

§. 8.

Die Bestimmungen der neuen Gesetzbücher über die Diebstähle mit Einbrechen und Einsteigen.

Diese Bestimmungen führen wir in der nachfolgenden Zu=
sammenstellung vor. Sie bieten an sich und in dieser Zusammen=
stellung schon einen interessanten Ueberblick, wie auch Stoff zu
mancher Vergleichung. Hierbei übergehen wir einstweilen die ge=
setzlichen Definitionen des innern und äußern Einbruchs, so wie
des Einsteigens.

Das k. Bayerische Diebstahls=Gesetz vom 25. März 1816
bestimmt (in Abänderung des GB. von Bayern v. J. 1813) in
Art. VI. unter der Ueberschrift: „Von ausgezeichneten Diebstählen:"
Der Diebstahl ist ohne Rücksicht auf den Betrag des Entwendeten
ein Verbrechen: wenn der Dieb, um stehlen zu können, in ein
Haus oder den dazu gehörigen geschlossenen Hofraum, oder in ein
darin stehendes Gebäude eingebrochen ist, oder wenn er die darin
befindlichen Thüren oder Behältnisse erbrochen, oder aufgesprengt,
oder daran die Schlösser mit Instrumenten, z. B. Sperrhaken,
Dietrichen, nachgemachten Schlüsseln, oder auf andere unerlaubte

Art, oder auch mit den rechten Schlüsseln, welche er sich vorher heimlich oder mit List verschaffte, geöffnet hat. Das Einsteigen und der Einbruch in einsam stehende unbewohnte Gebäude, sowie das Erbrechen der darin oder im Freien stehenden Behältnisse und das Oeffnen der hierin befindlichen Schlösser ist als erschwerender Umstand des einfachen Diebstahls zu betrachten.

Das Gesetzbuch von Oldenburg bestimmt in Art. 226.: Wegen besonderer Geflissenheit oder Gefährlichkeit sind Diebstähle ohne Rücksicht auf die Summe ausgezeichnet: 1. wenn sich der Dieb in diebischer Absicht in fremde Wohnung oder anderes Gebäude eingeschlichen und daselbst zur Nachtzeit den Diebstahl verübt hat; 2. wenn der Dieb in ein Haus oder anderes Gebäude auf Leitern eingestiegen, oder sonst durch einen andern, als die gewöhnlichen Eingänge hineingedrungen ist; oder 3. wenn er, um stehlen zu können, Gebäude oder Behältnisse gewaltsam erbrochen oder gesprengt, oder mit Dietrichen, oder mit nachgemachten Schlüsseln, die er sich dazu absichtlich verschaffte, oder mit den rechten Schlüsseln, welche von ihm erst heimlich entwendet, oder mit List genommen worden sind, geöffnet hat.

Das k. Sächs. Crim. GB. v. J. 1838 (aufgehoben) und nach ihm das herz. Sachsen-Altenburgische Criminalgesetzbuch bestimmen in Art. 280: Jede Entwendung, welche durch gewaltsames Erbrechen verschlossener Gebäude oder Behältnisse, oder durch Eröffnung derselben mit Diebesinstrumenten, oder durch nächtliches Einsteigen in Gebäude, oder dadurch ausgeführt worden ist, daß der Dieb, um zur Nachtzeit zu stehlen, sich in bewohnte Gebäude eingeschlichen hatte oder hatte einschließen lassen 2c.

Das Strafgesetzbuch von Württemberg v. J. 1839 bestimmt in Art. 328: Ein ausgezeichneter Diebstahl „erster Stufe" ist vorhanden: 1. wenn der Dieb, mittelst Einbrechens in bewohnte Gebäude, ohne Eindringen, oder mittelst bloßen Aufsteigens an solchen, Gegenstände aus dem Innern entwendet hat, oder wenn er in unbewohnte Gebäude eingestiegen oder eingebrochen, oder, um zur Nachtzeit zu stehlen, in bewohnte Gebäude eingeschlichen ist, deßgleichen, wenn der Diebstahl durch Erbrechung oder Eröffnung mittelst falscher oder auch mittelst der ächten, aber vom Dieb durch List oder heimlich zur Hand gebrachten Schlüssel begangen worden ist. Art. 324: Ein ausgezeichneter Diebstahl zweiter Stufe ist vorhanden:

1. wenn der Dieb in bewohnte Gebäude eingestiegen oder in dieselben eingebrochen, und nach verübtem Einbruche eingedrungen ist (vgl. Art. 323. Ziff. 4.)

Das Gesetzbuch von Braunschweig v. J. 1840 qualificirt unter Andern in §. 215 die Fälle, wenn der Dieb, um zur Nachtzeit zu stehlen, in eine Wohnung eingedrungen ist, oder innerhalb eines Wohngebäudes Wände, Thüren oder Behälter erbrochen, oder Thüren und Behälter mit Dietrichen oder Nachschlüsseln eröffnet hat. (Ueber dem „Eindringen" wird nach §. 217 insbesondere gewaltsames Einbrechen oder Einsteigen verstanden.)

Das Gesetzbuch vom Großherzogthum Hessen v. J. 1842 bestimmt (und mit ihm übereinstimmend das Gesetzbuch von Nassau) Art. 364: Als besondere Erschwerungsgründe sind bei dem einfachen Diebstahle folgende Umstände anzusehen:

1. wenn der Diebstahl in einem unbewohnten Gebäude, und zwar entweder mit äußerem oder innerem Einbruch, oder durch Einsteigen von Außen verübt worden ist ꝛc. Art. 366: Der Diebstahl ist ein ausgezeichneter, wenn einer der folgenden Umstände dabei eintritt:

Nämlich

1. wenn der Diebstahl in einem bewohnten Gebäude oder in einer Kirche, und zwar entweder mit äußerem oder innerem Einbruch, oder durch Einsteigen von Außen verübt worden ist.

Das Gesetzbuch vom Großherzogthume Baden v. J. 1845 bestimmt:

§. 381. (Strafe des gefährlichen Diebstahls.) Der Diebstahl wird als gefährlicher Diebstahl mit Zuchthaus von Einem Jahre bis zu acht Jahren, in leichteren Fällen mit Arbeitshaus bis zu zwei Jahren bestraft ꝛc.:

2) wenn der Dieb in bewohnte Gebäude, oder andere bewohnte Räume (sollte auch zur Zeit der That Niemand darin

gegenwärtig sein), oder in den zu einem bewohnten Gebäude ge=
hörenden, umschlossenen Hofraum, oder in Gebäude, die zu einem
solchen Hofraume gehören, wenn sie auch nicht zum Aufenthalt
für Menschen bestimmt sind, oder in ein Zimmer, oder einen
anderen geschlossenen Raum im Innern eines Gebäudes der einen
oder der andern Art, gewaltsam eingebrochen, oder in einer Weise
eingestiegen ist, daß er im Falle der Betretung nicht leicht wieder
entfliehen konnte.

§. 385. (Erschwerungsgründe.) Als besondere Er=
schwerungsgründe sind bei dem Diebstahle folgende Umstände an=
zusehen ꝛc.:

11. wenn er verübt worden ist mittelst Einbrechens oder
Einsteigens, ohne daß alle Voraussetzungen des §. 381. Nr. 2.
vorhanden sind; oder

12. mittelst gewaltsamer Erbrechung von Schränken, Kisten
oder andern Behältnissen.

Das Gesetzbuch von Thüringen verordnet: Art. 221. Wenn
der Dieb, um zu stehlen:

1. verschlossene Gebäude, Zimmer oder andere verschlossene
Räumlichkeiten, verschlossene Behältnisse zur Aufbewahrung beweg=
licher Sachen, auch verschlossene zu Gebäuden gehörige Hofräume,
unter Anwendung von Gewalt geöffnet, erbrochen oder durch=
brochen hat;

2. zur Eröffnung von Schlössern nachgemachte Schlüssel,
Dietriche, Sperrhaken oder sonstige Werkzeuge gebraucht hat;

3. in Gebäude oder dazu gehörige umschlossene Hofräume
zur Nachtzeit (Art. 152) eingestiegen ist.

Das Strafgesetzbuch von Preußen v. J. 1851 qualificirt
u. A. in §. 218 den Diebstahl, wenn in einem Gebäude oder in
einem umschlossenen Raume vermittelst Einbruchs oder Einsteigens
gestohlen wird.

Das neue k. Sächs. Strafgesetzbuch v. J. 1855 bestimmt in
Art. 278: Ist der Diebstahl durch einen oder mehrere der nach=
stehend angeführten Umstände ausgezeichnet, nämlich:

1. daß der Diebstahl mittelst Erbrechung ausgeführt worden ist, indem der Dieb auf gewaltsame Weise

a. in ein Gebäude, um in dasselbe einzubringen, oder um Gegenstände, welche sich im Innern desselben befinden, zu erlangen, eine Oeffnung gemacht, oder eine in einer solchen bereits vorhandene Oeffnung erweitert, oder den Verschluß derselben beseitigt, oder

b. verschlossene Behältnisse, welche zum Schutze gegen fremde Eingriffe bestimmt sind, geöffnet hat,

2) daß der Dieb zur Oeffnung verschlossener Gebäude oder Behältnisse falsche Schlüssel oder andere zur ordnungsmäßigen Oeffnung des Verschlusses nicht bestimmte Werkzeuge angewendet hat,

3) daß der Dieb, um zu stehlen, in ein Gebäude eingestiegen ist.

Das k. Hannov. Gesetzbuch v. 20. April 1857 (zur Abänderung des Crim. GB.) verordnet in §. 6: Der Diebstahl soll als ausgezeichneter Diebstahl zweiter (schwererer) Klasse mit Zuchthaus und in sehr schweren Fällen mit Kettenstrafe bis zu fünfzehn Jahren bestraft werden ꝛc.:

3. wenn der Dieb behuf Vollführung des Diebstahls in ein Gebäude eingestiegen ist;

4. wenn der Dieb behuf Vollführung des Diebstahls:

a. mittelst Gewalt an Wänden, Dächern, Thüren, Fenstern oder sonstigen Vorrichtungen, welche das Eindringen in ein Gebäude verhindern, einen vorher nicht vorhanden gewesenen oder geschlossenen Eingang eröffnet, oder eine schon vorhanden gewesene Oeffnung zum Eindringen erweitert, oder sonst eine Oeffnung gemacht hat, mittelst welcher er den Eingang sich bahnte oder auch ohne einzudringen, den Diebstahl vollbringen konnte;

b. im Innern eines Gebäudes in vorstehender Weise Wände, Thüren, Fenster, Luken oder ähnliche Vorrichtungen, Eingänge oder Durchgänge, Schränke, Kisten oder andre Behältnisse eröffnet hat.

Das Gesetzbuch von Bayern v. J. 1861 bestimmt: Mit Zuchthaus bis zu zwölf Jahren ist vorbehaltlich der Bestimmungen der Artikel 284—287 der Diebstahl zu bestrafen:

2. wenn der Diebstahl in einem bewohnten Gebäude oder in dem dazu gehörigen und mit dem bewohnten Gebäude in innerer Durchgangsverbindung stehenden umschlossenen Raume mittelst Einbruchs oder Einsteigens oder rechtswidrigen Gebrauches von Schlüsseln verübt worden ist und der Werth des Gestohlenen die Summe von hundert Gulden übersteigt.

Der Entwurf von Bremen schlägt vor: §. 399. Der Diebstahl wird mit Gefängniß nicht unter drei Monaten, in leichteren Fällen nicht unter vier Wochen bestraft 2c.:

3. wenn auf einem öffentlichen Wege, einer Straße oder einer Wasserstraße, auf einer Eisenbahn, einem öffentlichen Platze oder einem Eisenbahnhofe, in einem Postgebäude oder dem dazu gehörigen Hofraum eine zum Reisegepäck oder zu andern Gegenständen des Transports gehörige Sache, mittelst Erbrechens oder mittelst Abschneidens oder Ablösens der Befestigungs= oder Bewahrungsmittel, oder mittelst Anwendung falscher Schlüssel gestohlen wird 2c.;

8. wenn der Diebstahl an Sachen, welche in einem bewohnten Gebäude sich befinden, mittelst Einbruchs oder Einsteigens oder mittelst falscher Schlüssel verübt wird.

Zweite Abtheilung.
Besonderer Theil.

~~~

Erster Abschnitt.

Gebäude — Wohnhaus — bewohnte Gebäude — „umschlossener Raum" — Mitbewohner — der „dazugehörige Hofraum."

§. 1.

Erklärungen der Bezeichnungen: „Gebäude, Wohnhaus, bewohntes Gebäude" — Mitbewohner.

In den deutschen Volksrechten wie in dem Rechte des Mittelalters wird häufig dem Hause der dazu gehörige geschlossene Hofraum mit den in ihm befindlichen Gebäulichkeiten gleichgestellt. [1] Mehrseitig wird behauptet, daß unter „Behaltung" in Art. 159 der Carolina der zu dem Wohnhause gehörige Hofraum mitbegriffen sei. [2]

Was ist ein Gebäude? Was ist ein Wohngebäude? Was ist ein bewohntes Gebäude? [3]

Der Unterschied zwischen bewohnten und unbewohnten Gebäuden hat in neuerer Zeit insbesondere bei der Lehre von Brand-

---

1) Vgl. Köstlin, Krit. Ueberschau re. Bd. III. S. 168 in Verb. mit Geib, im N. Archive re. 1847. S. 522 f.

2) Geib, a. a. O. Mittermaier zu Feuerbach's Lehrb. §. 335. Not. I.

3) In Preußen ist darüber discutirt worden, ob die beiden ersteren Begriffe thatsächlicher oder rechtlicher Natur seien? vgl. Krämel in Goltdammer's Archive Bd. III. S. 215 f.

stiftung an Bedeutung gewonnen. Man hat geltend gemacht, daß
der in einem bewohnten Gebäude verübte Diebstahl eine grö=
ßere Frechheit und Geflissenheit des Diebes bekunde, also ein
subjectives erschwerendes Moment; dagegen bei der Brand=
stiftung ein objectives Moment die Brandstiftung an bewohn=
ten Gebäuden zu einer besondern Gattung erhebe, nämlich die zu
der Gefahr für das Eigenthum hinzutretende Gefahr für Per=
sonen.[1] Wir können diesen Unterschied nicht anerkennen, indem
das objective Moment wie das subjective gleichsam aus derselben
Wurzel entsprossen sind und das Betreten des Wohngebäudes
durch den Dieb die Bewohner des Hauses ebenfalls einer Gefahr
aussetzt; nur insoweit macht ein Unterschied sich geltend, als in
dem Betreten des Hauses und der Gefahr persönlicher Begeg=
nung des Diebes mit den Bewohnern eine größere Verwegenheit
sich kund gibt, welche bei dem Brandstifter, der meistentheils das
Gebäude von Außen anzündet, nicht vorhanden ist.

Bei dem „Gebäude" denken wir an eine dauernde Verbin=
dung der Baulichkeit mit dem Erdboden,[2] — zum Unterschiede
von bloßen „Behältnissen," bei welchen diese Verbindung minde=
stens nicht nöthig ist. „Behältniß" umfaßt im weitern Sinne
auch das „Gebäude." Ein Schäferkarren ist, obgleich er zugleich
dem Schäfer als Schlafstelle diente, nicht als Gebäude angesehen
worden.[3] Dasselbe gilt von den Karren, in welchen herum=
ziehende Gaukler 2c. ihre Sachen zu transportiren, aber auch
zu schlafen pflegen; — von den Marktbuden, Hütten der Obst=
wächter 2c.

Ist es ein Gebäude zu nennen, dessen Bau noch nicht voll=
endet, das noch nicht unter Dach gebracht ist? Ein im Bau be=
griffenes Gebäude wird meistens nicht Gebäude genannt. Das
O. A. G. zu Dresden nimmt, wenn die Bedachung noch nicht er=

1) Osenbrüggen, Brandstiftung 2c. S. 40 f.
2) Vgl. auch Goltdammer, Archiv, Bd. I. S. 575. Der Code pénal
Art. 390 sagt dagegen: „Est reputé maison habitée tout bâtiment,
logement, loge, cabane même mobile etc."
3) Vgl. Goltdammer, a. a. O.

folgt ift, ein „Gebäude" nicht an.[1]) Nach der ratio legis möchte das „Gebäude" fertig fein, wenn es mit verfchließbaren Thüren und Fenftern verfehen und hierdurch geeignet worden ift, zur Aufbewahrung und Sicherung von Sachen (auch von den Werk= zeugen ꝛc. der mit dem Baue befchäftigten Arbeitsleute) zu die= nen.[2]) Es erfüllt fodann feine Beftimmung als „Behältniß." Ift in dem Gebäude (provijorifch) ein Zimmer eingerichtet, wel= ches verfchloffen zur Aufbewahrung von Gegenftänden benützt wird, fo wird daffelbe auch dann als „Behältniß" anzufehen fein, wenn im Uebrigen das noch nicht vollendete Gebäude einen Ver= fchluß nicht darbietet.[3])

Was ift ein „Wohngebäude?" Ein Gebäude ift dann ein bewohntes Gebäude, aber noch nicht ein „Wohngebäude," wenn es nur vorübergehend bewohnt wird. Ebenfo wenig gewährt ihm an fich die Benützung zum vorübergehenden Aufenthalte oder zum Schlafen die Qualität eines Wohngebäudes. Vielmehr wird hierzu vorausgefetzt, daß das Gebäude die dauernde Beftimmung habe, zum Aufenthalte und insbefondere zur Nachtruhe benützt zu wer= den, und daß dies auch wirklich gefchieht.[4]) Unter diefer Voraus= fetzung kommt auf die fonftige Beftimmung des Gebäudes nichts an; — das Stallgebäude, in welchem der Kutfcher fchläft, ift ein Wohngebäude.[5])

Eine befondere Vorrichtung im Innern für den längeren Aufenthalt eines Menfchen, als Ofen ꝛc.[6]), Meublement ꝛc., ift nicht erforderlich.

---

1) R. Jahrb. f. Sächf. Strafrecht, Bd. IV. S. 494.

2) Krug, Commentar ꝛc. Bd. II. S. 185.

3) Vgl. auch den Fall bei Goltdammer, Archiv Bd. XI. S. 269 f.

4) Der Code pénal fagt: — „qui, sans être actuellement habité, est destiné à l'habitation."

5) Goltdammer, Archiv Bd. I. S. 575. Ebenfo wiederholt das O. A. G. zu Dresden. Held und Siebdrat, Commentar ꝛc. S. 314. Vgl. noch Ofenbrüggen, a. a. O.

6) Vgl. das Erf. im k. Preuß. Juftizmin. Bl. Jahrg. 1853. S. 231.

Der Begriff des Wohngebäudes cessirt, wenn der Dieb der einzige Bewohner desselben ist. Denn außerdem müßte man den Dieb sowohl als Bewohner wie auch als Extraneus auffassen, ihm gleichsam eine doppelte Person zuschreiben. Diesem Diebe gegenüber ist der Gesichtspunkt der Gefährdung der Hausbewohner überhaupt nicht möglich.[1] Anders ist die Frage zu behandeln, wenn das Gesetz nicht ein bewohntes Gebäude, sondern überhaupt nur ein Gebäude voraussetzt.

Der Begriff des „Wohngebäudes" wird dadurch noch nicht ausgeschlossen, daß zur Zeit des Diebstahls die Bewohner in dem Gebäude nicht anwesend waren. Das k. Preuß. Strafgesetzbuch geht in §. 220 soweit, daß durch diese Abwesenheit auch die strengere Strafe des Diebstahls in einem Wohngebäude nicht ausgeschlossen werde. Wir halten es für richtiger, die strengere Strafe nicht für verwirkt anzusehen, wenn der Dieb bei der Verübung des Diebstahls die Abwesenheit der Hausbewohner gekannt hat. Denn es fehlt solchenfalls das objective Moment mit dem auf dasselbe gerichteten schwereren dolus;[2] sonach auch das Moment der höheren Geflissenheit des Diebes.

Diejenigen Gesetzgebungen, welche ein „bewohntes Gebäude" voraussetzen, und eine ähnliche Bestimmung, wie das Gesetzbuch von Preußen nicht enthalten, (z. B. Thüringen, Art. 221. K. Sachsen Art. 278.) schließen dadurch von der Qualification denjenigen Fall unbedingt aus, wo das Wohngebäude zur Zeit des Diebstahls von den Bewohnern verlassen gewesen.

Das k. Preuß. Strafgesetzbuch stellt endlich in §. 221 den bewohnten Gebäuden gleich: 1) Schiffe, welche bewohnt werden; 2) die zum Gottesdienste bestimmten Gebäude;[3] 3) diejenigen öffentlichen Gebäude, welche zum Geschäftsbetriebe oder zur Auf=

---

1) Temme, Beiträge ꝛc. S. 65 f.

2) Vgl. jedoch auch z. B. Baden §. 381, Braunschweig §. 217. Bayer. GB Art. 277. „ohne Rücksicht darauf, ob sich zur Zeit der begangenen That Jemand darin aufgehalten."

3) Ebenso z. B. GB. von Bayern Art. 277. Großh. Hessen Art. 366 u. Entw. v. Bremen §. 404.

bewahrung von Sachen bestimmt sind; und 4) den zu einem be=
wohnten oder demselben gleichgestellten (Nr. 2. 3.) Gebäude ge=
hörigen umschlossenen Raum und alle darin befindlichen Gebäude
jeder Art.

Fraglich ist es, ob der Begriff „Wohngebäude" und mit
ihm die hierauf gesetzte Qualification ausgeschlossen ist, wenn ein
Mitbewohner des Gebäudes in ihm den Diebstahl ausführt?
Im Allgemeinen scheint die Bejahung der Frage deshalb mehr
für sich zu haben, als die Verneinung, weil der Schutz und die
Were des Hauses gegen die Fremden, und nicht gegen die Mit=
bewohner gerichtet ist.[1] Allein gerade darin liegt auch eine
Andeutung dafür, daß der Mitbewohner des Hauses von der Qua=
lification mitbetroffen wird. Es kann wohl vorkommen, daß der
Mitbewohner in das Haus einbricht oder einsteigt oder einschleicht,
um den Verdacht des Diebstahls von sich selbst abzuwenden. Bei
dem Einbrechen und Einsteigen verletzt er den, den übrigen
Bewohnern des Hauses gesicherten Schutz. Wird er bei dem
Einbrechen 2c. betroffen, so wird ihn die Eigenschaft als Hausbe=
wohner ganz besonders schweren Vorwürfen aussetzen. Er macht
sich durch seine Handlung zum extraneus und verletzt, gegenüber
den übrigen Bewohnern, den Schutz des Hauses, zu dessen
Sicherung er mit verpflichtet war; — er kann sich auf etwas
nicht zu seinen Gunsten beziehen, das er durch seine That selbst
verletzt. Wir gehen hierbei davon aus, daß der Mitbewohner
von Außen aus in das Gebäude eindringt und dadurch sich
selbst zum extraneus stempelt. Wir werden noch später bei den
einzelnen Qualificationsarten, soweit nöthig, und bereits in §. 4
dieses Abschnittes auf die Frage zurückkommen.

---

1) Vgl. hier Bl. f. Rechtsanw. in Bayern, Bd. VIII. S. 371 und
Sächs. Ger. Ztg. Bd. II. S. 291.

§. 2.

Die gesetzliche Definition des Begriffs „umschlossener Raum."

Das k. Preuß. Gesetzbuch erwähnt in §. 218. 2. neben den
Gebäuden noch selbstständig den „umschlossenen Raum," so daß
der Diebstahl durch Einbrechen oder Einsteigen in letztern auch
dann qualificirt ist, wenn er mit einem Gebäude in keiner Verbindung steht. Dagegen stellt es in den bewohnten Gebäuden
in §. 221. 4. den „dazu gehörigen umschlossenen Raum und
alle darin befindliche Gebäude jeder Art" gleich. Es definirt
ferner in §. 221 den umschlossenen Raum als denjenigen, in welchen man „nur durch den Gebrauch von Schlüsseln oder durch
Einbrechen oder Einsteigen gelangen kann." [1]

Das Gesetzbuch von Sachsen Art. 278 stellt den Gebäuden
„den dazu gehörigen geschlossenen Hofraum nebst allen darin
befindlichen Baulichkeiten jeder Art" gleich. In ähnlicher Weise
(„dazu gehörigen geschlossenen Bezirk" „Hofraum" ꝛc.) die Gesetzbücher von Württemberg, Art. 329., Baden §. 381., Braunschweig,
§. 217., Großh. Hessen, Art. 367., Thüringen, Art. 221, Nassau,
Art. 360., Waldeck (das sonst beinahe wörtlich das Gesetzbuch von
Preußen adoptirt hat) §. 218. 3. und der Entw. von Bremen,
§. 404. Meistens wird diese Gleichstellung auf „bewohnte Gebäude"
und die dazu gehörigen Räume beschränkt. Das neue Gesetzbuch von
Bayern Art. 274. 277. stellt den Gebäuden „den dazu gehörigen
und mit dem Gebäude in innerer Durchgangsverbindung stehenden
umschlossenen Raum" gleich.

Das Gesetzbuch vom Großherz. Hessen enthält in Art. 367
die gleiche Definition des „Umschlossen" wie sie später die Gesetzbücher von Nassau Art. 362 und Preußen und der Entwurf von
Bremen §. 404 angenommen. Das neue Gesetzbuch von Bayern
endlich definirt in Art. 278. „umschlossen" „denjenigen Raum,
welcher von allen Seiten mit den Umfassungsmauern von Gebäuden

---

1) Vgl. hierüber Temme, Beiträge ꝛc. S. 76.

4

ober mit einer das Ueberschreiten und das Durchschlüpfen unmög= lich machenden Einschließung umgeben ist."

Zu dem „Hofraume" werden endlich die in dem Hofraume befindlichen Gebäulichkeiten, auch wenn sie unbewohnt sind, aus= drücklich in den Gesetzbüchern von Baden, §. 381, Hessen, Art. 367, Nassau, Art. 360, Sachsen, Art. 278, Preußen §. 221 und Bayern Art. 278, sowie in dem Entwurfe von Bremen, §. 404, gerechnet; das Bayersche Gesetzbuch jedoch in folgender Maße: „unbewohnte Gebäude, welche innerhalb desselben (Hofraumes) sich befinden oder mit demselben in innerer Durchgangsverbindung stehen."

Die Gleichstellung des „umschlossenen Raumes" mit dem Gebäude, auch wenn er zu einem Gebäude nicht gehört, dehnt den Umfang des qualificirten Diebstahls bedeutend aus, unterstützt aber die Ansicht, daß nach den neuen Gesetzbüchern in jeder ord= nungswidrigen Beseitigung eines Verschlußmittels ein Qualifi= cationsmoment zu erblicken, — nicht aber die Gefährdung des Bestohlenen selbst maßgebend sei.

Wir verdanken Häberlin'n eine lehrreiche Abhandlung [1]) über die Erklärung der Bezeichnungen „umschlossener Hofraum", „um= schlossener Raum", „umschlossener Bezirk."

Wir bleiben zunächst bei der Definition des „umschlossenen Raumes" stehen. Soviel ist zuvörderst bei derselben unzweifel= haft, daß irgend eine Verbindung des Hauses mit einem Gebäude nicht vorausgesetzt wird.

Andrerseits ist die Definition so allgemein, daß man unter sie jedes Behältniß zählen könnte, da durch dasselbe ein Raum umschlossen wird. Allein dies ist nicht die Auffassung des Ge= setzes. Denn so wird z. B. in dem Preuß. Strafgesetzbuch das Behältniß in §. 223. 2 besonders noch aufgeführt und das Ober= tribunal zu Berlin hat z. B. einen Bienenkorb zwar für ein Be=

---

1) Criminalarchiv 1857. S. 295 f. Vgl. noch Popp, ebendas. 1856. S. 128 f. und eine Abh. von uns selbst in der Sächs. Allg. Ger. Ztg. Bd. IV. S. 374 f.

hältniß, nicht aber für einen umschlossenen Raum erklärt. [1]) Sonach scheint es, als ob ein Theil der Erdoberfläche durch „Raum" habe bezeichnet werden sollen. (Vergl. auch oben die Definition des G. B. von Bayern). Immerhin bleibt aber der Vorwurf, daß die Definition zu allgemein sei.

Nimmt man die gewöhnliche Sprachbedeutung eines „geschlossenen Raumes" in der hier gebrauchten Beziehung und unter Berücksichtigung der angeführten Kennzeichen des Einbrechens und Einsteigens, so liegt es nahe, zu verlangen, daß die Einfriedigung des Raumes in Verbindung mit dem Erdboden stehe. Der Gänsestall, welcher aus einzelnen wenigen Bretern besteht, die in die Erde eingesteckt sind, ist ein umschlossener Raum, auch wenn die Ausdehnung desselben eine noch so geringe ist. Dagegen ist an sich eine dauernde Verbindung der Einfriedigung mit dem Boden nicht nöthig, obschon der Mangel solcher Verbindung leicht dahin führen kann, daß der Zugang zu dem Innern des Raumes auch auf andere Weise als durch Brechen, Einsteigen oder Aufschließen bewirkt werden kann, z. B. bei einem beweglichen, auf dem Erdboden aufruhenden, jedoch in demselben nicht befestigten Stalle, [2]) wie er, namentlich bei schwächern Thieren, wohl in Bauernhöfen angetroffen wird. Hier ist ein umschlossener Raum, dessen Inhalt jedoch (ohne Schlüssel oder Einbrechen oder Einsteigen) dadurch zugänglich gemacht werden kann, daß der Dieb einfach die Befriedigung und mit ihr das Behältniß selbst auf die Seite hinüberbeugt und umlegt.

Dieser Fall zeigt auch, daß der Begriff der Umfriedigung nicht von der Existenz einer verschließbaren Thüre abhängig gemacht werden darf. [3])

Allein auch die Verbindung mit dem Erdboden kann als ein wesentliches Erforderniß nicht angesehen werden. Die Buden, in welchen an den Chausseen, in den Steinbrüchen ꝛc. die Arbeiter ihre Werkzeuge, Kleidungsstücke ꝛc. zu verwahren, auch bei

---

1) Goltdammer, Archiv Bd. II. S. 123.
2) Vgl. d. Fall bei Goltdammer, Archiv Bd. X. S. 59 f.
3) Vgl. aber Häberlin, a. a. O. S. 297.

Regenwetter x. Schutz zu suchen pflegen, sind nicht für Gebäude,
aber für „umschlossene Räume" erachtet worden. Genau genom=
men, paßt auch auf sie diese Bezeichnung nicht. Es ist, wie oben
bemerkt wurde, bei dem Begriffe „Raum" wohl an einen durch
eine Einfriedigung umgebenen und abgegrenzten Theil des Erd=
bodens [1]) gedacht worden, während bei derartigen Buden, die als
völlig bewegliche Gegenstände mit dem Boden, auf welchem sie
stehen, in keiner Contiguität sich befinden, diese Bezeichnung nicht
in den Vordergrund tritt. Hier ist am wenigsten eine dauernde
Verbindung mit dem Erdboden vorhanden. Dagegen macht sich
bei ihnen wieder das Moment „Verschlossensein" oder „verschließ=
bar" geltend. In einem Falle war die auf dem Felde errichtete
Bude obiger Gattung ohne Diele; die Seitenwände derselben
gingen nicht bis auf die Erde herab, sondern ruhten an den
4 Ecken auf untergelegten großen Steinen. Die Thüre der Bude
war verschlossen. Der Dieb kroch unter den Wänden auf dem
Erdboden in die Bude. Konnte die Bude als ein „umschlossener
Raum" in dem Sinne, wie ihn die gesetzliche Definition gibt,
angesehen werden? — In einem andern, dem Obertribunale zu
Berlin vorgelegenen Falle waren aus einem Kasten durch Ein=
steigen Aale gestohlen worden; der Kasten war 22 F. lang, 14 F.
breit und 8 F. hoch, aus Planken gezimmert und mit dem Erd=
boden fest verbunden in dem Flusse aufgestellt. Das Obertribu=
nal nahm die Qualification nicht an, da darauf nichts ankäme,
daß der Kasten größer sei, als die gewöhnlichen Fischbehälter,
und daß er auf Pfählen ruhe, die in dem Flußbette fest einge=
rammt seien. [2])

Ueberhaupt ist das Wort „umschlossen" sprachlich nicht
gleichbedeutend mit „verschlossen" oder „verschließbar," wenn man
unter den Letzteren „zugeschlossen", „zuschließbar" versteht. Denn
jeder Raum ist umschlossen, zu welchem der Zugang, ohne den
Gebrauch besonderer Mittel, wohin auch Schlüssel gehören, nicht
möglich ist; es genügt, wenn das bloße „Eintreten" in den=

---

1) „tout terrain environné" Code pénal Art. 391.
2) Goltdammers Archiv Bd. VI. S. 120 f.

selben unmöglich ist. Dies ist auch der Fall, und daher dem
Sprachgebrauche nach ein umschlossener Raum vorhanden, wenn
die Eingangsthüre zwar nicht verschlossen, aber doch eingeklinkt
oder mit einem an der Außenseite angebrachten Riegel oder vor-
gesteckten Pflocke verschlossen ist. Dennoch ist ein solcher Raum
nicht ein „umschlossener" Raum zu nennen, wenn man nicht den
Sprachgebrauch, sondern lediglich die in mehreren Gesetzen aufgestellte Definition in Betracht zieht; denn man kann in einen
solchen Raum einfach durch das Wegziehen des Riegels ꝛc. gelangen[1], es ist weder ein Einsteigen noch ein Einbrechen erforderlich; und nur wenn jenes, oder dieses das alleinige Mittel zu
dem Eingange ist, nennt das Gesetz den Raum „umschlossen".
Dies zeigt, daß das Gesetz „umschlossen" und „verschlossen" bez.
„verschließbar" für gleichbedeutend angesehen hat.

Das Thüring'sche Gesetzbuch hat die Bezeichnung „verschlossen" offenbar in andrem Sinne angewendet, als das Wort
„umschlossen", welches es in demselben Artikel gleichfalls gebraucht.
Der „Verschluß" ist mehr als das „Umschlossensein" und weist
auf eine besondere Vorrichtung hin, während letzteres nur die
Thatsache der Umfriedigung bezeichnet, durch welche der Raum
von andern Räumlichkeiten abgetrennt ist.[2] Der „Verschluß"
setzt die Existenz einer verschließbaren Thüre voraus. Dagegen
kann man wohl „umschlossen" und „geschlossen" für gleichbedeutend
ansehen. Das Thüring. Gesetzbuch spricht in Art. 221 von „verschlossen" bei dem Einbruche, — von „umschlossen" bei dem Einsteigen
und Einschleichen; — diese Verschiedenheit hat bei der Verschiedenheit
der gedachten Qualificationsarten offenbar ihre Berechtigung.

Bei der gesetzlichen Begriffsbestimmung des „umschlossenen
Raums" tritt ferner die Erwägung ein, daß das „Umschlossen" rein
objectiv aufzufassen ist und daher der Begriff „umschlossen" cessirt,
sobald die Umfriedigung unverschlossen ist und an der einen oder
der andern Stelle auch ohne Einsteigen oder Erbrechen freien Zu-

---

1) Vgl. auch die, dies anerkennende Entscheidung des Ober-Tribu-
nals zu Berlin, bei Oppenhoff, Sammlung Bd. I. S. 198.

2) Vgl. Egidy, L. v. Diebstahle S. 117.

gang gewährt.[1]) Ist der Dieb an einer Stelle, wo dieser freie Zu=
gang nicht vorhanden war, eingestiegen oder eingebrochen, so ist den=
noch die Qualification ausgeschlossen, wenn an einer andern Stelle
der Umfriedigung der Dieb einfach in den Raum eintreten konnte,
weil z. B. die Thüre unverschlossen oder die Umfriedigung schad=
haft und lückenhaft war. Selbst wenn letzteres dem Diebe un=
bekannt gewesen, würde die Qualification hinwegfallen. Hierdurch
wird jedoch in die ganze Lehre ein bedenklicher Widerspruch ge=
bracht, denn man bezweifelt nicht, daß die Qualification des Ein=
steigens und des Einbrechens in ein Gebäude dadurch nicht aus=
geschlossen wird, daß die Thüre des letzteren im Augenblicke des
Diebstahls offen gestanden hat.[2]) Ja, man kommt mit dieser
Auffassung des „umschlossenen Raums" in einen unauflöslichen
Widerspruch. Nach der Definition des „Einsteigens" in §. 222
des Preuß. Strafgesetzbuchs ist jeder Eintritt durch eine hierzu
nicht bestimmte „Oeffnung" als Einsteigen zu betrachten. Nun
soll ein umschlossener Raum derjenige sein, in den man nur durch
„Einsteigen" gelangen kann. Eine schadhafte Mauer, ein lücken=
hafter Zaun bietet Oeffnungen dar, durch welche Jemand eintre=
ten kann; sie sind aber nicht zum Eingehen bestimmt. Der Dieb
„steigt (daher nach der gesetzlichen Definition) ein", — und weil
er „einsteigt" (oder vielmehr durch jene Oeffnung eintritt), die
Thüre aber verschlossen ist, soll der Raum ein umschlossener sein?
während er doch in Wahrheit und überdies gerade an der Stelle,
wo der Dieb eintritt, nicht umschlossen oder verschlossen ist.

§. 3.
Die Bedeutung von „umschlossen" und „geschlossen".

Was bedeutet nun „umschlossen", „geschlossen"? wie muß
die Einfriedigung beschaffen sein?[3])

---

1) In dieser Weise hat auch das Ober=Tribunal zu Berlin ent=
schieden. Vgl. aber Häberlin, a. a. O. S. 300 f.

2) Vgl. noch d. Entscheidung des Obertribunals zu Berlin, in
Goltdammer's Archive Bd. VIII. S. 420 f.

3) Der Code pénal sagt in Art. 391: Est réputé parc ou enclos
tout terrain environné de fossés, de pieux, de claies, de planches,

Jedenfalls muß sie eine solche sein, welche den Eintritt des Menschen abhalten soll. Niedrige Hecken, welche den Eintritt des Viehes abhalten sollen, sind, da sie einfach überschritten werden können, nicht hierher zu rechnen.[1]) Die „Schwierigkeit" des Uebersteigens ist dagegen einflußlos;[2]) — sie würde ohnedem nach der verschiedenen Individualität des Diebes bei derselben Einfriedigung vorhanden und nicht vorhanden sein können. Ebenso wenig kommt darauf etwas an, ob die Einfriedigung mit oder ohne Hilfsmittel übersteigbar ist;[3]) z. B. wenn aus horizontal liegenden Planken eine Umfriedigung des Hofes gebildet ist, die einzelnen Planken aber lediglich in Zwischenräumen auf einander folgen und daher höchst mangelhaft an einander schließen. Die Mangelhaftigkeit des Verschlusses bietet hier ein leichtes Mittel zum Uebersteigen, hebt aber die Thatsache des Verschlossenseins nicht auf.[4])

Der „Schluß" des Raumes muß daher auch ein solcher sein, welcher dem Diebe ein (räumliches) Hinderniß des freien Eintritts in den Raum entgegenstellt. Die einfache Thatsache des Umschlossenseins reicht nicht hin. Diese Umfriedigung kann eine künstliche z. B. durch eine Mauer, eine Bretwand, ein Staket,[5]) — sie kann aber, nach Befinden, auch eine natürliche sein, z. B. durch eine vorhandene Erhöhung des Terrains, welche den Hof umgibt und abschließt. Wir verlangen zwar, daß der Verschluß ein opus manufactum sei. Allein dies hindert nicht, daß bei

---

de haies vives ou séches, ou de murs, de quelque espéce de matériaux que ce soit, quelles que soient la hauteur, la profondeur, la vétusté, la dégradation de ces diverses clôtures, quand il n'y aurait pas de porte fermant à clef ou autrement, ou quand la porte serait à claire-voie et ouverte habituellement.

1) Das O. A. G. zu Dresden hat in einem Falle eine Hecke von ½ Elle Höhe nicht als eine solche Einfriedigung angesehen.

2) Vgl. aber Häberlin, S. 301.

3) Vgl. noch unten den Abschnitt „Diebstahl mit Einsteigen."

4) Vgl. Sitzungsber. d. Bayer. StrafG. Bd. IV. S. 267.

5) Vgl. z. B. d. Entscheidung des O. A. G. zu Dresden in d. Allg. Ger. Ztg. Bd. III. S. 151.

der Umfriedigung des Gebäudes bereits vorhandene Terrain-
Eigenthümlichkeiten, als Erderhöhungen, mitbenutzt und dadurch
zu einem Verschlusse mit erhoben werden.[1] Dagegen würden
wir eine Schneewand, die um das Haus sich gebildet hat, nicht
als einen Verschluß und den von ihr einbezirkten Raum nicht als
einen verschlossenen Raum ansehen. Denn das vorübergehende, der
Berechnung und dauernden Benützung sich entziehende Wirken einer
Naturkraft kann nicht zum opus manufactum erhoben werden.

Nach Befinden kann auch ein Graben, welcher allein oder
theilweise, letzterenfalls, indem er sich an andere Einfriedigungen
anschließt, den Hofraum umgibt, als ein Schluß des Hofraums
und dieser als ein „umschlossener", „geschlossener" wohl angesehen
werden.[2]

Man hat die Frage aufgeworfen, ob und inwieweit Lücken,
welche in der Einfriedigung entstehen, den Begriff des Geschlossenseins aufheben; z. B. bei Hecken, wo häufig Schadhaftigkeiten
und durch diese Lücken entstehen, welche jeder Person bequem die
Gelegenheit zum Eingehen gewähren. Es ist diese Frage auch
in der sächsischen Praxis mehrmals vorgekommen. Man hat in
einzelnen Lücken der Einfriedigung ebensowenig, als in dem Offen-
stehen der Hausthüre ein Moment gefunden, durch welches der
Begriff des Geschlossenseins aufgehoben wird. Wohl aber kann
z. B. die Hecke so ruinös sein, daß sie in der That eine Einfriedigung mit Recht nicht genannt werden kann, sondern nur
Bruchstücke und Ueberreste einer solchen enthält. In solchen Fällen
läßt sich von dem Geschlossensein des Raumes nicht mehr sprechen.
Wiederholen müssen wir aber, daß einzelne Lücken, selbst wenn sie
das Eingehen von Menschen in den Raum gestatten, nicht in
Betracht kommen können, um so weniger, als an dem Punkte,
wo der Dieb eingestiegen ist, eine solche jedenfalls nicht vorhanden war.

---

1) So in dem Falle, als die Hinterseite des Hauses zum Theil auf
einer Bergwand ruhte und der Einbruch durch Durchbrechen der letzteren
versucht wurde.

2) Vgl. auch Häberlin, a. a. O. S. 305. Eglby, Diebstahl, S. 127.

§. 4.
Der geschlossene Raum als Zubehör eines Gebäudes.

Wesentlich anders gestaltet sich die Sache, wenn der geschlossene Raum, Hofraum, nur als Zubehör eines Gebäudes[1]) aufgefaßt wird. Mit dieser Auffassung erledigen sich mehrere der obigen, den Begriff des „umschlossenen Raums" betreffenden Zweifel.

Es wird hier eine räumliche Verbindung mit dem Gebäude vorausgesetzt, — sie macht den Hofraum zu einem Theile des Gebäudes selbst; er bildet mit dem Gebäude ein Ganzes, indem er mit ihm räumlich zusammenhängt. Die civilrechtliche Pertinenzqualität entscheidet nicht. Der Hofraum, welcher civilrechtlich zwar eine Pertinenz des Gebäudes bildet, nicht aber mit ihm in räumlicher Verbindung steht, gehört nicht hierher. Es entscheidet lediglich der factische Zustand. Auch paßt auf abgesonderte Hofräume nicht das Motiv des Gesetzes, von welchem es geleitet wird, wenn es von Höfen, die zu Wohnhäusern gehören, spricht. Der Schutz, welchen das Gesetz den letztern gewährt, ist nur für die mit ihnen zusammenhängenden Räume nöthig. Die (abgesonderten) selbstständigen Höfe können zwar wieder als Behältnisse oder Gebäude für sich in Betracht kommen, — nicht aber hier, wo es um eine Zugehörigkeit des Wohngebäudes und die Uebertragung des Schutzes für letztere auf erstere sich handelt, oder vielmehr sogar der Schutz für das Wohngebäude, wenn er seine volle Wirkung entfalten soll, diese Uebertragung und Ausdehnung nothwendig erfordert.

Der Gedanke des Gesetzes ist klar. Die Bewohner des Gebäudes sehen in der Umfassungsmauer, welche den Hof mit dem Gebäude verbindet, ebenso wie in dem letztern selbst, einen Schutz ihrer Person und ihres Eigenthums. Ebenso gefährdet der Dieb,

---

1) Es ist namentlich von Geib a. a. O. die Ansicht vertheidigt worden, daß die Carolina unter „Behausung oder Behaltung" das Wohnhaus mit dem dazu gehörigen Hofe verstanden habe.

welcher bereits im Hofe sich befindet und dadurch ohne Schwierig=
keit auch in das Haus gelangen kann, die Sicherheit des Hauses
in gleichem Maße, als ob er im Hause selbst sich befindet. Man
ist namentlich auf dem Lande gewöhnt, die Hofthüre eher als die
Thüren zu den einzelnen, im Hofe befindlichen Localitäten zu
schließen, sie mehr zu beobachten und im Verschluße derselben die
Sicherung aller Lokalitäten im Hofe zu finden. Die Verwegenheit
des Diebes, welcher in den Hofraum eindringt, ist daher von der=
jenigen nicht verschieden, welche den unmittelbaren Eintritt in das
Gebäude selbst kennzeichnet.

Aus diesem Grunde nehmen wir die Qualification nicht an,
wenn der Mitbewohner in dem Hofe einen Diebstahl begeht, wel=
cher, wenn er von dem extraneus verübt worden, in Folge des
Eindringens in den Hof als qualificirt sich darstellt. Wird
z. B. das Erbrechen eines Behältnisses nur dann mit höherer
Strafe belegt, wenn es in einem Gebäude oder dem dazu ge=
hörigen Raume sich befunden, so ist der vom Mitbewohner aus=
geführte Diebstahl nicht qualificirt. Er mißbraucht zwar seinen
Aufenthalt im Gebäude, bez. im Hofe; allein der Schutz des
einen wie des andern ist gegen ihn nicht berechnet.[1]

Bei den unbewohnten Gebäuden ist die Zubehörigkeit des
Hofes ebenfalls nicht civilrechtlich aufzufassen.[2] Es ist nicht zu
glauben, daß der Gesetzgeber dasselbe Wort, überdies in der
nämlichen Vorschrift, in verschiedenem Sinne aufgefaßt habe, vgl.
z. B. GB. von Sachsen Art. 278. 4 u. Schlußsatz. Nun tritt
zwar bei unbewohnten Gebäuden die obige ratio nicht ein.
Allein dessenungeachtet leidet der Grund, aus welchem das Ein=
brechen 2c. in unbewohnte Gebäude qualificirt wird, auch auf
die dazu gehörigen Räume Anwendung. Die Sicherheit des Ver=
schlusses des Gebäudes und der in ihm aufbewahrten Sachen wird
durch die Hofmauer und deren Verschluß erhöht. Das Gebäude
ist oft weniger verwahrt, weil der Verschluß des Hofraumes

---

1) Vgl. dagegen Sitzungsber. der Bayer. Strafgerichte Bd. IV.
S. 172. 186.

2) Vgl. dagegen d. Ausführung bei Häberlin, S. 316 f.

Sicherheit zu gewähren scheint. In den meisten Fällen wird der Hofraum solcher Gebäude dem Diebe Gelegenheit zur Beobachtung, zum Verstecke, zur einstweiligen Aufbewahrung der entwendeten Sachen ꝛc. bieten. Dies wird wenigstens die Regel sein, und die gewöhnlichen Fälle sind ins Auge zu fassen. Es lag endlich für den Gesetzgeber auch bei den unbewohnten Gebäuden kein Grund vor, die zwar pertinentialiter zu einem Gebäude gehörigen, aber mit ihm in keiner äußeren Verbindung stehenden Räume in ihrer Beziehung zu den Gebäuden aufzufassen und hervorzuheben. Diese Beziehung hat weder auf die objective Gestaltung des Diebstahls, noch auf den Grad der Gefährlichkeit des Diebes irgend welchen Einfluß. Ein solcher Raum erscheint völlig selbstständig; — er kann als „umschlossener Raum," wo das Gesetz diesen ausdrücklich erwähnt, aufgefaßt werden, auch, nach Befinden, als Behältniß, aber nicht als Zubehör eines vielleicht entfernt liegenden Gebäudes. Das Uebersteigen oder Einbrechen kann hier qualificiren, — die Beziehung zum Gebäude bleibt aber hier, wie bei dem bewohnten Gebäude, außer Betracht. [1])

Worin gibt sich nun äußerlich die Zusammengehörigkeit des Hofes und des Gebäudes zu erkennen? Meistentheils wird sie durch eine aus dem letztern in den erstern führende Thüre hergestellt sein; [2]) — etwas Weiteres ist nicht nöthig. Ob das Gebäude selbst einen Theil der Umfassungsmauer bildet, so daß die Hofmauern an dasselbe sich anschließen oder aber von ihnen das Gebäude auf allen Seiten umgeben wird, so wie die sonstige Situation des Gebäudes und des Hofes ist gleichgiltig; — es genügt, wenn Haus und Hof ein Ganzes bilden, dergestalt, daß der Eintritt in diesen gleichsam auch der Eintritt in jenes ist und umgekehrt. Wo dieses Verhältniß nicht vorhanden, cessirt auch die ratio legis und mit ihr das Qualificationsmoment. In einem Falle bildete die Rückwand des Hauses einen Theil der Einfriedigung des unmittelbar hinter dem Hause liegenden und an

---

1) Vgl. das Erk. des A. O. G. zu Zerbst in den N. Jahrb. f. Sächs. Strafrecht. Bd. V. S. 262.
2) Vgl. Häberlin, a. a. O. S. 313.

dasselbe anstoßenden Hofraumes, der auf den übrigen, an das
Haus nicht anstoßenden Seiten von einer Mauer umgeben war;
— aus dem Hause selbst führte aber keine Thüre in den Hofraum,
vielmehr war die Thüre neben dem Hause in der Hofmauer selbst
angebracht, so daß die Bewohner des Hauses, wenn sie in den
Hof gehen wollten, das Haus verlassen mußten, um durch diese
Thüre in den Hof zu gelangen. In ähnlicher Weise ging in
einem andern Falle der Weg in den Hof durch den an das
Hauptgebäude angebauten (jedoch unbewohnten und leerstehenden,
auch nicht in innerer Verbindung mit dem Hauptgebäude stehenden)
Stall. In beiden Fällen (der sächs. Spruchpraxis) wurde ein
zu einem (Wohn=) Hause gehöriger Hofraum mit Recht nicht
angenommen.

§. 5.
Der unverschlossene, aber geschlossene Hofraum.

Der Hofraum verliert nicht den Charakter des Geschlossen=
seins, wenn er zufälligerweise zur Zeit des Diebstahls unverschlos=
sen gewesen.[1]) Der Gesetzgeber hat vielmehr solche Hofräume
ausnehmen wollen, welche überhaupt nicht als geschlossen be=
trachtet werden können; — er hat aber nicht den Fall im Auge
gehabt, wo ein verschlossener Hofraum zur Zeit des Diebstahls
unverschlossen gewesen. Ebenso leidet der gesetzliche Grund der
Qualification, wie wir ihn oben dargestellt haben, auch auf solche
Fälle Anwendung. Die Verwegenheit des Diebes ist hier die=
selbe, und der Angriff des Diebes auf die Sicherheit des Eigen=
thums nicht minder gefährlich, als wenn er in ein unverschlossenes
Gebäude einsteigt. Dazu kommt, daß der Dieb in solchen Fällen
meistens entweder nicht weiß, daß er auf andere und leichtere
Weise den Zugang in den Hofraum sich verschaffen könne, oder

---

1) Vgl. oben S. 55. die Bestimmung des Code pénal. Die gleiche
Ansicht ist wiederholt z. B. in Entscheidungen der O. A. Gerichte zu
Dresden und München (vgl. z. B. Zeitschr. f. Rechtspfl. u. Gesetzgeb.
in Bayern Bd. I. S. 480) ausgesprochen worden.

triftige Gründe hat, diesen Zugang nicht zu wählen, z. B. weil letzterer, nach Befinden, ihn leichter der Entdeckung aussetzen kann, als das Uebersteigen. Endlich ist zu gedenken, daß das Gesetz offenbar einen Raum der fraglichen Art als einen Theil des Gebäudes selbst behandeln will, und daß daher consequenterweise dasjenige, was von dem Einsteigen in ein Gebäude gilt, auch von dem Einsteigen in den zu dem Gebäude gehörigen Hofraum gelten muß. [1]

Dieses Moment führt auch zu der Annahme, daß zu dem Begriffe des „umschlossen" und „geschlossen" eine verschließbare Thüre nicht gehört, wenn wir von einem, zu einem Gebäude gehörigen umschlossenen Hofraume sprechen. [2] Auch eine unverschließbare Thüre bildet einen Schluß des Hofraumes. [3] Nach der gegenseitigen Ansicht würde ein Hofraum nicht ein umschlossener sein, wenn zufällig der Schlüssel zur Thüre verlegt worden und diese daher nicht zugeschlossen werden könnte. Das O. A. G. zu München hat selbst in einem Falle einen geschlossenen Hofraum angenommen, als an der Wand desselben, außer der ordentlichen Eingangsthüre, von dem Besitzer auch ein sogen. Stigl angebracht war, auf welchem mit dessen Einwilligung die Passanten über die Einfriedigung in den Hof steigen konnten. Denn es sei (wurde in den Entscheidungsgründen bemerkt) ein solcher Stigl nur eine Vorrichtung, die Einfriedung leichter zu übersteigen, und es werde hierdurch dieselbe ebensowenig unterbrochen, als wenn in der Einfriedung eine Thüre oder eine Leiter angebracht wäre. [4]

---

1) Vgl. auch Zeitschr. f. Rechtspfl. ꝛc. in Bayern Bd. VI. S. 53, so wie die Entsch. in den Sitzungsber. der Bayer. Strafgerichte. Bd. II. S. 280 f.

2) Dagegen wird die Zusammengehörigkeit des Gebäudes und des Hofes in der Regel durch eine Verbindungsthüre sich kennzeichnen.

3) Vgl. Zeitsch. f. Rechtspfl. ꝛc. in Bayern Bd. I. S. 480. — Vgl. noch oben S. 51.

4) Vgl. Zeitschrift für Gesetzgeb. ꝛc. in Bayern Bd. VI. S. 53 f. Vgl. auch Sitzungsber. d. Strafg. in Bayern Bd. IV. S. 429.

§. 6.
Die im Hofraume befindlichen Gebäulichkeiten.

Jm Allgemeinen ist festzuhalten, daß der Hof und die Ge=
bäude, welche von derselben Einfriedigung umgeben sind, ein
Ganzes bilden und daß daher die Cualificationshandlung bezüglich
des Hofes auch ihre rechtliche Wirkung auf jene Gebäude äußert.
Cualificirt daher z. B. das Gesetz das Erbrechen von Behält=
nissen nur dann, wenn sie im Innern eines Gebäudes stehen, so
ist die Cualification vorhanden, wenn das Behältniß auch nur
in einem Hofe der beschriebenen Art stand, selbst wenn der Dieb
in letzteren ohne Cualification gelangt war;[1] — es ist dieser
Fall demjenigen völlig gleich zu achten, wo der Dieb ein Behält=
niß im Innern des Gebäudes, in welches er ohne Cualification
gelangt ist, erbricht; — der Dieb stiehlt in unserem Falle auch
im Innern eines Gebäudecomplexes, welches als ein Gebäude
anzusehen ist.

Indem die Umfriedigung des Raumes die von ihr umfaßten
Baulichkeiten zu einem Ganzen vereinigt, wird die Cualification
auch auf alle diese Baulichkeiten dergestalt übertragen, daß es bei
der einzelnen nicht weiter darauf ankommt, ob auch sie verschlossen
gewesen und, wenn das Gesetz ein Wohngebäude voraussetzt, nicht
darauf, ob die Baulichkeit ebenfalls ein Wohngebäude ist, dafern
nur eines der Gebäude in dem Raume ein solches ist.[2] Es ist
daher der Diebstahl ein ausgezeichneter, wenn der Dieb über die
Hofmauer einsteigt, ohne Weiteres sodann durch die offene Thüre
des im Hofe stehenden Gebäudes in letzteres eingeht und daselbst
stiehlt, oder wenn (dafern das Gesetz ein Wohnhaus voraussetzt)

---

1) Bgl. z. B. die Entscheidung des Pleni des O. A. G. zu Mün=
chen in den Sitzungsber. d. Bayr. Strafg. Bd. II. S. 280 f. Die ent=
gegengesetzte Ansicht hat das Obertribunal zu Berlin befolgt. Goltdammer,
Archiv Bd. II. S. 555.

2) „qui y sont enfermés, quel qu'en soit l'usage et quand même
ils auraient une clôture particulière dans la clôture ou enceinte
générale" sagt der Code pénal in Art. 390.

der Dieb, welcher über die Hofmauer eingestiegen, in der zwar unbewohnten Scheune, nicht in dem Wohnhause stiehlt, jene und dieses aber in demselben Hofe stehen.

In einem Falle bildete die Rückwand der unbewohnten Scheune einen Theil der Umfassung. Der Dieb durchbrach diese Rückwand, gelangte dadurch in den Hof, wo auch das Wohnge= bäude stand, und stahl aus dem Hofe einen Gegenstand. Der Diebstahl wurde als Diebstahl mit Einbruch in einem be wo h n= t e n Gebäude (mit Recht) angesehen.

Ebenso ist es gleichgiltig, ob unter den zusammengehörigen Gebäuden nach der Art i h r e r Be nu tz ung oder sonst das Wohngebäude nur als Nebengebäude sich darstellt, z. B. in einem großen Wirthschaftshofe das Wohnhaus des Wächters, des Hirten neben den Ställen und Wirthschaftsgebäuden. Das Wohngebäude gilt bei einem Diebstahle in dem umschlossenen Hofraume — wegen der Gefahr für den Bewohner — für das maßgebende, die Qua= lification nach sich ziehende Moment. [1]

Ob die in derselben Umfassung befindlichen Baulichkeiten einem oder verschiedenen Eigenthümern gehören, ist gleichgiltig. [2]

§. 7.
Die Durchgangsverbindung mehrerer Gebäude.

Die Verbindung der unbewohnten Räume mit den bewohn= ten, welche durch die Umfassung beider mittels derselben Umfrie= digung bewirkt wird und welche beide zu einem zusammengehörigen Ganzen erhebt, tritt auch in den Fällen ein, wo zwar nicht e i n e Umfassungsmauer vorhanden ist, aber das bewohnte Gebäude mit dem unbewohnten „in innerer Durchgangsverbindung" steht. Hier ist der Einbruch und das Einsteigen in das unbewohnte Gebäude

---

1) Les parcs mobiles destinés à contenir du betail dans la campagne — sont aussi réputés enclos; et lorsqu'ils tiennent aux cabanes mobiles ou autres abris destinés aux gardiens, ils sont réputés dependans de maison habitée. (Code pénal l. l.)

2) Vgl. Goltdammer, Archiv Bd. III. S. 570.

zugleich auch der Eintritt in das bewohnte Gebäude;[1]) es ist mit ihm auch die Sicherheit der Personen und Sachen in dem letzteren bedroht. Ebenso ist es Einbruch ꝛc. in bewohnte Gebäude, wenn der Dieb in einem bewohnten Gebäude eine Thüre erbricht, um in dem angrenzenden unbewohnten Gebäude stehlen zu können.[2])

Eingebaute Theile eines Gebäudes, welche keine Durchgangsverbindung mit den bewohnten Theilen desselben haben, können dagegen nicht als Wohngebäude angesehen werden. So ist z. B. von dem O. A. G. zu Dresden der Diebstahl in einem, in ein Wohngebäude eingebauten Keller, der eine besondere Zugangsthüre von der Straße hatte und in keiner Durchgangsverbindung mit den übrigen Localitäten des Hauses stand, nicht als Diebstahl in einem Wohngebäude behandelt worden. Anderer Meinung ist das O. A. G. zu München, welches geltend macht, daß das Gesetz bei Wohngebäuden nicht weiter zwischen den bewohnten oder zur Wohnung bestimmten und den unbewohnten Räumen des Hauses unterscheide.[3])

Die Durchgangsverbindung ist etwas rein Aeußerliches; sie hört nicht zu existiren auf, weil und wenn der Dieb sie nicht kennt. Allein andererseits ist es nicht zu billigen, wenn dieses räumliche Verhältniß als belastend dem Diebe auch bei seiner Unkenntniß von demselben zugerechnet wird. Es muß auch hier in der Kenntniß des Verbrechers von dem Vorhandensein dieses Verhältnisses das Objective mit der Verschuldung des Thäters zusammentreffen. (s. oben S. 61.) Die gegentheilige Meinung könnte nur darauf gestützt werden, daß lediglich die Gefährdung

---

1) Angewendet bei einem unter demselben Dache liegenden unbewohnten, mit dem Wohngebäude in Durchgangsverbindung stehenden Stalle. Goltdammer, Archiv, Bd. 1. S. 710.

2) Vgl. die Entscheidungen in d. Zeitschr. f. Rechtspfl. ꝛc. in Bayern Bd. VI. S. 42 f. bei Goltdammer, Archiv Bd. III. S. 842 u. in Bopp, Strafgesetzbuch, S. 171.

3) Vgl. Zeitschr. f. Gesetzg. ꝛc. in Bayern Bd. VI. S. 230 f. Bd. VII. S. 187.

des Bestohlenen, und zwar auch dann, wenn sie gar nicht in den Ideenkreis des Verbrechers eingetreten ist, entscheide, — ein Gesichtspunkt, dessen Berechtigung wir nicht zugestehen können.

§. 8.
Die „Hofräume" im Gegensatze zu den Gärten und ähnlichen Räumen.

Einige Gesetze sprechen endlich nur von Hofräumen. Es ist die Frage aufgeworfen worden, ob diese Bezeichnung auch auf Gärten anzuwenden sei. Das Ober=Apell. Gericht zu Jena hat sie verneint.[1]) Die Verneinung mag als unpraktisch angefochten werden,[2]) insbesondere mit Hinweis auf die Fälle, in denen ein Hofraum in einen Garten, oder ein Garten in einen Hofraum verwandelt wird, und nun zu verschiedenen Zeiten Diebstähle durch Einsteigen in diesen Raum verübt werden, welche — nach dieser Unterscheidung, ohne inneren triftigen Grund — bald als einfache, bald als ausgezeichnete Diebstähle behandelt werden. Allein die Verneinung hat den Wortlaut für sich, und es fragt sich, ob die Ausdehnung auf die Gärten, so sehr man auch im Allgemeinen sie als rationell bezeichnen mag, nicht die Grenzen der Gesetzesanalogie überschreitet. Wird der Garten und der Hof von derselben Befriedigung umschlossen, so ist im Allgemeinen zu sagen,[3]) daß das Einsteigen in den ersteren zugleich ein Einsteigen in den letzteren ist.[4]) In diesen Fällen ist der Garten ein Theil des Hofraumes, — er gehört im strafrechtlichen Sinne zum Hofe.[5]) Ist aber der umschlossene Raum lediglich als Garten verwendet, so kann man ihn nicht auch einen Hofraum nennen;

---

1) Wochenbl. f. Strafrechtspfl. in Thüringen, 1854. S. 287. Vgl. noch Bopp, Strafgesetzbuch, S. 170, 171.

2) Vgl. v. Egidy a. a. O., S. 118. Häberlin, a. a. O. S. 319 f.

3) Vgl. dagegen Häberlin a. a. O.

4) Vgl. hier die Entscheidungen des O. A. G. zu Dresden in der Sächs. Gerichtszeitg. Bd. III. S 151, IV. S. 291.

5) Krug, Commentar z. K. Sächs. Strafgesetzbuch. Bd. II. S. 26.
5

— das ist schon sprachlich unmöglich. Man kann auch andere Räumlichkeiten sich denken, die zu einem Gebäude gehören, aber gewiß nicht unter den Begriff des Hofraumes fallen.[1])

Gegen eine unbedingte Gleichstellung des an ein Haus an-stoßenden Gartens mit dem Hofe des Hauses kann im einzelnen Falle auch die ratio legis selbst angezogen werden. Es beruht nämlich die Gleichstellung des Hofes mit dem Hause zum Theil in dem Zwecke des ersteren; er gehört mit zu den Wirthschafts-räumen des Hauses und wird nicht selten in der Benutzung wie letzteres selbst behandelt; sie bilden hier in Wahrheit ein Ganzes. Dagegen tritt der Garten meistentheils nicht in ein solches Ver-hältniß zum Hause. Nehmen wir ferner an, daß der Garten einen sehr bedeutenden Umfang hat; die Bewohner des Hauses kommen bei ihrer Tagesarbeit vielleicht nur selten in den Garten, nament-lich in den entlegeneren Theil desselben. Es könnte selbst ein großer Park unmittelbar und ohne Zwischenmauer an den Hof des Hauses anstoßen und die Schlußmauer des Parks ziemlich entfernt von letzterem sich befinden. Hier wird die Gleichstellung des Parks mit dem Hofe bedenklich. Der einzelne Fall muß ent-scheiden, was allerdings ein mißliches Auskunftsmittel bleibt.

Die Bayer. Novelle v. J. 1816 sagt in Art. VI. „in ein Haus oder in dessen eingeschlossenen Hofraum," und ein Rescript vom 15. Febr. 1815[2]) erläutert: „Der zum Hause gehörige und mit demselben unmittelbar verbundene Hof oder Garten muß gleiche Sicherheit genießen, wie das Wohnhaus, dessen Theil es ausmacht." Das O. A. G. zu München hat in einem Erkennt-nisse[3]) darauf hingewiesen, daß nicht jeder mit dem Hause in unmittelbarer Verbindung stehende und mit diesem durch eine gemeinschaftliche Umfriedung eingeschlossene Garten hierher zu

---

1) Vgl. hier den Fall bei Hufnagel, Anmerk. z. Strafgesetzbuch für Württemberg, S. 342, wo der zwischen zwei, demselben Eigenthümer ge-hörigen Häusern gelegene, mit einer Mauer umgebene Gang als „um-schlossener Hofraum" angesehen worden ist.

2) Sammlung von Doppelmayr 2c. S. 55. (Ed. III.)

3) Sitzungsber. d. Bayer. Strafg. Bd. IV. S. 182.

zählen, vielmehr in jedem einzelnen concreten Falle zu unter=
suchen sei, ob der Garten nach der Größe, Beschaffenheit oder
nach den sonstigen Verhältnissen als ein Theil des Hauses oder
des gleich bevorzugten Hofraums betrachtet werden könne.

Zweiter Abschnitt.
Der Diebstahl mittels Einbrechens (furtum violentum.)

§. 1.
Die Carolina. — Die hauptsächlichsten Abweichungen der neuen Gesetzbücher.

Die C. C. C. Art. 159 erklärt es für einen „geflißnen ge=
verlichen Diebstahl, so der Dieb, bei Tag oder Nacht, in Jemands
Behausung oder Behaltung bricht oder steigt" und bezeichnet
diesen Diebstahl als einen „darzu gebrochen oder gestiegen wird."

Die Auslegung des Wortes „Behaltung" hat die Inter=
preten sehr beschäftigt.

Es ist bekannt, daß schon Remus die obige Stelle über=
setzte: Si quis, ut furtum faciat, fores arcanne ruperit, effregerit, wahrscheinlich in Hinblick auf das Römische Recht (fr. 22.
§. 1. de furtis), daß jedoch diese früher ziemlich allgemein adop=
tirte[1] Erklärung von „Behaltung" gegenwärtig als unrichtig
nachgewiesen worden.[2] Es mag jetzt wohl darüber ziemliche
Uebereinstimmung herrschen, daß unter „Behaltung" ebenfalls nur
Gebäude zu verstehen sind,[3] so sehr im Uebrigen auch die

---

1) Vgl. b. Commentare von Böhmer und Kreß ad h. art. u.
Walch, glossar. ad C. C. C. voce: „Behaltung".

2) Vgl. Hammer, Archiv f. d. Crim. Recht. N. F. 1845. S 468 f.
Vgl. namentlich Grolmann, in f. Bibl. d. peinl. R.W. Bd. I. St. II.
S. 59 f. Allerdings kommen auch in den Volksrechten Spuren der Er=
brechung von Behältern als Qualificationsmomente vor. Köstlin, Krit.
Ueberschau. Bd. III. S. 188.

3) Köstlin, Abhandlungen S. 280. Geib, Archiv f. d. Crim. R.
N. F. 1847. S. 352 f. 521 f. 538. Am meisten hat wohl die (nament=

5*

Meinungen der Rechtslehrer darüber, welche Art von Gebäuden hier, im Gegensatze von Behausung gemeint sei, von einander abweichen. [1]

Das „Brechen" in der Carolina ist, nach der jetzt wohl feststehenden Meinung der Interpreten, ebenfalls nur als „Einbrechen" zu verstehen. [2]

Das „Einbrechen" ebenso wie das auch auf „Behaltung" mit zu beziehende „Einsteigen" schließen von selbst das Erbrechen von Kisten und ähnlichen Behältnissen aus.

Gemeinrechtlich ist daher der Diebstahl mit Einbrechen auf die Fälle zu beschränken, wo Jemand zum Zwecke des Stehlens mit Gewalt eine Oeffnung in ein Gebäude macht, durch dieselbe in das Gebäude einbringt und im Gebäude stiehlt. [3] Daraus folgt, daß das Durchbrechen von Mauern im Innern des Gebäudes, in das der Dieb ohne Einbruch gelangt ist, [4] — daß das Erbrechen des Gebäudes und das Herauslangen eines Gegenstandes aus dem Gebäude durch die gemachte Oeffnung, ohne in das Gebäude selbst einzubringen, — und daß das Auf= und Er= Brechen von Behältnissen, z. B. Kasten ꝛc. im Gebäude nicht unter den Artikel der Carolina fallen. [5] Andererseits ist es auch gleichgiltig, ob eine große oder geringe Gewalt angewendet worden, [6] ob das Gebäude ein Wohngebäude [7] oder nicht, ob es an

---

lich von Geib vertretene) Ansicht für sich, daß unter „Behaltung" der zum Hause gehörige Hof zu verstehen sei.

1) Vgl. hier insbes. Geib's Ausführungen a. a. O.

2) Vgl. noch Wächter s. v. Diebstahl in Weiske's Rechtslexicon. Bd. III. S. 413.

3) v. Wächter u. Geib, a. a. O. Köstlin, Abhandlungen ꝛc. S. 283.

4) Vgl. auch die Churhess. Spruchpraxis bei Heuser, Handb. d. Churhess. Strafrechts ꝛc. S. 106.

5) Vgl. auch über die frühere gemeinrechtl. Praxis in Anhalt die Entscheidung a. d. J. 1846 in d. N. Jahrb. f. Sächs. Strafr. Bd. V. S. 240.

6) Vgl. Feuerbach, in d. Bibl. f. d. peinl. R.W. Bd. II. S. 112 f.

7) Schon in den Volksrechten finden wir die Qualification auch bei dem Einbruche in Ställe ꝛc. Vgl. Wilda, d. Strafr. d. Germanen ꝛc.

sich verschlossen gewesen oder nicht, und daher ob der Einbruch das gewöhnliche Verschlußmittel beseitigt hat oder ob er an einem andern Orte des Gebäudes, dafern er nur (was festzuhalten) von Außen erfolgte, vollführt worden ist.

Allein bereits im vorigen Jahrhunderte dehnte die Praxis die Strafbestimmung der Carolina auch auf das Erbrechen bloßer Behältnisse aus, wenngleich meist mit der Beschränkung, daß die Behältnisse im Innern des Gebäudes oder des dazu gehörigen Hofraumes sich befinden,[1]) indem man auf diese Weise wieder den Gesichtspunkt zur Geltung brachte, daß eine besondere Gefahr für den Hausbewohner vorhanden sei, wohl auch aus gleichem Grunde die Eröffnung mittels Instrumente voraussetzte.

Die Verschiedenheit, welche in dieser Hinsicht in der gemeinrechtlichen Praxis und bei den Rechtslehrern sich kund gibt, ist, wie schon bemerkt, eine ganz außerordentliche.

Auch gegenwärtig zeigt sich in den einzelnen Gesetzgebungen eine große Verschiedenheit. Es mögen hier nur einige dieser Verschiedenheiten festgestellt werden:

a) Die meisten Gesetzbücher setzen bei dem Einbrechen und Einsteigen bewohnte Gebäude nicht voraus, da sie nicht die Gefahr für den Bestohlenen, sondern nur die bedeutendere Hartnäckigkeit des Diebes accentuiren, — wohl aber wird bei dem Erbrechen eines Behältnisses mehrseitig vorausgesetzt, daß es im Innern eines Gebäudes, bez. eines Wohngebäudes gestanden habe, während andere Gesetzgebungen diese Beschränkung nicht kennen.

Die Bayer. Diebstahlsnovelle v. J. 1816 Art. 6 hebt in Verbindung mit einem Rescripte vom 31. Jan. 1817 den „Angriff auf die häusliche Sicherheit" als das charakteristische Merkmal hervor und schließt den ausgezeichneten Diebstahl aus, wenn Behältnisse, welche in unbewohnten Häusern oder im Freien stehen,

---

S. 878. Die Churhessische auf dem gemeinen Rechte noch beruhende Spruchpraxis verlangt ebenfalls nicht bewohntes Gebäude. Kersting, d. Strafr. in Churhessen. Bd. II. S. 699.

1) Vgl. Quistorp, Grundf. §. 349 u. d. das. Angef.

erbrochen werden.[1]) Auch das neue Bayer. Gesetzbuch hat, wie aus den Art. 274. 2. Art. 282. 2. in Verb. mit Art. 279. 2. hervorgeht, das Erbrechen verschlossener Behältnisse nur dann qualificirt, wenn letztere in einem bewohnten Gebäude oder dessen Dependenzen[2]) stehen, und es ist in den Kammerverhandlungen[3]) die bei solchem Einbruche „für die Person des Eigenthümers oder seiner Angehörigen entstehende indirecte Gefahr" betont worden.

Dagegen verlangt z. B. das K. Hannöv. Erläuterungs= Gesetz v. 20. April 1857 §. 6[4]) (im Anschlusse an das Crim. GB. Art. 292[5]) ebenfalls zwar, daß die Behältnisse im Innern eines Gebäudes sich befinden, — nicht aber, daß letzteres ein Wohngebäude sei. Ebenso das K. Preuß. Strafgesetzbuch §. 218 in Verbindung mit § 223.

Das Großh. Hessische Strafgesetzbuch setzt in Art. 366 ein bewohntes Gebäude voraus, in welchem das Behältniß gestanden. Ebenso die Gesetzbücher für Nassau Art. 361, für Braunschweig §. 215. 3. g. für das Großh. Baden §. 381. 2. und der neueste Entw. für Bremen §. 399. 8 in Verb. mit §. 405. 2.; jedoch zum Theil mit der Modification, daß außer diesen Fällen die Erbrechung des Behältnisses (also im unbewohnten Hause) als Erschwerungsgrund des einfachen Diebstahls behandelt wird.

Die meisten übrigen Gesetzgebungen bezeichnen die Erbrech= ung eines verschlossenen Behältnisses ohne weitern Unterschied als Qualificationsgrund. Das Oester. Gesetzbuch §. 174 spricht nur vom Diebstahle „an versperrten Sachen."[6])

---

1) Vgl. noch Zeitschr. f. Gesetzg. u. Rechtspfl. in Bayern. Bd. III. S. 182.

2) „— oder in dem dazu gehörigen und mit dem bewohnten Ge= bäude in innerer Durchgangsverbindung stehenden umschlossenen Raume."

3) Vgl. die Handausgabe des StrafGB. (Erlangen, Ferd. Enke.) S. 249.

4) Vgl. Leonhardt, b. Crim. GB. 2c. S. 164 f.

5) Vgl. Brandes, b. Hannöv. Crim. GB. 2c. S. 292.

6) Vgl. hier Herbst, Handb. 2c. Bd. I. S. 343 f.

b) Die neuen Gesetze vermeiden zum Theil das Wort „Einbruch" und sprechen überhaupt nur von „Erbrechen." Es ist dieser Unterschied ziemlich bezeichnend. Wir verstehen unter „Einbruch" ein Eindringen in das Gebäude, also ein Eingehen in die gewaltsam bewirkte Oeffnung des Gebäudes, wogegen die gewaltsame Oeffnung selbst durch das Erbrechen bezeichnet wird.

Hieraus folgt, daß, wenn das Erbrechen des Gebäudes an sich schon zur Qualification hinreicht, auch der Diebstahl als qualificirt zu betrachten ist, wenn der Dieb das Gebäude gewaltsam zwar eröffnet, aber die Sache dadurch sich angeeignet hat, daß er sie aus dem Gebäude durch die Oeffnung herausgelangt oder herausgezogen hat, nicht aber in das Gebäude eingetreten ist. Während bei dem Diebstahle durch Einsteigen fast einstimmig das bloße Aufsteigen an dem Gebäude nicht als Qualificationsmoment angesehen wird, ist hier das Einbrechen nur als Erbrechen aufzufassen und ein Eintreten in das Haus nicht vorausgesetzt. (Vgl. noch oben S. 26.)

Diese Consequenz wird z. B. auch ausdrücklich in den Motiven zu dem Entwurfe für Bremen Thl. I. Bd. II. S. 242. anerkannt.

Ebenso gibt das K. Württemberg'sche Gesetzbuch in Art. 323. 330. eine Definition des „Einbruchs" im Gegensatze von „Erbrechen," indem es jenen in der Hauptsache auf das Brechen von Außen, diesen auf das Brechen im Innern des Gebäudes bezieht, dabei aber ausdrücklich bei dem Einbruche ein „Einbringen" nicht voraussetzt, vielmehr in Art. 324. das Eindringen in das Gebäude mittels Einbruchs noch besonders als Erschwerungsgrund hervorhebt. Ebenso verfährt das K. Preuß. Strafgesetzbuch §. 223. 1. Nicht minder hat das K. Sächsische Strafgesetzbuch Art. 278 ausdrücklich einander gegenübergestellt — „in ein Gebäude, um in dasselbe einzubringen oder um Gegenstände, welche sich im Innern desselben befinden, zu erlangen, eine Oeffnung gemacht ꝛc. —" Das neue Bayerische Gesetzbuch spricht in Art. 279 von Vorrichtungen, die dem Eindringen entgegenstehen, ohne daß das Eingehen in das Gebäude selbst zur Qualification vorausgesetzt wird; — die Fassung des Art. 274 ist zweifelhaft, das oben angegebene Motiv spricht aber für das Requisit des Eingehens in das Gebäude.

c) Indem die meisten Gesetzgebungen das Einbrechen und Einsteigen in jedes Gebäude qualificiren, haben einige Gesetzbücher dem Gebäude noch jeden „umschlossenen Raum, in welchem man nur durch Einsteigen oder Einbrechen oder durch den Gebrauch von Schlüsseln gelangen kann," gleichgestellt.

Ueber den zu einem Gebäude gehörigen „geschlossenen Raum (Hofraum, Bezirk)" haben wir bereits oben S. 49. uns ausge= sprochen.

d) Es ist ferner mit dem „Erbrechen im Innern," welches die neuen Gesetze qualificiren, eine Abweichung von dem Rechte der Carolina eingeführt, indem letztere das Durchbrechen von Mauern, Thüren ꝛc. im Innern des Gebäudes, in welches der Dieb (ohne Qualification) gelangt war, nicht als Erschwerung des Diebstahls betrachten.

§. 2.
Aeußerer und innerer Einbruch.

Die Gesetzbücher unterscheiden in der aufgestellten Definition des Einbruchs nach dem Vorgange des Code pénal (Art. 394)[1] häufig den „Einbruch von Außen" oder „äußeren Einbruch" und „das Erbrechen im Innern" oder „inneren Einbruch."

---

1) Der Code pénal bestimmt:

395. Les effractions extérieures sont celles à l'aide desquelles on peut s'introduire dans les maisons, cours, basses-cours, enclos ou dépendances, ou dans les appartemens ou logemens particuliers.

396. Les effractions intérieures sont celles qui, après l'intro-duction dans les lieux mentionnés en l'article précédent, sont faites aux portes ou clôtures du dedans, ainsi qu'aux armoires ou autres meubles fermés. — Est compris dans la classe des effractions in-térieures, le simple enlèvement des caisses, boites, ballots sous toile et corde, et autres meubles fermés, qui contiennent des effets quelconques, bien que l'effraction n'ait pas été faite sur le lieu.

So definirt z. B. das Gesetzbuch von Württemberg: „Einen Einbruch begeht derjenige, welcher sich mit Gewalt entweder einen geschlossenen oder vorher nicht vorhanden gewesenen Eingang in ein Gebäude eröffnet, oder eine vorhandene Oeffnung zum Einbringen erweitert, oder sich sonst eine Oeffnung verschafft, mittelst welcher er den vorhandenen Eingang zum Einbringen sich öffnen, oder auch, ohne einzubringen, den Diebstahl im Innern vollbringen kann.

Das Erbrechen wird durch gewaltsame Eröffnung von Eingängen und Durchgängen im Innern, sowie von Schränken, Kisten oder dergleichen begangen." (Art. 330.)

Das Gesetzbuch vom Großh. Hessen definirt im Art. 368: „Aeußeren Einbruch begeht, wer sich auf irgend eine gewalt= same Weise entweder einen vorher nicht vorhanden gewesenen oder geschlossenen Eingang eröffnet, oder eine vorhandene Oeffnung zum Einbringen erweitert, oder sich sonst eine Oeffnung verschafft, mittelst welcher er den vorhandenen Eingang zum Einbringen sich öffnen, oder auch, ohne einzubringen, die Entwendung im Innern vollbringen kann. Der innere Einbruch wird durch gewalt= sames Eröffnen von Thüren, Wänden, Eingängen oder Durch= gängen im Innern von Schränken, Kisten oder anderen ähnlichen Behältnissen begangen."

Das K. Sächs. Gesetzbuch (1855) definirt die „Erbrechung," „indem der Dieb auf gewaltsame Weise a) in ein Gebäude, um in dasselbe einzubringen oder um Gegenstände, welche sich im Innern desselben befinden, zu erlangen, eine Oeffnung gemacht, oder eine in einem solchen bereits vorhandene Oeffnung erweitert, oder den Verschluß derselben beseitigt, oder b) verschlossene Be= hältnisse, welche zum Schutze gegen fremde Eingriffe bestimmt sind, öffnet."

Das K. Preuß. Gesetzbuch definirt in §. 223[1]) den „Ein= bruch," wenn 1) der Thäter mittels Gewalt an den Einfriedig=

---

1) Im Wesentlichen stimmt das Hannöv. Diebstahlgesetz v. 1857. §. 6. überein; es vermeidet jedoch die Bezeichnungen „Einbruch," „Er= brechen" vollständig.

ungen oder an Gegenständen oder Vorrichtungen, welche das
Eindringen verhindern, einen vorher nicht vorhanden gewesenen
oder einen verschlossenen Eingang sich öffnet, oder eine schon vorhandene Oeffnung zum Eindringen erweitert, oder sonst eine
Oeffnung macht, mittels welcher er den Eingang zum Eindringen
sich öffnet, oder auch ohne einzudringen, den Diebstahl vollbringen
kann, 2) wenn der Thäter im Innern eines Gebäudes in vorstehender Weise Thüren, Wände, Eingänge oder Durchgänge,
Schränke, Kisten oder andere Behältnisse eröffnet."

Das Gesetzbuch von Bayern (1861) sagt in Art. 279:
„Einbruch ist vorhanden, wenn der Thäter, um den Diebstahl zu
vollbringen: 1) Wände, Thüren oder Fenster oder andere Vorrichtungen, welche dem Eindringen entgegenstehen, erbrochen oder
sonst mit Gewalt eine Oeffnung in das Gebäude oder dessen
Umfriedung gemacht oder eine schon vorhandene Oeffnung erweitert, oder 2) in anderer Weise äußere oder innere Verwahrungsmittel erbrochen, gewaltsam hinweggeräumt, beschädigt oder zerstört hat."

Das Erbrechen im Innern ist also nicht beschränkt auf das
Durchbrechen der Mauern rc. im Innern, nachdem der Dieb
bereits in das Haus eingetreten ist oder sonst im Hause sich bereits
befindet, sondern erstreckt sich auch auf das Erbrechen von Kisten rc.
und zwar nicht blos in, sondern auch außer dem Gebäude.[1]

Einige Gesetzbücher gebrauchen das Wort „Einbruch," wo
z. B. in dem Gesetzbuche von Hessen „äußerer Einbruch" gesagt
ist, heben dabei das „Eindringen" in das Gebäude als charakteri-
stisch hervor, und sprechen von „Erbrechen," wo das Gesetzbuch
von Hessen rc. von „innerem Einbruche" redet.

Das K. Bayer. Gesetzbuch spricht von „Wänden, Thüren,
Fenstern oder andern Vorrichtungen, welche dem Eindringen
entgegenstehen," im Fortgange des Art. (279) aber überhaupt
von „äußeren oder inneren Verwahrungsmitteln." Der Entwurf
von Bremen (§. 405) schließt sich im ersten Satze im Allgemeinen der erstern Bestimmung des Bayer. Gesetzbuches an, ver-

---

[1] Ebenso die Definition des Code pénal.

meidet aber im Fortgange die generelle Faſſung des letzteren und
ſagt: „im Innern Thüren, Wände, Ein= oder Durchgänge ꝛc.
erbrochen."

Wir finden neben dem Worte „Erbrechen" noch die Be=
zeichnungen: „zerſtört" „beſeitigt" und als Generalclauſel „die
Oeffnung, bez. Erweiterung mit Gewalt." Es wird ein „ge=
waltſames Hinwegräumen" für genügend erklärt; ja der Entwurf
von Bremen ſpricht von „beſeitigt," ohne jeden Beiſatz, obſchon
die nächſtfolgenden Worte: oder ſonſt mit Gewalt eine Oeffnung
in das Gebäude — gemacht hat darauf hindeuten, daß man
ein gewaltſames Beſeitigen vorausgeſetzt habe, — ein Beſeitigen,
durch welches „entgegenſtehende Hinderniſſe" hinweggeräumt wer=
den. Der „Einbruch" iſt nur noch eine Art der Gewalt gegen
das Verſchlußmittel, erſchöpft aber den Begriff derſelben und die
geſetzliche Qualiſication nicht.

Der Einbruch oder das Erbrechen iſt daher die gewaltſame
Beſeitigung des Verſchluſſes eines Behältniſſes, in welchem ſich
die Sache befindet, welche den Gegenſtand des Diebſtahls bildet.
Das „Behältniß" umfaßt auch die „Gebäude." Die Geſetzbücher
unterſcheiden aber meiſtens beide Begriffe. Um bei unſerer Dar=
ſtellung uns möglichſt an die Geſetzbücher anſchließen zu können,
acceptiren wir für die erſtere dieſen Unterſchied. Wir werden
daher im Folgenden zunächſt die Begriffe des Verſchluſſes und
der Gewalt an Sachen feſtſtellen und erſt, nach Abhandlung des
Einbruchs von Außen und im Innern, ſoweit der Gebäudetheile
zum Gegenſtande hat, zur Feſtſtellung des Begriffs „Behältniß"
(im engern Sinne des Wortes) übergehen.

§. 3.
Begriff des Verſchluſſes (S. oben S. 22 f.).

Der Verſchluß muß durch eine Vorrichtung erfolgt ſein,
welche von Menſchenhand herrührt. Der Diebſtahl aus einem
zugefrornen (an ſich offenen) Fiſchhälter durch Aufſchlagen der
Eisdecke, ſo wie der Diebſtahl, welcher an Feldfrüchten, die unter
einer Miſtdecke auf dem Felde lagerten, dadurch verübt wurde,

daß der Dieb die durch die Kälte zusammengefrorene und mit dem Erdboden hierdurch verbundene Mistbecke zertrümmerte[1]), sind von dem D. A. G. zu Dresden nicht als qualificirte Entwendungen behandelt worden. Dagegen sind Gruben auf dem Felde, in welche Früchte zur Ueberwinterung gelegt und mit einer festgestampften Erdschichte bedeckt werden, verschlossene Behältnisse.[2])

Im Uebrigen ist die Natur des Verschlußmittels selbst rechtlich gleichgiltig. Die Schnure, mit welcher eine Thüre von Innen,[3]) oder der Deckel eines Korbes zugebunden worden, ist ebenso gut ein Verschlußmittel als der Strick, mit welchem der Sack zugebunden.[4]) Auch das Plombiren, wie das Versiegeln[5]) und das Zunähen erachten wir für Acte des Verschließens.[6])

Allerdings wird ein solches Zunähen vorausgesetzt, daß eine Auftrennung nöthig ist, um in das zugenähte Behältniß gelangen zu können. Ebenso ist das Holzkästchen, dessen defecte Wand durch einen aufgeklebten Papierstreifen ersetzt worden, wenn es nur weiter keine Oeffnung darbietet, ein verschlossenes Behältniß.

Es macht daher keinen Unterschied, ob der Verschluß ein besonders starker ist, — es genügt, wenn er dem Eindringen des

---

1) Sächs. Ger. Zeitg. Bd. IV. S. 481.

2) S. auch Herbst, Handb. Bd. I. S. 344. Ebenso D. A. G. zu Dresden.

3) Vgl. z. B. Kersting, Strafrecht in Churhessen. S. 669. Ebenso das D. A. G. zu Dresden.

4) N. Jahrb. f. Sächs. Strafrecht. Bd. V. S. 483. f. Sächs. Ger. Ztg. Bd. III. S. 296.

5) Ebenso das D. A. G. zu Dresden. Kitka, Abhandl. a. d. Strafrechte, S. 192 f.

6) Vgl. hier auch Herbst, Handb. I. S. 342 f. Kitka, Abhandl. ꝛc. a. d. Strafrechte, S. 191 ist in Bezug auf das Zunähen anderer Meinung. Man bediene sich zum Versperren einer Sache wohl eines Schlosses, Riegels, einer Schnalle ꝛc., nicht aber eines Zwirnsfadens; — dieß sei gegen den Sprachgebrauch. Kitka selbst aber definirt S. 193 „versperren" als „durch ein veranstaltetes Hinderniß von dem Zutritte Anderer Ausschließen."

Diebes einen Widerstand entgegensetzt, welcher durch Gewalt be=
seitigt wird, — so wie es auch gleichgiltig ist, ob die Art des
Verschlusses ein gewöhnlicher ist (wie durch Schlösser ꝛc.) oder ein
außergewöhnlicher. Die Bedeutung des Wortes „Schloß" kann
die engere, auf die Fälle der ersteren Art beschränkte Auslegung
des Worts „Verschluß" gegenüber dem Wortlaute und der Ten=
denz der neuen Gesetze, nicht rechtfertigen. Das Schloß ist nur
ein Mittel, wenngleich das gewöhnliche des Verschlusses.

Immer wird jedoch eine durch das Verschlußmittel bewirkte
Verbindung der Oeffnung des Behältnisses mit dessen übrigen
Theilen vorausgesetzt. Es sollen die einzelnen Theile sich durch
dieses Mittel an einander schließen und dadurch ein ge=
schlossenes Ganze bilden. Diese Cohärenz wird durch die
Gewalt wieder beseitigt.

Wir nehmen daher einen qualificirten Diebstahl nicht an,
wenn der Verschluß durch das Vorschieben einer Kiste an die
(unverschlossene) Thüre bewirkt ist, selbst wenn das Vorschieben
zu diesem Zwecke erfolgt war. Ebenso nehmen wir ihn nicht an,
wenn die Thüre nur verquollen ist und durch starkes Aufziehen
geöffnet wird.[1] Das Verquellen der Thürflügel ist in keiner
Weise ein Verschluß der Thüre. In dem ersten Falle wirkt die
Kiste nur durch das Gesetz der Schwere und steht in keiner Co=
härenz mit der Thüre selbst; auch äußert sich die Thätigkeit des
Eindringenden nur secundär auf die Kiste, welche lediglich durch
den gegen die Thüre ausgeübten Druck fortbewegt wird, wie
sie auch nur durch das Aufliegen auf dem Boden Widerstand
leistet.

Der Verschluß muß insoweit ein beabsichtigter gewesen
sein, als das Verschlußmittel zu dem Verschluße regelmäßig be=
stimmt oder hierzu im einzelnen Falle von dem Inhaber bestimmt
worden ist. Die Sache, welche ein auf der Straße Vorüber=
gehender aus Versehen in das offene Loch eines verschlossenen
Kellers fallen läßt, befindet sich im Verschluße des Kellers, wenn=
gleich dies weder der Eigenthümer des letztern weiß, noch der

---

1) Ebenso das O. A. G. zu Dresden.

Inhaber der Sache gewollt hat. Es ist zum Begriffe der ver=
schlossenen Sache nicht nöthig, daß der Besitzer des verschlossenen
Raumes davon Kenntniß hat, daß die einzelne Sache in ihm sich
befinde, oder daß der Besitzer der Sache sie in diesen Verschluß
zur Sicherung gebracht habe. Der Keller hat (im obigen Bei=
spiele) überhaupt die Bestimmung des Verschlusses der in ihm
befindlichen Sachen.

Ju einigen Gesetzgebungen wird von „Vorrichtungen" und
„Verwahrungsmitteln" gesprochen. Es deuten diese Worte auf
absichtliche Verschlußmittel hin.[1]

Ob das Verwahrungsmittel, welches durch den Einbruch
beseitigt wird, in voller Integrität sich befunden und daher voll=
ständig seinem Zwecke genügte, ist gleichgiltig, dafern es nur,
wenngleich mangelhaft, dem Eindringen einen Widerstand ent=
gegenstellte. So ist z. B. das Ausnehmen einer zerbrochenen
Fensterscheibe aus der Holzkleidung zc. mit Recht als Einbruch
bezeichnet worden.[2] Ebenso hat man den Fall behandelt, als
die Theile der zerbrochenen Fensterscheibe durch Kitt aneinander=
befestigt, dieser aber noch nicht trocken gewesen und der Dieb durch
einen Druck auf die Scheibe die Verbindung wieder gelöst hatte.[3]
Langt dagegen der Dieb durch ein vorhandenes Loch in der Fen=
sterscheibe den Gegenstand aus dem Zimmer heraus, ohne die
Fensterscheibe oder einen Theil derselben herauszunehmen, so ist
die Auszeichnung nicht vorhanden. Ein Verschluß ist ferner an=
genommen worden, als das Loch in einer Holzwand mit einem
Brete zugesetzt und dieses angenagelt gewesen, obschon in Folge
der Zeit und ihrer Einwirkung die Nägel nur noch ganz leicht
in den Löchern steckten.[4]

---

1) Vgl. auch Bothmer. a. a. O. S. 122.
2) Zeitschr. f. Gesetzg. zc. in Bayern. Bd. I. S. 461.
3) Schletter, Annalen (Hitzig) Jahrg. 1852. Novbrheft. S. 211.
4) Es hatte der Dieb die Nägel ohne jede Kraftanwendung einfach
mit den Fingern aus den Löchern herausgezogen. Man nahm Auszeich=
nung nicht an, weil die Oeffnung ohne Gewalt verübt worden.
(K. Sächs. Praxis). Hätte der Dieb die Nägel erst lockern müssen, um

Dagegen war ein Verſchluß in dem Falle nicht anzu=
nehmen, als der Dieb die, den Zuſammenhang des Daches und
der dasſelbe tragenden Mauer bildenden Schaalhölzer, welche nicht
an einander befeſtigt, ſondern nur aneinander gelegt waren, auf
die Seite geſchoben hatte.[1] Ebenſo ſind die Fälle behandelt
worden, als der Dieb losgelöſte Strohſchoben des Daches, los=
getrennte Breter einer Plankenwand bei Seite geſchoben hatte.
Es iſt hier nirgends eine Cohärenz mehr vorhanden, — es iſt
eine Löſung des Verſchluſſes bereits erfolgt.

Der Begriff des Verſchluſſes wird jedoch dadurch nicht auf=
gehoben, daß der Raum, in welchem ſich die Sache befindet, an
irgend einer Stelle einen unbeſchränkten Zugang geſtattet und
daher der Eintritt in denſelben ohne gewaltſame Beſeitigung eines
Verſchlußmittels möglich iſt. Es genügt, daß er an der Stelle
verſchloſſen iſt, an welcher der Dieb in den Raum eingedrungen
iſt.[2] Wir nehmen hier auf die obige Ausführung S. 54.
Bezug.[3]

Dieſer Auffaſſung ſteht die Oeſterreichiſche Spruchpraxis
entgegen. Daſelbſt wird die Qualität einer „verſperrten" Sache
darin gefunden, daß ſie ſich in einem Behältniſſe befindet, in
welchem ſie gegen ſolche Angriffe derart geſchützt iſt, daß ſie ohne
Gebrauch von vom Behältniſſe abgeſonderten Werkzeugen oder
Anwendung von Gewalt auf gewöhnlichem Wege unzu=
gänglich iſt.[4] Man ſetzt hierbei eine abſichtlich erfolgte Ver=
ſperrung voraus und erkennt die bloße Thatſache der, nur durch

sie herausziehen zu können, ſo würde Gewalt vorliegen. N. Jahrb.
f. Sächſ. Strafrecht. Bd. VII. S. 219.

1) Neue Jahrb. f. Sächſ. Strafrecht. Bd. V. S. 268. Vgl. noch
Kerſting, a. a. O. S. 670.

2) So hat z. B. das O. A. G. zu Dresden wiederholt entſchieden.
Vgl. noch Goltdammer, Archiv Bd. VII. S. 396, jedoch auch Bd. VII.
S. 715.

3) Vgl. noch Zachariä, d. L. vom Verſuche ꝛc. Thl. I. S. 278.
Temme, Beiträge ꝛc. S. 75 f.

4) Vgl. Weeber, a. a. O. S. 349 f.

gewaltſame Wegräumung oder liſtige Eröffnung zu beſeitigenden Verſchließung nicht als ausreichend an. [1] Man nimmt daher einen qualificirten Diebſtahl nicht an, wenn die Sache aus dem offenen Fenſter mit der Hand herausgeholt wird, — wohl aber dann, wenn ſie mittels eines an einer Stange befeſtigten Hakens herausgeholt wird. Ebenſo wird die Qualification nicht angenommen, wenn der Dieb in dem Irrthume, daß das unverſchloſſene Haus verſchloſſen ſei, eine Fenſterſcheibe eindrückt und einſteigt, [2] — wohl aber hat man deshalb, weil ein Fenſter offengeſtanden, durch das der Dieb eingeſtiegen, das Haus, deſſen Thüre verſchloſſen geweſen, nicht als unverſperrt angeſehen. [3]

§. 4.

Ueber die Begriffe „Einbruch;" „gewaltſame Eröffnung;" „Gewalt an Sachen."

Was iſt unter „Einbruch" zu verſtehen? [4] Im Allgemeinen iſt Einbruch nach den neuen Geſetzbüchern die gewaltſame Eröffnung oder die gewaltſame Erweiterung einer Oeffnung des Gebäudes. Es wird von gewaltſamer Beſeitigung von Vorrichtungen, welche dem Eindringen entgegenſtehen, [5] ſo wie ſpeciell von Thüren, Wänden und Fenſtern geſprochen.

Nach dieſen Definitionen muß angenommen werden, daß die „Oeffnung" ꝛc. des Gebäudes auch auf andere Weiſe geſchehen kann, als durch „Brechen;" daſſelbe iſt nur eine Art der gewaltſamen Eröffnung. Es kann daher auch aus dem ſprachlichen Gebrauche des „Brechens" kein Beſchreiben des Moments

---

1) Herbſt, Handb. ꝛc. Bd. I. S. 344. Vgl. noch hierüber und die folgenden Fälle Litka, Abhandl. a. d. Strafrechte ꝛc. S. 179 f.

2) Weeber, a. a. O. S. 359 f.

3) Herbſt, a. a. O. S. 345.

4) Goltdammer, Archiv Bd. IV. S. 347 f.

5) „ou autres utensiles ou instrumens servant à fermer ou à empêcher le passage (Code pénal.)

zur Erklärung der „Gewalt" abgeleitet werden. [1]) Das K. Sächs. Strafgesetzbuch definirt das „Erbrechen" ꝛc. in ähnlicher Weise, wie die übrigen Gesetzbücher, und hebt in der Definition das Merkmal des „Erbrechens" nicht wieder hervor. Allein die Sächs. Praxis hat entschieden dieses Merkmal wieder in das Gesetz hineingetragen[2]) und außer der Gewalt, welche im Erbrechen liegt, nur solche Eröffnungen ihr gleichgestellt, welche dem „Erbrechen" ziemlich nahe kommen; sie begreift unter dem „Erbrechen" eine Verletzung entweder der Substanz oder des mechanischen Zusammenhanges; — jedoch nicht ohne Widerspruch gegen diese extensive Auslegung des Wortes „Erbrechen." [3])

Ein „gewaltsames Erbrechen" wird in dem Gesetzbuche von Oldenburg §. 226. Altenburg Art. 230 und in dem älteren Gesetzbuche f. K. Sachsen Art. 230 erfordert. Es ist nicht anzunehmen, daß hiermit etwas Anderes als das einfache „Erbrechen" in den andern Gesetzen, insbesondere daß die effractio violenta der älteren Juristen gemeint sei.

Was ist nun „gewaltsame Eröffnung?" Was bedeutet das Wort „Gewalt?" Gehört namentlich zur Eröffnung eine „Verletzung" des Verschlußmittels? Ist jede Gewaltanwendung ausreichend? Ist bei der Oeffnung, bez. Erweiterung eine bleibende Oeffnung ꝛc. gemeint?

Stellen wir gleich hier mehrere Fälle aus der Praxis auf: 1) Der Dieb biegt die Gitterstäbe eines Fensters auseinander, ohne sie zu brechen. — 2) Das Aufrütteln oder Aufwuchten einer verschlossenen Thüre, dergestalt, daß sie aus dem Schloße springt, ohne daß letzteres verletzt wird. — 3) Das Aufzwängen einer Flügelthüre, indem der Dieb einen Flügel hineindrückt, den andern aber an sich zieht und dadurch eine Oeffnung bewirkt, durch die er sich durchzwängt. — 4) Das Ausheben einer Thüre aus ihren

---

1) Vgl. dagegen Häberlin, Grundf. Bd. IV. S. 74.

2) Vgl. insbesondere die Entscheidung des D. A. G. zu Dresden in Schwarze's Sächf. Ger. Ztg. Bd. I. S. 269 f.

3) Krug, Commentar z. K. Sächs. Strafgesetzb. ꝛc. (Ed. II.) Bd. II. S. 180 f.

Angeln durch die Unterschiebung einer Pfoste. — 5) Das Aus=
lösen einer Fensterscheibe aus der Bleieinfassung. — 6) Die Zu=
rückbiegung von Nägeln, welche in einer Plankenwand eine Planke
an der andern festhalten. — 7) Die Herausziehung einer Planke
in solcher Wand, deren einzelne Planken in den Erdboden einge=
senkt sind, ohne weitere Befestigung oder Bindemittel. — 8) Die
Oeffnung eines Fensterladens mittels Durchbrennung eines Lochs
in denselben. — 9) Die Loslösung eines Schlosses durch Aus=
ziehung der, dasselbe befestigenden Nägel. — 10) Das Durch=
schneiden des Strickes, mit welchem die Thüre an die Thürpfosten
befestigt ist.

Die Frage: „was ist Gewalt an Sachen?" ist von Heinze
in den Blättern f. Rechtspfl. in Thüringen ꝛc. 1855. S. 290) f.
sehr scharfsinnig erörtert worden. Heinze sucht nach einer Parallele
mit der Gewalt an Personen; die letztere ist die (beabsichtigte,
bez. bewirkte) Vergewaltigung des freien Willens; die necessitas
alterius voluntati contraria imposita; der Wille sei — sagt
Heinze — das, was als wesentliche, unentbehrliche Grundlage
den Menschen zum Rechtssubject mache. Das Wesentliche und
Unentbehrliche einer Sache, was ihre äußerliche Unabhängigkeit
ermögliche und alle ihre physicalischen Eigenschaften bedinge, sei die
Substanz, von der auch der Widerstand stets und ausschließlich
ausgehe. Die Einwirkung auf die Substanz aber lasse sich nur
denken als Aenderung d. h. bei den hier in Frage stehenden
Sachen als V e r l e t z u n g oder Z e r s t ö r u n g derselben.

Diese Begriffsbestimmung ist aber weder mit dem Sprach=
gebrauche, noch der Allgemeinheit der gesetzlichen Definitionen ver=
einbar.

Es ist zuzugeben, daß nicht jede Kraftäußerung, mit welcher
eine Oeffnung des Gebäudes bewirkt wird, als „Gewalt" in dem
Sinne des Gesetzes, bezeichnet werden kann;[1] denn eine solche

---

1) „Jede Gewalt, ohne Unterschied des Grades, ist hinreichend zum
Begriffe des ausgez. Diebstahls" sagt ein K. Bayer. Rescript v. 31. Jan.
1817 (in Gönner's u. Schmidtleins Jahrb. d. Gesetzg. ꝛc. Bd. III.
S. 105).

ist auch zum Aufklinken einer unverschlossenen Thüre nöthig. Die Gesetze sprechen auch von „vorher nicht vorhanden gewesenen" oder von „verschlossenen" Eingängen, — von „gewaltsamen Hinwegräumen und Beseitigen von Hindernissen und Verwahrungsmitteln, welche dem Eindringen entgegenstehen". Es deutet dies bereits darauf hin, daß nicht jede Kraftäußerung hinreicht; es wird eine Kraftäußerung verlangt, durch welche ein Verschluß beseitigt wird. Daraus folgt andererseits nicht, daß eine besonders starke oder bedeutende Gewalt vorausgesetzt werde. Es wird dies stets nur relativ sein; je nach der Stärke des Hindernisses, welches beseitigt werden soll; daher z. B. das Einstoßen des, die Fensterscheibe vertretenden Papiers, dafern nur letzteres an den Fensterrahmen angeklebt oder sonst befestigt ist, als eine gewaltsame Beseitigung des Verschlusses sich darstellt. [1]

Eine violenta und seditiosa effractio wurde, wie oben bemerkt, in Folge der Autorität Carpzov's, früher mehrseitig verlangt und daher z. B. der Durchbruch einer Lehmwand oder eines Strohdaches nicht für genügend angesehen. [2] Diese Ansicht ist längst verworfen. [3]

Die „Oeffnung eines vorher nicht vorhanden gewesenen," so wie „eines verschlossenen Einganges" setzt (abgesehen von dem Falle des Gebrauchs von Schlüsseln) eine Gewalt voraus, durch welche das Hinderniß in nicht ordnungsmäßiger Weise beseitigt wird.

Wir finden einen Fingerzeig für den Begriff des „Erbrechens" und der „Gewalt" bezüglich der hier besprochenen Frage in dem Diebstahle mit falschen Schlüsseln. Hier die mit List, — dort die mit Gewalt verübte Beseitigung des Verschlusses; in beiden Fällen nicht die ordnungsmäßige Beseitigung. Wir sind zwar geneigt, bei „Gewalt" an ein Zertrümmern, Zerbrechen 2c.

---

1) In einem Falle (K. Sächs. Praxis) war der Klebestoff (durch den Regen) abgelöst; der Dieb hatte das Papier zurückgebogen und war in das Zimmer gelangt. Der Diebstahl wurde als einfacher angesehen.

2) Carpzov, Pr. rer. crim. P. II. qu. 79 n. 84. 44.

3) Tittmann, Handb. §. 471 u. d. bas. Angef.

6*

zu denken, aber diese Auffassung geht zu weit; — Gewalt liegt
schon in einem Gebahren, welches weder einen solchen Einfluß auf
die Sache selbst ausübt, noch eine außergewöhnliche Kraftanstreng=
ung voraussetzt; z. B. in dem Trennen einer Naht durch ein
Messer. Die Gewalt zeigt sich in der Beschädigung des Ver=
schlusses, — der falsche Schlüssel hebt den Verschluß auf, ohne
ihn zu beschädigen. Jene Beschädigung ist ziemlich stets eine
ordnungswidrige, — diese wird es häufig erst dadurch, daß die
Person zum Gebrauche dieses Mittels der Oeffnung nicht befugt
war. So rechtfertigt sich, aber auch nur mit Hinzunahme der
„falschen Schlüssel" die Bezeichnung: „omnis apertura peri-
culosa."[1])

Eine Verletzung der Substanz liegt im Begriffe der
Gewalt nicht.[2]) Sucht man nach einer Parallele mit der Gewalt
gegen Personen, so kann man sie in der Ueberwindung des
Widerstandes finden, welchen die Sache nach ihrer Lage oder ihrer
Verbindung mit anderen Gegenständen dem Menschen entgegen=
stellt. Allerdings ist der Wille eines Menschen, der sich in der
Lage oder Verbindung der Sache kund gibt, nicht etwas Unmittel=
bares, was die Sache selbst betrifft. Allein es ist für unsere
Frage nach dem Begriffe der „Gewalt" schließlich gleichgiltig,
daß der Widerstand der Sache durch die Lage zc. bedingt ist,
welche ihr der Wille eines Menschen verliehen hat; — sie
leistet überhaupt Widerstand, welcher durch die stärkere Kraft
des Diebes gebrochen wird. Die unverschlossene Thüre leistet
z. B. dem Eindringen keinen Widerstand und das Aufklinken der=
selben ist keine Unterdrückung eines Widerstandes.

Wir erachten daher den Diebstahl für qualificirt, wenn der
Dieb die Gitterstäbe des Fensters oder des Thores auseinander=
gebogen hat, auch ohne daß einer der Stäbe zerbrochen ist. Das=

---

1) Böhmer ad C. C. C. l. c. §. 3.
2) Vgl. auch Egidy, b. V. des Diebstahls zc. (Leipzig, 1859)
S. 119. Vgl. dagegen Goltdammer Archiv Bd. III S. 705, woselbst
der Satz aufgestellt wird, daß „die gebrauchte Gewalt mit einem Brechen
b. h. mit der Zerstörung eines festen Körpers verbunden sein müsse."

selbe gilt, wenn die Cohärenz der Sache aufgehoben wird; z. B. wenn der Dieb das Fenster aus der Bleieinfassung loslöst oder wenn er die, das Fenster haltenden Holzpflöckchen heraus= zieht.[1] Wir rechnen hierher das Zerren am Schloße der Thüre, bis es aufgeht und hiermit auch die Thüre sich öffnet,[2] das Aufwuchten und das Ausheben einer verschlossenen Thüre, das Anrennen an eine verschlossene Thüre behufs der Sprengung des Schlosses,[3] das Aufzwängen derselben durch den Druck gegen einen Flügel derselben.[4]

Das Rütteln an der Thüre, um die dasselbe im Innern verschließende Kette herabzuschütteln, müssen wir ebenfalls als eine Gewalt bezeichnen, durch welche der Verschluß beseitigt wird.[5] Fraglich kann es im einzelnen Falle jedoch werden, ob eine solche, leicht zu beseitigende Kettelung als ein Verschluß zu betrachten ist. Ebenso in den Fällen, wo die Thüre durch eine Haspe und beziehendlich einen eingeschlagenen Nagel verschlossen war und der Dieb so lange rüttelte, bis die Haspe, bez. der Nagel herabfiel.[6]

Die Zerschneidung des, die Thüre im Innern verschließen= den Bindfadens (durch ein zwischen die Spalte eingeführtes Messer) ist eine gewaltsame Beseitigung des Verschlusses,[7] — nicht aber die mit eingeschobenem Stocke oder durchgezwängter Hand[8] bewirkte Aushebung des Fadens. In einem Falle war das Fenster nicht geschlossen, sondern es waren die Fensterflügel im

---

1) Blätter f. Rechtspfl. in Thüringen Bd. I. S. 58. vorausgesetzt (wie oben §. 3. bemerkt), daß sie noch einen Verschluß bilden.

2) Andrer Meinung d. O. A. G. zu Dresden in d. N. Jahrb. f. Sächs. Strafr. Bd. VI. S. 477.

3) Klien, Revis. d. L. v. Diebstahle S. 415.

4) Vgl. dagegen Goltdammer, Archiv ꝛc. Bd. III. S. 705 f. — „et de toute espèce de clôture quelle qu'elle soit." (Code pénal.)

5) Vgl. auch Egidy a. a. O. S. 124.

6) Vgl. Busch, d. neuen Crim. Ges. Bücher d. K. Sachsen ꝛc. S. 216.

7) Das O. A. G. zu Dresden nahm die Qualification an.

8) Egidy, a. a. O.

Innern zugebunden; der Dieb zog durch den Spalt des aufklaf=
fenden Fensterflügels an dem herabhängenden Faden und löste in
dieser Weise einfach die Schleife des Fadens auf. Das O. A. G.
zu Dresden nahm (mit Recht) einfachen Diebstahl an.[1]) In
einem Falle hatte der Dieb den Deckel, welcher die ebene Platte
der Kommode, soweit es die dem Holze eigene Elasticität gestattet,
dergestalt gewaltsam in die Höhe gehoben, daß bei dem gleich=
zeitigen Herausziehen des obern Schubfaches der Riegel des an
demselben befindlichen Schlosses zurückgewichen ist. Wir finden
hierin eine Gewalt, durch welche ein Verschluß beseitigt worden.
Daß jene nicht bedeutend und dieser nicht besonders stark gewesen,
ist ebenso einflußlos, als daß eine Beschädigung des Verschluß=
mittels nicht erfolgt war.[2])

Die Eröffnung durch List ist kein Fall der Erbrechung.
In einem Falle hatte A in die ihm und dem B gemeinschaftliche,
in Bezug auf den Gebrauch zwischen ihnen und den einzelnen
Fächern getheilte Kommode und zwar in das, dem B gehörige
von letzterm auch verschlossene Fach dadurch sich Zugang verschafft,
daß er das ihm gehörige obere Fach aufgeschlossen und herausge=
zogen. Der Verschluß des, dem B gehörigen Fachs war zwar
illusorisch gemacht, aber in keiner Weise wirklich verletzt worden.
Das O. A. G. zu Dresden nahm einfachen Diebstahl an.[3])

Eine Beseitigung des Verschlusses liegt ferner nicht vor, wenn
das Verschlußmittel selbst — obschon vielleicht gewaltsam — ent=
fernt wird, um die Möglichkeit des Verschließens (auf einige
Zeit) zu hindern. Als in einem Falle die Haspe einer Scheunen=
thüre, welche in diesem Augenblicke unverschlossen war, von dem
Diebe in der Absicht herausgezogen und resp. abgebrochen wurde,
um den Eigenthümer außer Stand zu setzen, die Scheune zu ver=

---

1) Sächs. Ger. Ztg. Bd. VI. S. 30.

2) Dagegen nahm das O. A. G. zu Dresden aus letzterem Grunde
einfachen Diebstahl an. Sächs. Ger. Ztg. Bd. V. S. 461.

3) Ueber den Fall nach österr. Rechte, wo auch die listige Besei=
tigung der Sperre, wie überhaupt jede ordnungswidrige Beseitigung der=
selben qualificirt, vgl. Kitka, Abhandl. rc. S. 183 f.

schließen, und um die Möglichkeit des unbehinderten Zugangs zur Ausführung eines Diebstahls in der Scheune sich zu verschaffen, wurde der Diebstahl mit Recht als ein einfacher angesehen. [1])

§. 5.
Nähere Feststellung der „Gewalt."

Die Gewalt selbst kann verschieden sich äußern. Die Anwendung eines Werkzeuges ist bei der Annahme von Gewalt nicht nöthig. Es kann die Oeffnung mit der Hand mittels Schlagens, Stoßens oder Abbrechens erfolgen. Die Kraft des körperlich starken Menschen kann bedeutender sein als die eines Instruments in der Hand eines schwachen Menschen. Die Gewalt kann selbst mit dem Finger verübt werden; [2]) so z. B. die Erweiterung eines Loches durch Reißen mit dem Finger; das Aufreißen einer Naht. [3]) Sie kann auch in der Inkraftsetzung von anderen Mitteln, als von rein mechanischen (wie der Faust, des Beiles ꝛc.) sich äußern, z. B. die Aufsprengung eines Schlosses durch Pulver [4]) oder durch einen Schuß selbst. [5])

Die Ansicht, [6]) welche bei dem Diebstahle mittels Einbruchs Werkzeuge voraussetzte, beruhte auf der irrigen Annahme, daß die

---

1) Goltdammer, Archiv Bd. V. S. 697.

2) Dies wurde selbst von Juristen geläugnet, welche im Uebrigen Instrumente nicht verlangten. Vgl. z. B. Koch, Anfangsgr. d. p. R. ꝛc. §. 191. Anm. 1. u. das das. Angef.

3) Vgl. dagegen z. B. Hufnagel, Commentar Bd. III. S. 353, 400.

4) Salchow, Entwendung ꝛc. S. 116. Henke, Handb. ꝛc. §. 146. Dies wurde früher wegen zu beschränkter Auslegung der Carolina bestritten. Vgl. z. B. Böhmer ad Carpzov qu. 79. obs. 4 — ad art. C. C. C. 159. §. 3.

5) Vgl. d. Fall in Hohnhorst, Jahrb. d. A. H. G. zu Mannheim Bd. IV. S. 136. Man nahm daselbst bewaffneten Diebstahl an.

6) Kleinschrod, in dessen Abhandl. Thl. II. S. 117 f. Molitor im Archive des Crim. Rechts Bd. IV. S. 103. Von den Aelteren vgl. Carpzov, qu. 79. no. 96. Leyser, Med. ad Pand. sp. 536. med. 13. Dorn, Commentar I. §. 143. Es wurde aber selbst von Leyser, med.

Carolina auch bei den Diebstählen mittels Einbrechens und Ein=
steigens die Gefährdung der persönlichen Sicherheit der Bestoh=
lenen im Auge habe. Diese Annahme geht aus einer irrigen
Auslegung der Carolina hervor und findet namentlich in den
neuen Gesetzen keine Unterstützung mehr.

Die Gesetze selbst sprechen von der Eröffnung „eines ver=
schlossenen" „eines nicht vorhanden gewesenen oder eines verschlos=
senen Einganges" und von der „Erweiterung einer schon vorhan=
denen Oeffnung." Die Eröffnung, eines nicht vorhanden gewe=
senen" Einganges deutet auf den Ein= und Durchbruch von
Mauern und andern Befriedigungen hin. In einem Falle hatte
der Dieb aus der Mauer, welche aus aufeinandergeschichteten, mit
Lehm nicht verbundenen sogen. Bruchsteinen bestand, die unteren
Steine dadurch herausgezogen, daß er die oberen, mit ihrer Last
aufliegenden Steine hinweggeräumt hatte.[1] Das O. A. G. zu
München nahm ausgezeichneten Diebstahl an, weil das Heraus=
ziehen und Hinwegräumen von Steinen einen, wenn auch leichten
Grad von Gewalt voraussetze. Wir würden hier zwar einen
Verschluß, aber keine gewaltsame Beseitigung desselben annehmen,
da das Abtragen der Steine zwar eine Kraftanstrengung erfordert,
aber die Lage des einzelnen Steines, welcher einfach weggenom=
men wurde, immerhin nicht einen Widerstand ausdrückte. Ebenso
wenn der Dieb die Steine herausnimmt, mit welchen eine Fenster=
öffnung ꝛc. in der Mauer ausgesetzt war.[2] Der Fall ist dem=
jenigen ähnlich, wo der Dieb die vor der Thüre stehende Kiste
einfach auf die Seite hinübergesetzt. Anders, wenn der Dieb
z. B. die Mauer eingestürzt hätte.

Die Worte „nicht vorhanden gewesen" bezeichnen in ihrem
Gegensatze zu „verschlossen," eine vorher nicht existent gewesene

---

13, der im Uebrigen Carpzov's Meinung verwirft, eine vis atrocior er=
fordert und ein Erbrechen mit der Hand nicht als Qualification betrachtet.
Selbst ein (einfaches) Messer wurde nicht für ein gefährliches Instrument
angesehen. Klein, Rechtssprüche der Hallischen Juristenfac. Bd. I.
S. 262 f.

1) Blätter f. R. A. in Bayern Bd. XIII. S. 349.
2) Tittmann, Handb. ꝛc §. 470.

Oeffnung, nicht blos einen vorübergehenden oder nur für den Dieb vorhandenen Verschluß einer Oeffnung, so wie das Wort „verschlossen" auf einen bereits vorhandenen, ordnungsmäßigen Eingang oder Zugang, welcher nur gegenwärtig ungangbar gemacht worden, hinweist.

Die „Erweiterung einer schon vorhandenen Oeffnung" wird da, wo Löcher, Luken ꝛc. in den Mauern und sonstigen Einfriedigungen gewaltsam erweitert worden, keinen Zweifel hervorrufen. Es ist dabei gleichgiltig, ob die Oeffnung, welche vom Diebe erweitert wird, vom Eigenthümer absichtlich bewirkt oder ob sie zufällig entstanden ist, sei es auch, daß letternfalls eine Nachlässigkeit desselben mitwirkt.

Dessenungeachtet kann der Begriff „Oeffnung" Zweifel erregen, z. B. in dem Falle, daß der Dieb die zwar verschlossene, aber klaffende Thüre soweit abzwängt,[1] um sich durch den Spalt in das Gebäude einzubrängen. Nach seinem Eindringen geht die Thüre in ihre alte Lage zurück. Kann man hier von einer „Erweiterung der Oeffnung" sprechen? Es ist das Abstehen der Thüre von der Wand, welches der Dieb benutzt und gemißbraucht hat, kaum eine „Oeffnung" im Sinne des Gesetzes zu nennen. Ebenso fragt es sich, ob man das Abzwängen unter das „gewaltsame Hinwegräumen eines Verwahrungsmittels" stellen kann. Es liegt in dem „Hinwegräumen" ein mehr als vorübergehendes Beseitigen. Einzelne Gesetze sagen: „oder sonst eine Oeffnung macht." Momentan ist hier allerdings eine Oeffnung bewirkt worden.

Dies führt zu der Frage, ob die Oeffnung, bez. deren Erweiterung ꝛc. eine solche sein muß, daß sie bleibende Spuren hinterläßt. Meistentheils wird dies der Fall sein; bei jeder Erbrechung, Zerstörung. Allein zu dem Begriffe der Erweiterung und der Oeffnung, wie zu dem der Gewalt ist dies kein nothwendiges Requisit. Wir würden daher in dem Durchzwängen eine gewaltsame Eröffnung finden (die Bewirkung einer Oeffnung, — nicht die Benutzung oder Erweiterung einer vorhandenen Oeffnung).

---

1) Vgl. oben §. 4. S. 81.

Mit dieser Ausführung treten wir der Frage nahe, worauf erstreckt sich die Gewalt, mit welcher der Verschluß beseitigt wird? [1] Es ist nicht nothwendig, daß die Integrität des Behältnisses (im weitesten Sinne) durch die gewaltsame Beseitigung des Verschlusses beschädigt werde. Die Beseitigung kann in einer Weise erfolgen, daß jede Integrität völlig unberührt bleibt. Die Beseitigung des Verschlusses bietet den freien Zugang zu der verschlossen gewesenen Sache, gleichviel ob dieser Verschluß eine Thüre oder ein Behältniß ist. Das Abbrechen des Schlosses läßt möglicherweise die Thüre, wie das Behältniß unbeschädigt. Andererseits kann die Beseitigung in einer Weise erfolgen, welche die Integrität des Verschlußmittels selbst nicht berührt, z. B. das Durchschlagen eines Feldes in der verschlossenen Thüre, einer Seitenwand des verschlossenen Kastens (z. B. in einem Falle die Rückwand eines verschlossenen Kleiderschranks). Wird das Verschlußmittel unmittelbar beseitigt, so kann dies auf eine Weise erfolgen, welche, ohne Verletzung der Integrität, einfach die Cohärenz desselben mit dem verschlossenen Gegenstande löst, z. B. die Durchschneidung einer Naht, die Abnahme des Schloßes durch Auslockern und Ausziehen der Verbindungsnägel.

Man muß aber sagen, daß auch in den Fällen, in welchen das Verschlußmittel nicht unmittelbar berührt wird, es doch durch die Gewalt gegen das verschlossene Behältniß (z. B. Durchschlagen der Thüre) seine Wirksamkeit verliert. Die Thätigkeit des Diebes ist gegen den Verschluß der Sache gerichtet, und er beseitigt ihn durch die Gewalt gegen das Verschlußmittel oder gegen die, durch dasselbe verbundenen Gegenstände. Der Verschluß, die Sperre der Sache, ist das Hinderniß der Ergreifung derselben und die ordnungswidrige Beseitigung des Hindernisses ist das Qualificationsmoment. Das Verschlußmittel bildet mit den durch dasselbe verbundenen Gegenständen ein Ganzes, durch welches der Verschluß selbst hergestellt wird. Ob nun diese Beseitigung das Ganze oder nur einzelne Theile des Verschlusses hinweggeräumt, dies ist gleichgiltig. Ebenso auch, wenn

---

[1] Vgl. Goltdammer, Archiv 2c. Bd. IV. S, 347 f.

durch die Gewalt der freie Zugang zu dem Verschlußmittel und
dadurch die an sich ordnungsmäßige Oeffnung desselben ermöglicht
wird; z. B. das Durchschneiden einer verriegelten Thüre und
das Durchgreifen mit der Hand durch das eingeschnittene Loch,
um den Riegel aufzuziehen oder eine Schloßklammer auszuheben. [1]

§. 7.

(Aeußerer) Einbruch als Mittel des Zugangs zu der Sache; — diebische Absicht.

Der Einbruch erfolgt in ein Gebäude. Es wird nicht
vorausgesetzt, daß das Gebäude ein fremdes für den Dieb ist. [2]

Der Einbruch von Außen erfolgt in das Gebäude, aus
welchem die Sache gestohlen wird. Gleich steht zunächst der Fall,
wo nicht das Gebäude selbst erbrochen, sondern in die, das Gebäude umgebende und umschließende Einfriedigung eingebrochen
wird. [3]

Ebenso gehört hierher [4] auch der Einbruch in Gebäude, die
mit demjenigen Gebäude in innerer Durchgangsverbindung stehen,
aus welchem gestohlen wird. [5] Die Sicherheit eines jeder dieser
Gebäude ist aufgehoben, wenn in das andere Gebäude eingebrochen worden.

Der Einbruch muß bereits in diebischer Absicht erfolgt sein. [6]
Es kommt wohl vor, daß er nur behufs der Uebernachtung in
dem (leerstehenden) Gebäude (z. B. Gartengebäuden, Ställen,
Scheunen) erfolgte und der Dieb, am andern Morgen, durch den

---

1) Vgl. auch den Fall in Stenglein's Zeitschr. f. Gerichtspr. in
Bayern Bd. I. S. 12. Vgl. noch Kersting, S. 670.

2) Wegen des Mitbewohners vgl. oben S. 48.

3) Vgl. noch oben S. 35, 57 f.

4) Vgl. oben S. 63.

5) K. Bayer. G. B. Art. 278. Entw. v. Bremen. §. 404.

6) Vgl. noch den Fall im Archive f. Oldenb. Recht Bd. I. S. 168.
Entstehen Zweifel, so ist die Absicht besonders festzustellen. Goltdammer,
Archiv Bd. VII. S. 214.

Anblick der durch die Dunkelheit unsichtbar gewesenen Gegenstände und die gute Gelegenheit verführt, beim Verlassen der Schlafstätte Gegenstände mitnimmt. Hier ist der Diebstahl ein einfacher. So hat das O. A. G. zu Dresden mehrmals entschieden.[1]

Der Einbruch muß den Zweck gehabt haben, Zugang zu der zu stehlenden Sache zu erlangen. Es ist aber nicht nöthig, daß der Dieb bei dem Einbruche von Außen das Gebäude selbst betreten. Die Carolina setzte dies voraus, indem sie verlangte, daß der Dieb „in Jemands Haus einbricht." Schon oben (S. 71.) machten wir auf diese wesentliche Verschiedenheit aufmerksam. Das Erbrechen des Hauses, um aus demselben die Sache herauszulangen, genügt nach den jetzigen Gesetzbüchern.

Auch mit dieser Auffassung werden der Einbruch von Außen und der Einbruch im Innern auf denselben Gedanken zurückgeführt. Es ist die gewaltsame Aufhebung des Verschlusses einer beweglichen Sache. Nicht die Verwegenheit des Diebes, — nicht die Verletzung der häuslichen Sicherheit — nicht die etwaige Gefährdung der Person des Eigenthümers sind mehr maßgebend. Es ist nur die Beseitigung des Verschlusses, die entscheidend wirkt.

Einzelne Gesetzgebungen sehen in dem Einbruche, wenn der Dieb ihn als Mittel zum Eindringen in das Gebäude benützt und eindringt, eine erhöhte Qualification, — eine Auszeichnung zweiter Stufe.[2]

Aus dem Satze, daß der Einbruch den Zweck gehabt haben muß, Zugang zu der zu stehlenden Sache zu erlangen, folgt, daß die Qualification nicht vorhanden, wenn der Dieb die Erbrechung vornahm, um sich einen Ausgang zu verschaffen. Dies gilt namentlich in dem Falle, wenn der Gefangene ausbricht und dabei Sachen entwendet; das Erbrechen dient hier nicht als Mittel zum Diebstahle. Ohnedem ist der Verschluß in der Regel gegen den Gefangenen selbst, weniger zur Aufbewahrung

---

1) Vgl. noch Goltdammer, Archiv Bd. V. S. 698. Das Obertribunal zu Berlin erkennt jetzt im entgegengesetzten Sinne.
2) Württemb. S. B. Art. 324.

der Sachen angebracht, und die eigentliche Intention des Diebes auf seine Befreiung gerichtet.[1] Aehnlich ist der Fall, wo der Dieb sich einsperren läßt, Sachen entwendet und sie sodann z. B. unter Wegziehung des Nachtriegels an der Hausthüre, fortträgt. Der Verschluß ist hier durch List beseitigt. Davon aber auch abgesehen, war der Verschluß gegen das Eindringen von Außen gerichtet, während der Thäter sich im Innern befand; ihm gegenüber war der Verschluß nicht vorhanden.[2] Diese Thatsache ist unabhängig von der Berechtigung oder Nichtberechtigung des Diebes zum Verweilen im Gebäude. In gleichem Maße würde der Fall zu entscheiden sein, wenn der Dieb im offenen Hause stiehlt, von dem Verschlusse desselben überrascht wird, hierauf noch einige Sachen entwendet und nunmehr die Hausthüre in obiger Maße zu seinem Rückzuge öffnet.

Das O. A. G. zu Dresden ist in den Fällen anderer Meinung, in welchen der Dieb nach Ansichnahme der Sache die letztere aus dem Gebäude nicht anders, als durch Erbrechung desselben fortschaffen konnte. In einem Falle war der Dieb (in nicht qualificirender Weise) in ein verschlossenes Gehöfte gelangt, hatte daselbst aus einem Stalle ein Pferd herausgezogen und sodann, um mit ihm den Ausgang zu gewinnen, das Hofthor erbrochen. Der Zweck des Erbrechens war nicht ein bequemeres Fortschaffen der Sache, sondern es konnte der Diebstahl, bei der Natur des Gegenstandes, nicht ausgeführt und beendigt werden, ohne daß der Verschluß beseitigt wurde. Die Sache war, vor Wegräumung des Verschlusses, noch im Besitze und Dispositions-Kreise des Bestohlenen; die Ansichnahme der Sache gewährte dem Diebe noch keineswegs eine vollständige, freie Disposition über dieselbe; sie war gewissermaßen immer noch in einem, auch zu ihrer Sicherung bestimmten Verschlusse; die Handlung des Diebes selbst aber würde eine zwecklose gewesen sein, wenn er nicht zu-

---

1) Einige Unterschiede macht Kitka, in s. Abhandl. a. d. Strafr. ꝛc. S. 169 f.
2) Ueber diesen Fall nach Oesterr. Rechte. Vgl. Kitka, a. a. O. S. 174 f.

gleich die Intention gehabt hätte, die Sache sich auf diese Weise zu sichern. Das Erbrechen steht daher in einem nothwendi=gen Zusammenhange mit der Ansichnahme und bildet den Schluß=stein der letztern, ohne welche sie in Wahrheit nur einen Versuch enthält. Sämmtliche Handlungen des Diebes sind aber in ihrer Continuität, wie in ihrer Gesammtheit in's Auge zu fassen.[1]) Die Erbrechung ist hier Mittel zur Ausführung des Diebstahls.

Es ist nicht erforderlich, daß der Einbruch und der Dieb=stahl unmittelbar aufeinander folgen, dafern nur ersterer zum Zwecke des letzteren bewirkt wurde. Der Zwischenraum der Zeit und mit ihm der Mangel der Continuität wird durch die Einheit der, beide Acte als die getrennte Ausführung derselben That umfassenden Absicht ausgeglichen.[2]) Dieser Satz von der Ver=mittelung durch die Einheit der Absicht bei der getrennten Aus=führung ist ein allgemeiner.

Ebenso kann es vorkommen, daß der Einbruch in der Ab=sicht verübt wird, ihn zur Ausführung einer Mehrzahl, nach und nach zu verübenden Diebstähle zu benutzen. Hier wird jeder Diebstahl als ein ausgezeichneter, die Gesammtheit aber als ein fortgesetzter Diebstahl zu betrachten sein.[3])

§. 8.
Der Einbruch im Innern.

Der Einbruch im Innern kann ein zweifacher sein. Er be=seitigt entweder den im Innern des Hauses (oder des dazu ge=hörigen Raumes) durch Thüren, Wände rc. bewirkten Verschluß oder den Verschluß eines Behältnisses. Schließlich ist es daher auch in diesen Fällen der Verschluß, durch welchen der Zugang

---

1) Vgl. N. Jahrb. f. Sächs. Strafrecht Bd. VII. S. 98. Bd. IX. S. 238. Besondere Unterscheidungen macht noch Krug, a. a. O. S. 182.

2) Anderer Meinung ist das Obertribunal zu Berlin, Goltdammer, Archiv Bd. V. S. 698. Vgl. jedoch auch ebendas. Bd. V. S. 700.

3) Vgl. den Fall in d. N. Jahrb. f. Sächs. Strafrecht Bd. IX. S. 231.

zu einer Sache verhindert wird. Es können Mauern, Wände, Thüren ꝛc.; es können Kisten und Kästen sein, — durch jene, wie diese wird der Verschluß und mit ihm das Hinderniß des Zugangs oder Zutritts zur Sache, also der Ergreifung der Sache hergestellt. Sonach kann man auch das Haus, wie das Zimmer ein Behältniß nennen, in welchem die Sache sich befindet.

Der Einbruch im Innern hebt den daselbst befindlichen Verschluß einer Sache auf. In dieser Auffassung begreift er auch den Einbruch in bewegliche Behältnisse im Hause. Die Gesetzgebungen behandeln in derselben Position gleichfalls den Einbruch in Behältnisse, welche nicht in einem Hause sich befinden. Es fragt sich, ob es nicht besser sei, ihn als besondern Fall besonders hervorzuheben.

Dasjenige, was wir oben über den Einbruch von Außen vorgetragen haben, leidet auch auf den Einbruch im Innern Anwendung. Es kommt auch hier Alles auf die Frage an, ob die Sache eine verschlossene gewesen und ob der Verschluß durch Gewalt beseitigt worden ist.

Die Aufzählung der einzelnen Verschlußmittel als Wände, Thüren ꝛc. ist nur exemplicative erfolgt. Auffällig ist es hierbei, daß in den meisten Gesetzen zwar die Thüren, Wände, Ein- und Durchgänge ausdrücklich erwähnt werden, nicht auch die Fenster, obgleich diese bei dem Einbruche von Außen mit aufgeführt werden. Auch ist das Fenster im Innern nicht unbedingt als ein „Verwahrungsmittel" (im Innern) anzusehen; es wird dasselbe diesem Zwecke nur ausnahmsweise dienen. Jedenfalls gehört es nicht zu den „Ein- und Durchgängen," so wie man es nicht mit den „Wänden" identificiren kann. Es bezeugt auch Bopp in s. Ausg. des Hess. Strafgesetzbuches S. 171, daß man in der dasigen Spruchpraxis das Aufbrechen eines Fensters im Innern eines Hauses, z. B. wenn eine Küche oder Stube ein auf den Hausgang gehendes Fenster habe, nicht als Einbruch betrachtet habe.

Das Badische Gesetzbuch sagt §. 381 allgemein „— oder in einen andern geschlossenen Raum im Innern eines Gebäudes gewaltsam eingebrochen" und vermeidet die Specialitäten der übrigen

Gesetzbücher. Ebenso der Entwurf für Bremen, der „äußere und innere Verwahrungsmittel" erwähnt. Das Hannöv. Diebstahlsgesetz vom Jahre 1857 §. 6 zählt bei dem „Innern" „Wände, Thüren, Fenster, Luken oder ähnliche Vorrichtungen" auf. Das Württemb. Gesetzbuch spricht in Art. 330 Abs. 2. allgemein nur von „Eingängen und Durchgängen im Innern;" hierzu würde man, wie bemerkt, Fenster nicht zählen können. Der Code pénal spricht in Art. 396 von portes ou clausures du dedans. Jedes Verschlußmittel muß hierher gerechnet werden.

<h2 style="text-align:center">§. 9.</h2>

Erbrechen von Behältnissen „im Innern" des Gebäudes.

Wir haben nun den zweiten Fall des Einbruchs i m Innern näher zu betrachten. Als solcher wird es in, den meisten Gesetzen angesehen, wenn der Dieb im Innern des Gebäudes Schränke, Kisten oder andere Behältnisse („oder dergleichen" Württemb. G.) eröffnet. (K. Preuß. G.) Neben den „Behältnissen" werden „Bewahrungsmittel" (Entw. f. Bremen) erwähnt; auch werden die „Behältnisse" durch den Beisatz „ähnliche" (Großh. Hessen) sowie durch „welche zum Schutze gegen fremde Eingriffe bestimmt sind" (K. Sachsen) näher präcisirt. Ganz allgemein von „äußeren oder inneren Verwahrungsmitteln" spricht das Gesetzbuch für Bayern.

Wichtig ist der Unterschied, daß einzelne Gesetzgebungen (K. Sachsen, Württemberg, Großh. Hessen, K. Bayern) die Beschränkung „im Innern eines Gebäudes" nicht kennen, während andere Gesetzgebungen (z. B. Entw. v. Bremen) sogar ein „bewohntes Gebäude" voraussetzen.

Die Gefährdung der häuslichen Sicherheit wird auf der einen Seite betont, während andere Gesetze lediglich die gewaltsame Entfernung eines Verschlusses in das Auge fassen. Bei dem „Innern eines Gebäudes" ist der zu letzterem gehörige umschlossene Raum auch hier als Theil des Gebäudes zu betrachten, wogegen natürlich hier darauf nichts ankommt, ob das Gebäude selbst verschlossen gewesen.

Das Erbrechen im Freien befindlicher oder auch an der Außenseite eines Gebäudes angebrachter Behältnisse ist, nach den obigen Citaten, in einzelnen Gesetzen ausgezeichneter, in anderen aber einfacher Diebstahl.

Das Gesetzbuch von Baden §. 381 kennt das Erbrechen verschlossener Behältnisse, gegenüber dem Einbruche von Außen und im Innern des Gebäudes, nicht als besondern Qualificationsgrund, da es den Schwerpunkt in die Gefährdung der häuslichen Sicherheit setzt.

§. 10.

Begriff des „Behältniß."

Was ist ein Behältniß? Als Beispiele werden in den Gesetzen nur Schränke und Kisten aufgeführt; — jedoch meistens mit der Clausel „oder andere Behältnisse." Trotz der Allgemeinheit dieser Clausel läßt sich eine auf die besondere Bestimmung der Kisten und Schränke basirte beschränkende Erklärung der „Behältnisse" insoweit rechtfertigen, als durch sie die Annahme, daß auch hier das Wort „Behältniß" in seiner eigentlichen Bedeutung zu verstehen sei, unterstützt wird. Diese Bedeutung weist darauf hin, daß unter „Behältniß" ein Aufbewahrungsmittel begriffen wird.

Es dient hier eine Sache zur Aufbewahrung einer andern Sache, dergestalt, daß letztere in ersterer enthalten und von ihr von allen Seiten oder doch von der Seite, von wo der Mensch zu ihr gelangen kann, umgeben ist; id quod continet und id quod in eo continetur. Schon Grolmann[1]) hatte das Wort „Behaltung" in der C. C. C. mit „Aufbewahrungsgebäude" wiedergegeben. Keineswegs aber setzt der Begriff „Behältniß" eine Aufbewahrung zum Schutze gegen fremde Eingriffe voraus, wie dies z. B. im K. Sächs. Strafgesetzbuche ausdrücklich ausgesprochen ist („Behältnisse, welche zum Schutze gegen fremde Eingriffe bestimmt sind"). In der Regel wird beides zusammentreffen, aber

---

1) Bibl. b. peinl. R. W. Bd. I. St. II. S. 57.

7

nothwendig ist es nicht. Wir haben schon oben S. 22 f. darüber gesprochen.

Das Behältniß setzt ein opus manufactum voraus. Es reicht eine, durch die Natur geschaffene Umhüllung nicht hin. [1]

Im Begriffe des Behältnisses liegt an sich das Moment des Transportabeln nicht. Wohl aber ist diese Beziehung ziemlich nahe. Die Erbrechung eines nicht transportabeln Behältnisses, wie z. B. eines Stalles, wird entweder die Erbrechung eines Gebäudes von Außen oder die Erbrechung einer Thüre, Wand ꝛc. im Innern des Gebäudes enthalten.

Die Bedeutung des Worts ist eine sehr umfassende. Koffer, Cassetten, Kommoden, Pulte, Tische, Kästen gehören gleichfalls hierher; sie machen auch, gegenüber den Schränken und Kisten, auf das Prädicat „ähnlich“ Anspruch.

Der Käfig oder Bauer eines Thieres ist als Behältniß angesehen worden; z. B. ein Bienenkorb. (O. A. G. zu Dresden.[2])

Der Stoff des Behältnisses ist rechtlich gleichgiltig. [3] Ebenso macht es keinen Unterschied, daß das Behältniß dadurch gebildet wird, daß es sich von einer oder einigen Seiten an einen andern Gegenstand, z. B. die Hausmauer, anlehnt; z. B. ein Fischhälter, dessen eine Seite von der Ufermauer gebildet wird. Es ist daher auch die Festigkeit, wie die Tauglichkeit des Verschlusses gleichgiltig.

Wir werden unter Behältniß auch eine Verwahrung ver-stehen, die zwar nach Oben offen, aber doch von allen Seiten den Eingang abwehrt; z. B. die Vermachungen im Freien, in welchen Federvieh, insbesondere Gänse, eingeschlossen sind. Das Erbrechen der Planken ist als Qualificationsmoment angesehen worden.

Dagegen liegt ein verschlossenes Behältniß nicht vor, wenn der Inhalt desselben, ohne Beseitigung des, den Zugang hindern-den Qualitätsmoments, aus ihm herausgebracht werden kann. Dies ist angenommen worden, als der Dieb eine thönerne Spar-büchse (in welche durch eine Spalte das Geld gesteckt wird, durch

---

1) Vgl. oben S. 30.
2) Vgl. auch Goltdammer, Archiv, Bd. II. S. 123.
3) Vgl. noch v. Egidy, a. a. O. S. 115.

diesen aber auch wieder herausgeschüttelt oder herausgezogen wer=
den kann) zerschlagen und das Geld gestohlen hatte. [1] Ebenso,
als das, die Fensterscheibe ersetzende Papier (in Folge des
Regens) sich losgelöst hatte. [2]

Bei „Behältniß" wird in der Regel ein Verwahrungsmittel
verstanden, welches zu solcher Verwahrung ordnungsmässig be=
stimmt ist, wie solches in allen obigen Beispielen der Fall war.
Ist es auch ein Behältniß, wenn lediglich der Eigenthümer einen,
ausschließlich einer anderen Bestimmung dienenden Gegenstand
hierzu verwendet? Das Aufschneiden einer Weste, in welche der
Eigenthümer Goldstücke zur Sicherung eingenäht hat. Ist die
Weste wenigstens ein „Bewahrungsmittel," wie der Entwurf für
Bremen sich ausdrückt? — Es ist in der Preuß. Spruchpraxis [3]
der Fall vorgekommen, daß die Tasche eines Beinkleides, um das
Herausfallen des Geldes zu verhindern, zugenäht und die Naht
vom Diebe aufgetrennt worden war. Die Tasche dient dazu,
Gegenstände aufzubewahren; der Verschluß verhinderte den ge=
wöhnlichen Zugang und sicherte ebenso, wie vielleicht der Ver=
schluß der Nägel bei einer defecten Kiste. Die Auftrennung der
Naht ist eine Lösung des Verschlußmittels, und zwar eine gewalt=
same. Daß es zur Zerschneidung des Fadens keiner besonderen
Gewalt bedurfte, [4] steht nicht entgegen, da die Anwendung des
Messers jedenfalls einen Gewaltact in sich schließt, und z. B. auch
das Zerreißen des Fadens hierher zu rechnen sein würde. Es klingt
lächerlich, vom „Einbruche in eine zugenähte Hosentasche" zu
sprechen. Allein das Wort „Einbruch" ist gegenwärtig, wie be=
merkt, nicht mehr maßgebend. Es hat nur historische Bedeutung
und ist zugleich der Ausgangspunkt für die weitere Entwickelung
des „gewaltsamen Diebstahls." Ob das Behältniß dauernd zur

---

1) Vgl. N. Jahrb. f. Sächs. Strafrecht Bd. IV. S. 224.

2) Ebendas. Bd. IV. S. 868.

3) Goltdammer, Archiv Bd. X. S. 15 f. Vgl. auch Kitka, Abh. x.
S. 191.

4) Aus diesem Grunde wurde vom Obertribunale zu Berlin quali=
ficirter Diebstahl nicht angenommen.

7*

Aufbewahrung der Sache oder von Sachen überhaupt bestimmt ist, kann ebenfalls nicht entscheiden.

Was gilt von der Emballage?[1] Ist dieselbe ein Behältniß? Sie dient dazu, Beschädigungen bei dem Transporte ꝛc., so wie das Auseinanderfallen zu verhüten. Ohnedem dient sie nur einem vorübergehenden Zwecke. Allein der letztere Umstand, wie überhaupt das Motiv der Verwahrung entscheidet nicht. Dagegen kann man sagen, daß die Emballage deßhalb kein Behältniß sei, weil sie nur durch den Act der Umlegung zu einer bestimmten Form gebracht werden kann und nach der Wegnahme nicht ein Behältniß wird oder bleibt, sondern eben nur ein Stück Stoff, das wieder zu verschiedenen Zwecken verwendbar ist.[2] In einem Falle hatte ein Sack auf einem Schlitten gelegen und war an letztern mittels eines darüber gebreiteten Tuches und zwar auf die Weise befestigt gewesen, daß die an jeder der vier Ecken dieses Tuches befindlichen und an den Leisten des Schlittens angebundenen Stränge durch die Koppeln des Sacks durchgezogen waren; der Dieb hatte die Koppeln durchgeschnitten und den Sack dadurch vom Schlitten getrennt.[3] Man nahm ein „Behältniß“ und Qualification nicht an. In der Oesterr. Spruchpraxis nahm man dagegen Diebstahl an versperrtem Gute in einem Falle an, wo Waaren von einem Wagen gestohlen wurden, über welchen eine Leinwand gedeckt, diese aber durch einen Strick zusammengehalten und letzterer vom Diebe zerschnitten worden war.[4]

Ebenso cessirt der Begriff „Behältniß,“ wenn der Zugang zur Sache lediglich dadurch erschwert ist, daß sie von anderen

1) Der Code pénal spricht allgemein von ballots sous toile et corde.

2) Goltdammer, Archiv ꝛc. Bd. VII. S. 839. Vgl. dagegen v. Eglby a. a. O.

3) Vgl. N. Jahrb. f. Sächs. Strafrecht Bd. V. S. 484.

4) Oesterr. Ger. Ztg. Jahrg. IX. S. 170. Die Sächs. Spruchpraxis nahm in einem Falle, wo große Garnquantitäten in einem Hausraume lagerten und in einer von allen Seiten zugenähten Leinewandumhüllung sich befanden, verschlossenes Behältniß an.

Gegenständen umlegt oder zugedeckt ist. Der Dieb hatte in einem Falle mehrere Säcke zerschnitten, um rascher mit der Hand bis zu dem untersten Sacke herabgreifen und aus diesem einen Gegenstand entwenden zu können.

Ein Faß ist ein Behältniß, und zwar auch bei solchen Stoffen, die füglich nicht anders aufbewahrt und transportirt werden können. Das Anbohren desselben ist eine gewaltsame Eröffnung. [1]

Jedenfalls ist ein Behältniß in der einfachen Umschnürung einer Sache nicht zu finden, welche nur das Auseinanderfallen derselben verhüten soll; z. B. bei Tabak, Fellen rc. (So das O. A. G. zu Dresden.) Hier können die Stricke nicht als Behältniß gelten; das Aufschneiden der Stricke ist daher kein Qualificationsmoment.

Dagegen würden wir den Diebstahl für qualificirt halten, wenn die eingemauerte Sache aus der Mauer herausgerissen wird. Die Umfassung der Sache, welche hier durch die Mauer gebildet wird, ist jedenfalls ein „Be= oder Verwahrungsmittel"; — ist sie aber auch ein „Behältniß?" Der Mangel der Transportfähigkeit steht dem Begriffe: „Behältniß" zwar nicht entgegen. Dessenungeachtet wird man das Mauerloch nicht als „verschlossenes Behältniß" ansehen. Denn der Verschluß wird hier erst durch die Steine der Umfassung gebildet. Ebensowenig läßt sich in solchem Falle sagen, daß der Dieb eine Oeffnung gemacht oder eine solche erweitert habe. [2]

Aber der Fall ist mindestens als gewaltsame Beschädigung der Mauer unter die Einbrüche im Innern zu stellen und als solche zu qualificiren.

Es ist häufig darüber gestritten worden, ob ein (mit Federn gefülltes) Bett=Inlett als ein Behältniß anzusehen sei? Das Oberappellationsgericht zu Dresden [3] und das Obertribunal zu Berlin [4]

---

1) Goltdammer, Archiv rc. Bd. II. S. 555.
2) Vgl. noch den Fall in Goltdammer's Archive Bd. III. S. 843.
3) R. Jahrb. f. Sächs. Strafrecht Bd. III. S. 475.
4) Goltdammer, Archiv Bd. XI. S. 211.

haben die Frage verneint. Wir bejahen die Frage. Das Ober=
tribunal zu Berlin stützt die Verneinung darauf, daß der Zweck
des Inletts nicht auf die Aufbewahrung der Federn gehe, dasselbe
vielmehr mit den eingefüllten Federn ein Ganzes, eine zusammen=
gesetzte Sache bilde, bei welchem die Wegnahme der Federn nur
als die Wegnahme eines Theils derselben, nicht aber als die
Wegnahme einer Sache aus dem Behältnisse erscheine, in welchem
sie aufbewahrt werde. Allein ein Aufbewahrungsmittel für die
Federn ist auch das Inlett. Daß dasselbe zugleich und zwar
vorzugsweise auch noch einem andern Zwecke dient, steht dieser
Auffassung nicht entgegen. Ebensowenig kann das Moment ent=
scheiden, daß die Federn und das Inlett ein Ganzes bildeten.
Diese Ansicht ist thatsächlich unrichtig. Die Verbindung der
Federn und des Inletts hebt die Selbstständigkeit der ersteren wie
des letzteren nicht auf; — mit gleichem Rechte würde man jeden
Waarensack, jede Flasche Wein als ein solches Ganzes bezeichnen.
Daß die Federn und das Inlett in ihrer Verbindung einem be=
sondern Zwecke dienen, ist für unsere Frage gleichgiltig.

Bei einem Koffer hat der französische Cassationshof die
Qualification des Erbrechens nur dann angenommen, wenn durch
den Spruch der Jury ausdrücklich festgestellt ist, daß der Ver=
schluß durch ein Schloß oder ein Vorlegeschloß bewirkt gewesen. [1]

Die Frage, ob ein Brief für ein Behältniß anzusehen sei,
ist streitig. Man bezieht sich auf die Leichtigkeit, mit welcher der
Verschluß (das Siegel) ebensowohl als das Behältniß an sich
(das Papier) beseitigt werden kann. Hierdurch wird jedoch weder
der Begriff des Behältnisses, noch der der Gewalt ausgeschlossen. [2]
Man hat gesagt, daß das Siegel und nicht das Behältniß (das
Couvert) erbrochen werde. [3] Allein die Eröffnung des Verschluß=
mittels ist eben die Erbrechung des Behältnisses, — eine Ver=
letzung des letztern wird zum Thatbestande des Erbrechens nicht
erfordert. Daß die Versiegelung zunächst erfolgt, um das Heraus=

---

1) Vgl. Gerichtssaal Jahrg. XIII. S. 224.
2) Vgl. Kitka, Abhandl. a. d. Strafrechte ic. S. 193.
3) Krug, Commentar Bd. II. S. 181.

fallen des Geldes zu verhüten, ist zuzugeben. Allein wie sie auch dazu dienen soll, die Entwendung, insbes. die Unterschlagung mindestens zu erschweren, so ist überhaupt der Zweck des Verschlusses gleichgiltig.

Ist eine Sache an einen andern Gegenstand befestigt, so ist sie deshalb noch nicht verschlossen, — die Befestigung, das Umschließen ꝛc. ist ein Hinderniß der sofortigen Wegnahme, aber kein Verschluß. Der Gegenstand liegt offen und frei. Es ist daher das gewaltsame Losreißen oder Abbrechen ꝛc. einer Sache von ihrer Befestigung behufs der Entwendung der Sache selbst, z. B. eines angenagelten Kastens, eines Schloßes selbst, nicht Einbruch. Es wird hier weder eingebrochen, noch aufgebrochen, noch erbrochen, um dadurch zu der Sache zu gelangen und sie zu stehlen, sondern die Sache selbst wird abgebrochen. So ist z. B. die Entwendung des Schloßes die eines Verschlußmittels selbst, — nicht des, durch letzteres gesicherten Gegenstandes. In dem Abbrechen liegt hier bereits die Aneignung der Sache, — nicht erst das Mittel zu derselben; es ist ein vollendeter, nicht versuchter Diebstahl. Es ist dabei gleichgiltig, ob die abgebrochene Sache als ein Behältniß oder als ein anderer Gegenstand erscheint; z. B. das gewaltsame Losreißen einer Kette, mit welcher ein Schiff, ein Brunneneimer, ein Hund ꝛc. oder bei Verkaufsläden ein an der Außenseite desselben ausgestellter Gegenstand befestigt und angeschlossen ist.[1]) Ebenso z. B. das Abschneiden des Strickes, mit welchem ein Koffer an den Reisewagen befestigt ist. Der Strick kann ein Behältniß verschließen, — ist aber nicht selbst Behältniß.

§. 11.
Das Erbrechen des Behältnisses.

Die gewaltsame Beseitigung des Verschlusses ist nicht auf das Brechen oder Zerbrechen beschränkt. Die Gesetze sprechen von

---

1) Vgl. noch Herbst, Handb. Bd. I. S. 344. in Verb. mit Kitka, Abhandl. ꝛc. S. 196 f.

„gewaltsam hinwegräumt, beschädigt oder zerstört hat." Diese Worte umfassen jede gewaltsame Eröffnung, wenn man die allgemeinen „Verwahrungsmittel" „Bewahrungsmittel" (Bayern, Bremen) zu Hilfe nimmt, obschon man das Wort „hinwegräumt" auch auf eine vollständige und totale Beseitigung beschränken kann. Andere Gesetze repetiren hier die „gewaltsame Eröffnung" (Sachsen, Hessen, Württemberg), „gewaltsame Erbrechung" (Baden) oder verweisen direct durch „in vorstehender Weise" (Preußen, Hannover) auf die Bestimmungen über den Einbruch (von Außen). Diese Gleichstellung mit dem Einbruche rechtfertigt auch hier die Annahme jeder gewaltsamen Eröffnung als eines Qualificationsmoments. Das Losschlagen eines Schlosses von dem Koffer und das Ausziehen der Nägel aus dem Schlosse eines Schrankes ist daher ebenso hierher zu rechnen, wie das Auftrennen einer Naht, das Aufschneiden oder Zerreißen eines Strickes, das Zerbrechen eines Siegels, und das Losreißen des über das Schloß angelegten und angesiegelten Papierstreifens.

Der Begriff „Behältniß" wird ebensowenig als der der „Gewalt" dadurch ausgeschlossen, daß der Dieb den Verschluß auf eine nicht qualificirte Weise lösen konnte,[1] z. B. den zugebundenen Sack aufbinden und nicht ihn aufzuschneiden. Der Verschluß ist durch das Aufschneiden gelöst worden; diese Thatsache genügt hier ebenso wie bei dem Einbruche in das Gebäude der Umstand die Qualification nicht ausschließt, daß dasselbe an einer anderen Stelle einen offenen Zugang darbot.

§. 12.
Versuch des Diebstahls mit Einbrechen.

Ist der Dieb bei seinem Unternehmen nicht weiter, als bis zum Acte des Erbrechens (Einbrechen) gediehen, so liegt beendigter Versuch vor.[2] Zwar ist das Erbrechen kein Moment im

---

1) Dagegen Häberlin, Grundf. ꝛc. Bd. IV. S. 74.
2) Bgl. Zachariä in Goltdammer's Archive Bd. V. S. 379. Zeitschr. f. Gesetzg. in Bayern Bd. I S. 462, Bgl. Osenbrüggen, Abhandl.

Begriffe des Diebstahls überhaupt und es wird nicht mit ihm
die Aneignung der Sache selbst begonnen. Allein es steht das
Erbrechen in unmittelbarer Beziehung zur Entwendung und ist
daher als Anfang der Ausführung auch des Diebstahls anzusehen.
Diese Beziehung wird durch die, das gesammte factum beherr=
schende diebische Absicht gebildet, welche in dem (auch andere Ab=
sicht zulassenden) Einbrechen an sich zwar nicht erkennbar,[1]
dessenungeachtet durch Geständniß und jede andere zulässige Art
nachgewiesen werden kann. Es ist das Einbrechen, wie das Ein=
steigen bereits ein Theil der verbrecherischen Handlung;[2] sonach
keine bloße Vorbereitungshandlung. Die Entscheidung in fr. 21.
§. 7 de furtis paßt nur auf das Römische Privatdelict.

Ob aber das Einbrechen rc. als beendigter oder nur als
unbeendigter Versuch zu betrachten? Es wird zumeist das Erstere
angenommen.[3] Wird jedoch der beendigte Versuch davon abhän=
gig gemacht, daß der Dieb Alles das gethan habe, was er zur
Vollendung des Verbrechens für nöthig hielt, so ist von selbst der
Begriff des beendigten Versuchs hier ausgeschlossen.[4]

Eine besondere Strafe für das diebische Einsteigen rc. als
Versuch bestimmt unter Andern das Gesetzbuch von Hannover
Art. 302.[5]

Das K. Sächs. Gesetzbuch bestimmt in Art. 279, daß der
Versuch für beendigt zu achten,[6] wenn diejenigen Handlungen,

---

S. 75. — Ueber die Ansicht Cropp's (comm. de praec. circa cona-
tum etc.), daß im Römischen Rechte das Verbrechen der effractores nur
im Conat beruhe und als Injurie zu bestrafen sei; vgl. Luden, v. Versuche
S. 193. Rein, d. Crim. Recht der Römer rc. S. 320.

[1] Aus diesem Grunde nimmt die franz. Praxis hier Versuch nicht
an; vgl. Archiv f. d. Crim. Recht. 1855, S. 436.

[2] v. Seckendorff, über den Versuch des ausgez. Diebstahls, im N.
Archive d. Crim. Rechts Bd. II. S. 351.

[3] Vgl. die angez. Rechtslehrer u. Wächter. Lehrb. rc. §. 192. not. 78 o.

[4] Osenbrüggen, a. a. O.

[5] Bothmer, Erörterungen I. S. 139.

[6] Krug, Commentar, Bd. II. S. 187. Siebdrat, Commentar,
S. 232.

welche den Diebstahl zu einem ausgezeichneten machen, vorgenommen worden sind. In der Praxis ist mit Hinblick auf die Begriffsbestimmung des beendigten Versuchs in Art. 40 („sobald der Verbrecher Alles gethan hat, was er zu thun für nöthig hielt, um die von ihm beabsichtigte Rechtsverletzung herbeizuführen") der Zweifel entstanden, ob, wenn in dem einzelnen Falle mehrere Qualificationshandlungen (z. B. Einbrechen u n d Einsteigen) zur Ausführung des Diebstahls erforderlich gewesen sein würden, schon die erste derselben (nach welcher z. B. der Dieb ertappt wird) zur Annahme des beendigten Versuchs hinreiche. Das O. A. G. zu Dresden hat die Frage verneint.

Der Thatbestand des b e e n d i g t e n Versuchs ist dagegen ausgeschlossen und nur u n b e e n d i g t e r Versuch anzunehmen, wenn der Dieb das Einbrechen zwar in der Absicht vornahm, um den Diebstahl dadurch vorzubereiten, jedoch nicht, um ihn in unmittelbarer Aufeinanderfolge auszuführen. Er verschiebt hier die Ausführung selbst bis auf gelegene Zeit und bricht die Handlung dadurch ab. Kommt es später zu der beabsichtigten Ausführung, so liegt qualificirter Diebstahl vor, — kommt es nicht zu ihr, so ist es bei dem unbedingten Versuche geblieben.[1]

§. 13.
Vollendung des Diebstahls. — Erbrechen des Behältnisses außerhalb des Diebstahlsortes.

Die Vollendung des Diebstahls liegt auch hier in der Aneignung der Sache.[2] Wird die Sache mit dem Behältnisse weggenommen und letzteres erst entfernt vom Diebstahlsorte erbrochen,

---

[1] Dagegen sieht das O. A. G. zu München (Zeitschr. 2c. f. Bayern Bd. II. S. 33 f.) in dem Einbrechen schon an sich den beendigten Versuch, weil es bereits einen Theil der Haupthandlung bilde, indem letztere bei dem ausgezeichneten Diebstahle nicht blos in dem Acte der Entwendung, sondern auch in der, ihr vorausgehenden Qualificationshandlung bestehe und mit dem Beginne der Haupthandlung der Versuch beendigt sei.

[2] Martin, Lehrb. §. 154. Kitka, Abhandl. a. d. Strafr. S. 159 f.

so wird die spätere Erbrechung für einflußlos und der Diebstahl für
einen einfachen erklärt. Auch kann das Aufbrechen eines Behält:
nisses an Ort und Stelle als Beweis für die größere Verwegen:
heit des Diebes, welche in dem längern Verweilen am Diebstahls:
orte und in der Gefahr der Entdeckung durch das Geräusch der
Erbrechung liegt, erachtet werden. Jedenfalls ist in dem eingangs:
gedachten Falle die spätere Erbrechung ꝛc. nicht das Mittel zur
Ausführung des Diebstahls selbst, nachdem der Dieb das Be:
hältniß mit der Sache fortgeschafft hatte.

Das O. A. G. zu Dresden hat dagegen unterschieden, je
nachdem die Absicht des Diebes gleich von Anfang an auf An:
eignung eines Gegenstandes, den er nur durch Erbrechung eines
Behältnisses erlangen konnte, oder aber nur auf (oder wenigstens
mit[1]) auf) die Aneignung des Behältnisses gerichtet gewesen.
Im ersten Falle müsse man die Continuität der Handlungen bis
zur Erbrechung ins Auge fassen und berücksichtigen, daß erst mit
der letztern und der dadurch ermöglichten Ansichnahme des Inhalts
das Verbrechen vollendet worden, erst durch diesen, der verbreche:
rischen Willensrichtung entsprechenden Act das Vorhaben des
Thäters vollständig zum Abschlusse gediehen sei.[2]) Auf ähnlichen
Grundsätzen beruht die (vom O. A. G. zu Dresden constant
festgehaltene) Annahme, daß die rechtswidrige Eröffnung eines
anvertrauten verschlossenen Behältnisses behufs der Aneignung
der in ihm enthaltenen Gegenstände Unterschlagung und nicht Dieb:
stahl sei.[3]) Es wird hierbei allerdings von den Vertretern dieser
Meinung darauf mit Werth gelegt, daß das Gesetz den Ausdruck
„ausführt" (Diebstahl „mit Gewalt — ausführt") gebraucht,
unter welchem man ein Mehreres als den Act der Aneignung
und die in ihm ruhende Vollendung begreifen müsse.

Diese Ansicht ist jedenfalls soweit richtig, als in den Fällen,
wo die Absicht ausschließlich auf Aneignung des Behältnisses

---

1) Krug, a. a. O. S. 183. In gleicher Maße spricht sich Herbst
S. 345 und Weeber, a. a. O. S. 363 aus.

2) Sächf. Ger. Ztg. Bd. II. S. 137. Bd. V. S. 357.

3) Sächf. Ger. Ztg. Bd. IV. S. 352. Bd. V. S. 78 f.

gerichtet ist, die etwaige Eröffnung ein unerhebliches Moment ist, sie nicht als das Mittel zur Ausführung des Diebstahls sich darstellt und außer Beziehung zu der Aneignung der Sache (des Behältnisses) steht. Ist dagegen die Absicht auf die Aneignung des Inhalts des Behältnisses gerichtet, so wird mit jener Ansicht das Moment der Consummation auf einen, dem Diebstahlsacte fremden Zeitpunkt hinausgeschoben. Die Entwendung des Behältnisses macht vielmehr den Dieb auch zum Herrn über den Inhalt; — das mechanische Hinderniß der Ansichnahme des Inhalts, welches in dem Verschlusse des Behältnisses liegt, entzieht ihm noch nicht diese Herrschaft, — er ist mit der Ansichnahme und Fortschaffung des Behältnisses in völlig sichern und unbeschränkten Besitz auch des Inhalts selbst gelangt. Die nachträgliche Auflösung des Verschlusses kann auf die bereits erfolgte Vollendung nicht zurückbezogen werden; die Erbrechung ist nicht mehr das Mittel, den Diebstahl selbst zu verüben.[1] Auf fr. 22. D. de furtis kann man sich dagegen, selbst nach Römischen Rechte, nicht berufen; es wird hier eine andere Frage verhandelt.[2]

Wir nehmen daher in beiden Fällen einfachen Diebstahl an,[3] und zwar selbst dann, wenn der Dieb, nachdem er die Kiste fortgetragen und geöffnet hatte, unter den in ihr befindlichen Sachen eine Auswahl trifft und einige derselben liegen läßt. Es würde hierin nur ein Wiederabgehen des Diebes von seiner diebischen Absicht betreff der liegen gelassenen Sachen und daher das Moment der thätigen Reue (des freiwilligen Ersatzes) zu finden sein.[4] Dies ist auch in fr. 21. §. 8. de furtis ausgesprochen.

---

1) Hiermit stimmen insbes. d. Anmerkungen z. Bayer. Gesetzbuche (1813) Bd. II. S. 129 überein.

2) Es ist hier der Fall, wo der Dieb einzelne Sachen sich aussucht. Vgl. hierüber noch Wächter, über Consummation des Diebstahls ꝛc. N. Archiv d. Crim.R. 1840. S. 166 f. und Klien, Revision ꝛc. S. 254 f.

3) Vgl. auch d. Entscheidung des O. A. G. zu Jena in d. Bl. f. Rechtspflege in Thüringen ꝛc. 1861. S. 339.

4) v. Wächter, a. a. O. S. 193. Klien, S. 256 f.

Eine Ausnahme könnte in dem Falle in Frage kommen, wenn der Dieb das Kästchen ergriff und entwendete, nicht um dasselbe oder den gesammten Inhalt oder eine Sache, die ihm bei der Durchsuchung gefallen werde, sondern um aus dem Kästchen eine bestimmte Sache zu entwenden, welche, wie ihm bekannt war, in dem Kästchen aufbewahrt werde. Hier könnte man sagen, daß die diebische Absicht nur auf die bestimmte Sache ge=gangen und daher die Entwendung derselben nur erst mit ihrer Ergreifung vollendet sei.[1]) Allein indem der Dieb das Kästchen selbst ergriff, ergriff er auch den Inhalt desselben. Oder will man sagen, daß der Dieb, welcher ein Faß Wein stiehlt, den Inhalt erst mit jedem Glase, das er abzieht, sich angeeignet habe?[2]) Es entscheidet bei der vorliegenden Frage lediglich der Zeitpunkt, wo die Aneignung und mit ihr die Consummation erfolgt war; keineswegs gehört zu jener das unmittelbare An= und Ergreifen der Sache; außerdem würde das Forttragen einer Sache in einem offenen Behältnisse keine vollendete Entwendung derselben enthalten.

Wenn daher A den verschlossenen Koffer in seine Wohnung trägt und ihn daselbst mit Hilfe des B eröffnet, so wird man nicht sagen, daß B an einem ausgezeichneten, zur Zeit seiner Hilfeleistung noch nicht vollendeten Diebstahl Theil genommen habe, und hiernach auch B's Strafe nicht bestimmen.[3])

Der Code pénal Art. 396 straft auch den Diebstahl an verschlossenen Kästen ꝛc. mit Inhalt als ausgezeichnet, obgleich das Erbrechen nicht auf der Stelle erfolgt ist. Ebenso das K. Bayer. G. B. Art. 279: „Dem Einbruche steht gleich, wenn der Dieb verschlossene Kisten oder andere verschlossene Behältnisse mit ihrem ganzen Inhalte weggenommen hat." Bemerkt wurde dabei schon in den Verhandlungen, daß es sonderbar sein werde, wenn künftig der Thatbestand des Einbruchs blos deshalb werde angenommen

---

1) Vgl. Klien, a. a. O. Wächter, a. a. O. Vgl. noch den Fall bei Kitka, a. a. O. S. 167.

2) Vgl. noch fr. 21. pr. D. de furt.

3) Vgl. auch den Fall in Hitzig's Zeitschr. ꝛc. Bd. XVIII. S. 37 0.

werben, weil unter ben verschiedenen Effecten, die der Dieb aus einem Hause mit sich fortgenommen hat, zufälligerweise auch eine kleine versperrte Chatulle, ein verschlossener Reisesack, eine Spar=büchse und dergl. sich befunden.

Eine Mittelmeinung stellt das Gesetzbuch von Württemberg Art. 330 auf, indem es erklärt, es bilde die gewaltsame Er=öffnung von Behältnissen nur dann eine Auszeichnung, wenn die Entwendung der verschlossenen Behältnisse selbst für den Dieb nicht thunlich oder wenigstens mit Schwierigkeiten verknüpft ge=wesen. Diese Bestimmung ist nicht zu billigen; sie wird im ein=zelnen Falle badurch zu Unsicherheiten führen, daß der Richter zu ermessen hat, ob die Entwendung selbst für den Dieb thunlich x. gewesen oder nicht. Es kann die Frage sogar bei demselben, von mehreren Personen verübten Diebstahle nach der Individualität der letztern zu verschiedenen Beantwortungen führen.[1])

Wird aber die Entwendung eines verschlossenen Be=hältnisses als qualificirt geahndet, so kann es auch keinen Unter=schied machen, wie später der Dieb das Behältniß eröffnet hat. Keineswegs ist die Qualification auf das Erbrechen beschränkt. Auch die Eröffnung mit Nachschlüsseln x. gehört hierher. Ohne=dem ist die Consummation mit der Wegnahme des Behältnisses erfolgt; — Zeit und Ort der späteren Eröffnung sind gleich=giltig. Der Begriff und die Qualification der Erbrechung kom=men daher nicht weiter in Betracht.

---

1) Häberlin, Grundf. x. Bd. IV. S. 74.

Dritter Abschnitt.

Der Diebstahl durch Einsteigen (furtum audax.)

§. 1.

Allgemeine Grundsätze.

Als zweiter Fall des gefährlichen und daher qualificirten Eindringens in Gebäude wird von der Carolina das Einsteigen behandelt; [1] „inn sein behausung oder behaltung bricht oder steigt" „der diebstall darzu, als obsteht, gebrochen oder gestiegen wirdt." [2] Auch hier tritt uns wieder das Wort „Behaltung" entgegen, obschon es hier weniger zweifelhaft ist und jedenfalls ein Gebäude oder einen zu solchem gehörigen Raum bezeichnet. [3]

Das „Einsteigen in das Gebäude (Wohngebäude)" ist das, die Qualification erschöpfende Moment. Die Criminalisten haben eine große Zahl Beschränkungen beigefügt, namentlich, weil sie die Gefährdung der häuslichen Sicherheit als das maßgebende Kriterium und zu dessen Erfüllung verschiedene Voraussetzungen des Einsteigens, in denen eine besondere Gefährlichkeit des Diebes sich kundgebe, aufstellten. [4]

Es gilt vielmehr nach der einfachen und allgemeinen Bestimmung der Carolina auch das Einsteigen bei Tage, — ohne jedes Hilfsmittel, als z. B. Leitern rc., — von Oben nach Unten, wie von Unten nach Oben, — in unbewohnte Gebäude als Einsteigen in Gebäude und daher als Qualificationsmoment. [5]

Ebenso gewiß ist es, daß das Aufsteigen am Gebäude, ohne in dasselbe einzusteigen, — das Aussteigen nach dem Dieb-

---

1) Klien, L. v. Diebstahle S. 416. Wächter, in Weiste's Rechtslex. Bd. III. S. 412. Köstlin, Abhandl. rc. S. 282.
2) Vgl. bes. Hammer, Crim. Archiv 1845. S. 614 f.
3) Hammer, a. a. O. in Verb. mit Geib, Crim. Archiv 1847. S. 362 f.
4) Vgl. hier Tittmann, Handb. rc. §. 473.
5) Wächter u. Hammer, a. a. O.

stahle[1]) sei es zur Sicherung der Flucht, oder aus irgend einem andern Grunde[2]) — und insbesondere an sich das Auf= und Absteigen im Gebäude selbst den Diebstahl nicht qualificiren.

Das Aufsteigen (behufs des Einsteigens) kann am Gebäude selbst oder auch an benachbarten Gegenständen erfolgen, z. B. durch Erklettern eines am Hause stehenden Baumes, um von diesem aus in das Haus über= und einzusteigen. Ein Aufsteigen ohne Einsteigen qualificirt nicht; z. B. wenn der Dieb zwar aufgestiegen, jedoch außerhalb des Gebäudes verbleibt und aus dem offenen Fenster einen Gegenstand herauslangt. Ein Aufsteigen ist zum Einsteigen nicht nöthig; auch das Einsteigen von ebener Erde aus in das Parterre des Hauses oder vom Dache des benachbarten Hauses durch das Dachfenster auf den Hausboden qualificirt.

Das Einsteigen ist ein Steigen in das Haus. Das Hinüberbeugen und Hineinlangen in das Gebäude ist kein Steigen in dasselbe.[3]) Dagegen reicht es aus, wenn der Dieb mit **einem** Beine einsteigt, nicht auch mit beiden Beinen; auch im erstern Falle ist er eingestiegen.

Der Diebstahl muß in dem Gebäude begangen sein, in das eingestiegen worden. Diesem Falle steht es gleich, wenn der Dieb in den, zum Gebäude gehörigen geschlossenen Hofraum eingestiegen ist und entweder in letzterm **oder** in ersterem gestohlen hat, oder wenn der Dieb zwar in ein anderes Gebäude eingestiegen ist, dieses aber mit dem Hause, aus welchem gestohlen worden, in innerer Durchgangsverbindung steht (vgl. oben S. 63.)

§. 2.
Die Bestimmungen der neuen Gesetzbücher.

Die neuen Gesetze sind im Allgemeinen diesen Sätzen treu geblieben. Das K. Sächs. Gesetzbuch bezeichnet den Fall in

---

1) Meister, prakt. Bemerk. II. Thl. S. 192. Nr. 7. Martin, Lehrb. ec. §. 154. Nr. 7.

2) Vgl. jedoch oben Abschnitt II. §. 7. S. 91.

3) Vgl. jedoch Häberlin, Grundf. ec. Bb. IV. S. 80.

Art. 278 einfach: „wenn der Dieb, um zu stehlen, in ein Ge=
bäude eingestiegen ist," ohne Unterschied, zu welcher Tageszeit ꝛc.
und ob in bewohnte oder unbewohnte Gebäude. Das Gesetzbuch
von Hessen (Art. 366) qualificirt den Diebstahl, der „mittels
Einsteigens in bewohnte Gebäude von Außen" verübt wor=
den; das Württemb. Gesetzbuch sowohl den Diebstahl, der „mittels
bloßen Aufsteigens an bewohnten Gebäuden" als auch und zwar
im höhern Grade, der „mittels Einsteigens in bewohnte Gebäude"
verübt worden (Art. 323 f.). Aehnlich Nassau Art. 357. 359.
„Einsteigen in Gebäude" noch die Gesetzbücher von Preußen
§. 218., Hannover §. 6.

„Einsteigen in bewohnte Gebäude" Neues Gesetzbuch
von Bayern Art. 274. (Ebenso Bayer. Diebstahlsnovelle Art.
VI. [1]) Entw. f. Bremen §. 399. Gesetzbuch von Baden §. 381.
„Nächtliches Einsteigen" erfordern die Gesetzbücher von Altenburg
Art. 230 und von Thüringen Art. 221. (früher auch das Gesetz=
buch v. K. Sachsen.)

Definitionen des Einsteigens geben die Gesetzbücher von
Preußen, Bayern, Hessen, Nassau und Entw. v. Bremen. Im
Gesetzbuche von Württemberg ist bemerkt, daß es keinen Unter=
schied mache, ob der Dieb in das Gebäude selbst und den dazu
gehörigen Hofraum, in irgend einer Richtung, mit oder ohne
Vorrichtungen gestiegen ist. Das Gesetzbuch von Preußen bestimmt
in §. 222: „Einsteigen ist vorhanden, wenn der Eintritt in Ge=
bäude oder umschlossene Räume über Dachwerk, Thüren, Mauern,
Hecken oder andere Einfriedigungen, oder durch Fenster, Keller=
löcher oder andere, nicht zum Eingange bestimmte, unter oder über
der Erde befindliche Oeffnungen bewirkt wird." (Ziemlich gleich=
lautend Entw. f. Bremen §. 406). Gesetzbuch von Hessen Art.
369 spricht von „über Mauern, Thüren, Dachwerk oder jede
andere Einfriedigung" und fügt den bemerkenswerthen Zusatz bei:
„Das Eintreten oder Einschlüpfen durch eine unter oder über der
Erde befindliche Oeffnung, die nicht angebracht worden ist, um

---

1) Nach dieser Novelle wurde das Einsteigen in unbewohnte Gebäude
nur als Erschwerungsgrund behandelt.

114

zum Eingange zu dienen, wird als Einsteigen angesehen." Den=
selben Zusatz enthält Gesetzbuch v. Nassau Art. 362, welches im
Uebrigen „Häuser oder andere Gebäude oder umschlossene Hof=
räume" aufführt. Das (neue) Gesetzbuch von Bayern spricht in
Art. 280 von „Eindringen über Dächer, Mauern oder andere
Umfriedungen, oder durch Fenster, Kellerlöcher oder andere zum
Eingange nicht bestimmte Oeffnung."

Interessant ist noch der Zusatz im Gesetzbuche von Baden
§. 381. „— eingestiegen ist, daß er im Falle der Betretung nicht
leicht wieder entfliehen konnte." Ohne dieses Qualificationsmoment
ist der Diebstahl mittels Einsteigens nur ein erschwerter. (§. 385.
11.) Es ist hier die Auffassung der gemeinrechtlichen Praxis be=
stätigt worden.

§. 3.

Gebäude — Wohngebäude — Miethwohnungen.

Das Einsteigen in Gebäude ist qualificirt. Nach den=
jenigen Gesetzgebungen, welche bewohnte Gebäude erfordern, ist es
dessenungeachtet gleichgiltig, ob das Gebäude nur zeitweilig oder
regelmäßig bewohnt wird und ob, zur Zeit des Diebstahls, Be=
wohner in demselben gewesen. (So Gesetzbuch von Bayern Art.
277.) Jedenfalls ist es gleichgiltig, ob die Räumlichkeit des Hau=
ses, in welche eingestiegen oder aus welcher gestohlen wird, be=
wohnt gewesen oder nicht. Dagegen fragt sich, ob es nicht rich=
tiger wäre, dem Diebe die Einwendung nachzulassen, daß er ge=
wußt habe, daß das Haus zur Zeit des Diebstahls von den Be=
wohnern verlassen gewesen.[1] Denn die ratio legis liegt bei die=
sen Gesetzgebungen, welche bewohnte Gebäude voraussetzen nicht
in der objectiven Erschwerung, indem der Dieb aus einem Hause
heraus sich Gegenstände aneignet, also eine größere Beharrlichkeit
in Ueberwindung localer Schwierigkeiten zeigt, sondern in der
Gefährdung der Bewohner und der hierin liegenden größeren Ver=
wegenheit des Diebes.

---

[1] S. oben S. 47.

Die Beschränkung auf Wohngebäude ist jedoch nicht zu rechtfertigen. Schon die Carolina steht ihr entgegen.[1] Sie beruht in der irrigen Ansicht, daß die Gefährdung der persönlichen Sicherheit vorausgesetzt werde. Stall= und Scheunen= Gebäude 2c., Land= und Lusthäuser, ferner Theater, Museen und ähnliche unbewohnte Gebäude bergen oft bedeutende Werthgegen= stände. Der Eigenthümer hält ihre Sicherheit durch Mauer und Schloß völlig gewahrt; — es ist daher diesen Gebäuden der gleiche Schutz, wie den bewohnten, einzuräumen.

Es wird als Regel ein fremdes Gebäude vorausgesetzt. Das vermiethete Gebäude ist für den Vermiether, welcher in die Wohnung des Miethers einsteigt, ein fremdes. Wenn der Mit= eigenthümer in das gemeinschaftliche Gebäude einsteigt, um da= selbst Sachen seines Miteigenthümers zu stehlen, z. B. um durch die Spuren dieses Eindringens den Verdacht von sich abzulenken, so betritt er das Gebäude nicht auf dem ihm als Eigenthümer zustehenden Wege und durch die ihm hierzu zustehenden Mittel; er macht sich vielmehr zum Extraneus gegenüber dem Bestohlenen bezüglich dieses Diebstahls.[2] Das Motiv der Qualification trifft ihn ebensogut wie jeden Extraneus; — es ist die ordnungs= widrige Beseitigung des Verschlusses und der Sicherheit der Sachen. Daß der Dieb auch auf andere, nicht qualificirende Weise in das Gebäude gelangen konnte, ist auch hier gleichgiltig.[3]

---

1) Vgl. auch b. Kurhess. Spruchpraxis Heuser, Entsch. Bd. IV. S. 289. Kersting, Strafrecht in Kurhessen 2c. S. 670. Andrer Meinung ist Mittermaier zu Feuerbach's Lehrb. §. 336. Not. I.

2) S. oben S. 48. 91. In entgegengesetzter Maße hat das Obertribunal zu Stuttgart entschieden. Vgl. Sarwey, Monatsschrift 2c. Bd. VIII. S. 62.

3) S. oben S. 56.

§. 4.

Aufsteigen — Einsteigen von Außen — Steigen im Innern.

Das Aufsteigen am Gebäude qualificirt — nach den meisten Gesetzgebungen — nicht.[1]) Es ist diese Festhaltung an der gemeinrechtlichen Ansicht als eine Inconsequenz, gegenüber der Behandlung des Diebstahls mittels Brechens, zu bezeichnen. Derjenige, welcher das Haus erbricht, ohne einzudringen, — und derjenige, welcher am Hause aufsteigt, ohne einzutreten, stehen wohl ziemlich gleich. Die oberen Räume, welche nur durch das Aufsteigen am Hause zugänglich sind, sind durch ihre Höhe ebenso gesichert, als die übrigen durch den Verschluß. Niemand trägt Bedenken, das Fenster einer obern Etage offen stehen zu lassen. Das Aufsteigen und das Erbrechen, — in beiden liegt die Ueberwindung besonderer räumlicher, die Gegenstände schützender und verwahrender Hindernisse. Sowie bei dem Erbrechen ein Einbringen in das Gebäude zur Qualification nicht verlangt wird, so sollte es auch bei dem Steigen nicht verlangt werden.[2])

Auch die Verwegenheit des Diebes wird meistens bei dem Aufsteigen nicht geringer sein, als die bei dem Erbrechen. Ohnedem wird ersteres häufig den Dieb in eine größere Gefahr für seine Person versetzen, als letzteres.

Das K. Württemb. Gesetzbuch hält die Fälle des „Einbrechens in bewohnte Gebäude, ohne einzudringen" und „mittels bloßen Aufsteigens an solchen" in Art. 323. 4. gleich.

Diesen Fällen gegenüber steht der Fall, wenn mittels Aufsteigens, nicht aus dem Innern eines (bewohnten) Gebäudes, sondern etwas an demselben von Außen Aufgehängtes oder Aufgestelltes entwendet wird. Selbst die Gesetzbücher, welche das Aufsteigen und Stehlen aus dem Hause hervorheben, sehen in diesem Falle weder einen Qualifications= noch Erschwerungsgrund.[3])

---

1) Vgl. auch Bl. f. Rechtsanw. in Bayern Bd. III. S. 94. 347.
2) S. oben S. 112.
3) Vgl. Cucumus, Commentar Bd. III. S. 344.

Das Einsteigen ist das Eindringen in ein Gebäude mittels Steigens in dasselbe. Es kann von oben nach unten, wie von unten nach oben erfolgen. Auch das Einsteigen in den Keller, um in diesen hinabzusteigen, gehört hierher.

Als Regel ist anzunehmen, daß das Einsteigen, wenn es in das Gebäude von Außen erfolgt, qualificirt, — nicht aber das Auf- und Absteigen des im Hause Befindlichen im Innern, in einzelne Abtheilungen des Hauses. Die Gesetzbücher von Württemberg, Hessen, sprechen vom Einsteigen „von Außen" in Gebäude. Andere Gesetzbücher, z. B. von Sachsen, Preußen,[1]) Baden sprechen nur vom Einsteigen „in Gebäude und umschlossene Räume" (von „Zimmern" überdies noch Baden). In einem Falle war der Mitbewohner des Hauses vom innern Hofe des Hauses aus auf einer Leiter in den, am Hofe hinlaufenden offenen Corridor der ersten Etage des Hauses eingestiegen und hatte in letzterer gestohlen.[2]) Das O. A. G. zu Dresden nahm ausgezeichneten Diebstahl an. Man darf wohl sagen, daß hier ein Einsteigen in das Gebäude stattfand. In den Fällen, in denen das Gebäude mehrere, selbstständige und gegenseitig abgeschlossene Wohnungen enthält, können letztere, dem einzelnen Miethbewohner gegenüber, als fremde Gebäudetheile betrachtet werden. Insbesondere leidet die ratio legis auf solchen Dieb volle Anwendung.

Ebenso ist der Diebstahl qualificirt, wenn der Dieb, welcher in dem einen Hause wohnt, in ein anderes, in demselben Hofe liegendes Gebäude einsteigt und daselbst stiehlt; so in einem Falle, als der Knecht, welcher im Stallgebäude seine Schlafstätte hatte, in das Wohnhaus, das in dem offenen Gutshofe stand, eingestiegen war. (O. A. G. zu Dresden.)

---

1) Vgl. noch Oppenhoff, Rechtsprechung ꝛc. Bd. II. S. 516.
2) Vgl. auch die Fälle in Hohnhorst, Jahrb. d. O. A. G. zu Mannheim, Jahrg. VII. S. 101 u. in den Sitzungsberichten d. Bayer. Strafg. Bd. I. S. 224 f.

§. 5.
Begriff des Einsteigens (Einkriechen ꝛc.)

Unter „Einsteigen“ kann zunächst nur ein Steigen ver=
standen werden. Dessenungeachtet wird in einzelnen Definitionen
dieses Wort mit „Eintritt“ ohne weitere Bezeichnung wiedergegeben.
Ebenso hat die Praxis das Einkriechen, wie das Einschlüp=
fen und das Sicheinzwängen durch Oeffnungen des Gebäudes
hierher gerechnet. (Vgl. auch das Gesetzbuch von Hessen Art.
369.) Ganz allgemein qualificirt der Code pénal (Art. 397):
l'entrée par une ouverture souterraine. Das O. A. G. zu
Dresden hat in mehreren Fällen, wo der Dieb unter dem Scheu=
nenthore in die Scheune, durch das Kellerloch in den Keller, durch
den Abzugsgraben unter der Hofmauer ꝛc. in den Hof gekrochen
war, die Auszeichnung angenommen. [1] Der Begriff des „Stei=
gen“ cessirt hier vollständig, [2] da der Dieb auf ebener Fläche sich
fortbewegt hat. Wohl aber paßt der Begriff „Eintritt in Ge=
bäude“ und ebenso auch die ratio legis. [3] Wie bei dem Ein=
bruche die, durch das Gebäude selbst gewährte Sicherheit aufge=
hoben wird, so auch bei jedem Eindringen in dasselbe auf einem,
zum gewöhnlichen Eingange überhaupt nicht bestimmten oder doch
im Augenblicke des Diebstahls versperrten Wege. Diese Auf=
hebung der Sicherheit des Hauses verbunden mit der Unmöglich=
keit, solches Eindringen unbedingt zu verhindern, qualificiren den
Diebstahl, wie sie die besondere Beharrlichkeit und auch Verwegen=
heit des Diebes kennzeichnen.

In einem Falle war der Dieb nicht eingekrochen, sondern
durch eine Lücke im Zaune in gebückter Stellung in den
Hof eingegangen. Das Oberappellationsgericht zu Dresden nahm
hier nicht „Einkriechen“ und überhaupt nicht ausgezeichneten Dieb=
stahl an. [4]

---

1) Vgl. dagegen O. A. G. zu Zerbst in den Neuen Jahrb. f. Sächs.
Strafr. Bd. V. S. 207.
2) Abegg, Lehrb. §. 370. S. 476. Heffter, Lehrb. §. 502. Anm. 6.
3) S. oben S. 25. 26.
4) Sächs. Ger. Ztg. Bd. III. S. 372.

Die Höhe des Hindernisses, welches durch das Einsteigen beseitigt wird, ist gleichgiltig. Dagegen fragt sich, ob die Qualification dadurch ausgeschlossen wird, daß die Oeffnung so niedrig ist, daß der Dieb durch Ueberschreiten in das Gebäude eintreten konnte. Die Schwierigkeit des Einsteigens ist an sich einflußlos; allein es ist hier ein Ueberschreiten in Frage. Zuzugeben ist, daß derartige Unterscheidungen leicht zu Willkürlichkeiten führen und nicht erschöpfend sind.

Das O. A. G. zu Cassel nahm die Qualification nicht an, als der Dieb über die Brüstung eines sehr niedrigen Fensters in das Gebäude gestiegen war, da nur ein Ueberschreiten vorliege. [1]

Das Herablassen in das Gebäude, z. B. in den Keller, durch eine Oeffnung des Gebäudes ist ebenfalls ein „Eintritt" in das Gebäude. [2] Früher wurde hierbei eine solche Höhe des obern Orts vorausgesetzt, daß der Dieb, wenn er gefallen wäre, sich wahrscheinlich gefährlich verletzt haben würde. Die Württemb. Praxis verlangt, daß der Dieb wenigstens 6 Fuß hoch oder tief gestiegen sei. [3]

Das Fortbewegen auf gerader Fläche kann auch außer dem Einkriechen vorkommen; z. B. das Durchwaten eines Morastes oder Wassers. [4] Dasselbe fällt nicht unter die obigen Definitionen.

Ist das Hinderniß, selbst nur momentan, beseitigt, so fällt natürlich hiermit auch die Qualification weg; z. B. wenn der Schnee so hoch am Hause liegt, daß der Dieb auf der Schneedecke geraden Weges durch das Fenster in das Gebäude eintreten kann. [5]

---

1) Heuser, Annalen rc. Bd. IV. S. 10. Kersting, S. 671. Vgl auch Blätter f. RW. in Bayern Bd. VIII. S. 371.

2) Goltdammer, Archiv rc. Bd. VII. S. 237.

3) Wächter, Rechtslex. a. a. O. S. 412. not. 294. Vgl jedoch Hufnagel, b. Strafgesetzbuch S. 331.

4) Vgl Tittmann, Handb. §. 473.

5) So z. B. in dem Falle, daß der Bach zugefroren ist, welcher das Haus umschließt. (Fall aus der franz. Sprnchpr. Mittermaier a. a. O.)

§. 6.

Das Requisit des Ordnungswidrigen in dem Einsteigen.

Das Einbringen (der Eintritt) erfolgt über Dächer 2c., durch Fenster, Dachluken, Schornsteine 2c. und „andere zum Eingange nicht bestimmte Oeffnungen." Oeffnungen, welche zum Eingange in das Gebäude (bez. in den Hof) bestimmt sind, gehören nicht hierher. Der Eingang durch sie ist ein ordnungsmäßiger und regelrechter. In ihm liegt keine Qualification. Es ist hier selbstverständlich nur von dem Eingange für die Menschen die Rede. Eingänge in Behältnisse für die Thiere, welche nicht auch von den Menschen benutzt werden, sind Oeffnungen, deren Benutzung den Diebstahl qualificirt.

Ob eine vorhandene Oeffnung zum Eingange bestimmt ist, gehört zur Thatfrage des einzelnen Falles. Das ausgebrochene Feld einer Thüre ist nicht als solche Oeffnung angesehen worden.[1] Es fragt sich, ob die Qualification wegfällt, wenn solche Oeffnung in einzelnen Fällen zum Einsteigen von den Hausbewohnern benutzt wird; z. B. durch das Fenster in der Nacht, wenn der heimkehrende Bewohner den Hausschlüssel vergessen hat. Die Frage ist zu verneinen. Es wird durch solchen ausnahmsweisen Gebrauch die Oeffnung nicht zum Eingange „bestimmt;" die „Bestimmung" setzt einen längeren fortgesetzten und nicht auf Ausnahmefälle beschränkten Gebrauch voraus.

Aus gleichem Grunde können Oeffnungen, welche nur für bestimmte Veranlassungen und für bestimmte Personen zum Eingange dienen, wie z. B. Schornsteine,[2] als regelmäßige Eingänge von der Anwendung des Gesetzes nicht ausgenommen werden. Dasselbe gilt, wenn bei der Reparatur eines Hauses Oeffnungen in die Mauer gemacht werden, welche wohl auch von den Bauleuten zum Ein- und Aussteigen benutzt werden.[3]

---

1) Goltdammer, Archiv 2c. Bd. IV. S. 810.
2) Sächs. Ger. Ztg. Bd. III. S. 235.
3) Andrer Meinung ist Roßhirt, Lehrb. §. 174. Anm. 12.

Das Gesetzbuch von Braunschweig sagt in §. 217. „Ein=
gehen in Wohnungen durch von dem Berechtigten nicht gestattete
Eröffnung der Fenster oder Thüren."

In der Preuß. Spruchpraxis ist mehrmals der Fall zur Ent=
scheidung gekommen, daß der Dieb die Flügel des verschlossenen Thores
auseinander gezwängt und durch die so gebildete Oeffnung sich
selbst durchgezwängt hatte („durchgeschlüpft war." Großh. Hess.
Gesetzbuch.[1] Man hat die Qualification nicht angenommen.
Auf den dabei in Bezug genommenen Grund, daß der Verschluß
ein mangelhafter gewesen und also eine, nicht zu schützende Nach=
lässigkeit des Besitzers unterlaufe, ist kein Gewicht zu legen. Die
Schuld des Diebes wird durch die culpa des Verletzten nicht so
beeinflußt, daß hiervon die Entscheidung über die Qualification
abhängen kann.[2] Ebenso kann die Frage hier dahin gestellt
bleiben, ob eine gewaltsame Beseitigung des Verschlusses vorliegt.
Aber unbestritten ist, daß der Dieb durch die Oeffnung der
Thüre eingebrungen ist, also durch den ordnungsmäßigen Ein=
gang. Daß dieser zur Zeit des Diebstahls verschlossen war, hebt
dieses Moment nicht auf.

Die Thatsache, daß die Oeffnung zum Eingange nicht be=
stimmt ist, entscheidet. Es ist daher gleichgiltig, ob die Oeffnung
eine ordnungsmäßige und dem Zwecke des Gebäudes entsprechende
(z. B. Kellerlöcher ꝛc.) oder aber in Folge der Nachlässigkeit des
Besitzers entstanden ist, (z. B. Mauer= und Dachlücken), dafern
sie nur nicht zum Eingange von Menschen bestimmt ist.[3] Ebenso
qualificirt daher das Einsteigen durch ein zerbrochenes Fenster,
obschon die Nichtwiederherstellung auf eine culpa des Bewohners
hinweist und das Einsteigen begünstigt, wohl selbst provocirt hat.

Es ist gleichgiltig, ob der Dieb die Oeffnung selbst gemacht
oder die vorhandene Oeffnung benutzt hat. Im erstern Falle
wird, nach Befinden, Einbruch concurriren, z. B. bei dem Aus=

---

1) Goltdammer, Archiv ꝛc. Bd. II. S. 123. Bd. III. S. 705. 706.
2) Vgl. aber noch Goltdammer, Archiv ꝛc. Bd. II. S. 124 in Verb.
mit Bd. VII. S. 237.
3) Goltdammer, Archiv ꝛc. Bd. VII. S. 237 f.

graben der Erde unter dem Thore, um unter demselben durch=
kriechen zu können.

Indem das Gesetz einzelne Beispiele vorführte, hat es da=
durch nicht ausgeschlossen, daß Oeffnungen, welche nicht zum Ein=
gange des Menschen bestimmt sind, jedoch mit Namen, welche das
Gegentheil auszudrücken pflegen, bezeichnet werden, ihrer Bestimm=
ung gemäß behandelt werden. Falsa demonstratio non nocet.
Eine, als Thüre bezeichnete, aber zum Eingange von Menschen
nicht benutzte Oeffnung ist in einem Falle vom Obertribunal zu
Berlin als eine Thüre im Sinne des Gesetzes nicht angesehen
worden. [1]

Die zeitweilige Außerbrauchsetzung einer zum Gebrauche für
die Menschen bestimmten Oeffnung hebt diesen Charakter der letz=
tern nicht.

Ist bei einer Thüre, welche aus zwei horizontal von einan=
der geschiedenen Theilen besteht, wenn der untere Theil zugemacht
und verschlossen ist, der obere Theil aber offen steht, das Ueber=
steigen über den untern Theil ein Qualificationsmoment? Die
Preuß. Spruchpraxis bejaht die Frage. [2] Allerdings ist die
durch den oberen Theil der Thüre gebildete Oeffnung nicht der
ordnungsmäßige Eingang. Allein es ist diese Oeffnung immer
ein Theil des Thüreingangs; der theilweise Verschluß der Thüre
erhebt den oberen Theil des Eingangs nicht zu einer selbstständi=
gen, von der Natur und dem Zwecke der Thüröffnung abweichen=
den Oeffnung.

In einem Falle reichte die Thüre, sobald sie verschlossen
war, nicht bis zur Erde, schloß also die Thüröffnung nicht voll=
ständig; der Dieb war durch den nicht geschlossenen Raum unter
der Thüre durchgekrochen. Man nahm mit Recht die Qualifica=
tion an und verwarf die Einwendung, daß die unter der Thüre
gebliebene Oeffnung zu dem zum Eingange bestimmten Raume
mitgehöre. Denn diese Oeffnung, welche nach dem Schlusse der

1) Vgl. Goltdammer, Archiv ꝛc. Bd. II. S. 124.
2) Goltdammer, Archiv Bd. II. S. 258. Vgl auch den Fall ebendas.
Bd. V. S. 701.

Thüre übrig blieb, war jedenfalls nicht eine zum Eingange be=
ſtimmte Oeffnung.

Hat der Dieb die Oeffnung irrthümlich für eine ſolche ge=
halten, die zum ordnungsmäßigen Gebrauche beſtimmt ſei, ſo
kommt ihm dies zu Statten. [1]

Daß das Gebäude unverſchloſſen und ſonach dem Diebe
möglich geweſen, auf ordnungsmäßigem Wege in daſſelbe zu ge=
langen, hebt die Qualification hier ebenſowenig wie beim Ein=
bruche auf. [2]

Das Ordnungswidrige kann ferner nicht ſowohl in der
Benutzung der Oeffnung an ſich, ſondern auch in dem Hilfsmittel
liegen, mittels deſſen eingeſtiegen wird. In der älteren Praxis
galt das Einſteigen als Qualificationsgrund nur dann, wenn es
mit Gefahr für den Beſtohlenen verbunden war. In ihr allein
erblickte man das maßgebende Moment. [3] Insbeſondere ſah man
eine Gefährdung des Beſtohlenen darin, daß das Einſteigen auf
eine Weiſe erfolgt war, daß der Dieb nur mit Gefahr für ſich
den Rückweg antreten könne, wenn er bei der That betroffen
würde. Das Geſetzbuch von Baden enthält eine hierauf abzie=
lende Beſchränkung des Thatbeſtandes (ſ. oben S. 114.) und ein=
zelne Rechtslehrer, welche die Gefahr für den Beſtohlenen als
weſentlich erachteten, fanden ſie lediglich und ausſchließlich in
einem, den Dieb gefährdenden Einſteigen. [4] Man ging hierbei
davon aus, daß die Schwierigkeit und Gefährlichkeit des Rückzugs
für den Dieb es ſei, welche ihn, ſtatt zum Rückzuge und zur
Flucht, vielmehr zu einem verwegenen Vorgehen und zu einem
Angriffe auf den Beſtohlenen ſelbſt verleiten könne. Auch aus
dieſem Grunde wurde das Einſteigen über niedrige Vermachungen,

---

1) Goltdammer, Archiv Bd. III. S. 263.

2) Vgl. noch Goltdammer, Archiv Bd. VII. S. 236. 715.

3) Dorn, Commentar I. S. 421 u. d. daſ. Angef. Tittmann §. 468.
473 u. Grolmann, §. 191. Kerſting, Strafr. in Kurheſſen S. 671.

4) Vgl. oben S. 18. u. insbeſ. Böhmer ad C. C. C. Art. 159. §. V.
Koch, inſtit. crim. §. 193. Tittmann, a. a. O. Grolmann, §. 191. u.
d. daſelbſt Angeff.

124

in Parterrewohnungen, Bodenräume u. s. w. nicht für qualificirt
angesehen.[1]) Selbst das Einsteigen auf Leitern in solche niedrig
gelegene Räume wurde von einzelnen Rechtslehrern wegen Man=
gels einer solchen Gefahr für den Bestohlenen nicht als Qualifi=
cation angesehen.[2]) Ja man sprach den Dieb von der schwereren
Strafe los, wenn er, nachdem er eingestiegen war und betroffen
worden, um Mitleid gebeten hatte.[3])

Ueber die Art der Hilfsmittel zum Einsteigen herrschte
gleichfalls Streit. So ist gefragt worden, ob es ein solches Hilfs=
mittel sei, wenn der Dieb auf den Rücken seines Complicen ge=
treten und auf diese Weise eingestiegen sei.

Gegenwärtig (abgesehen von den Gesetzen, welche unrichtiger=
weise bewohnte Gebäude voraussetzen) kann die Gefahr für den
Bestohlenen nicht weiter accentuirt werden, und es ist nicht erfor=
derlich, daß das Einsteigen mittels besonderer Hilfsmittel bewirkt
worden.[4])

Es erledigt sich damit auch der früher öfters gemachte Unter=
schied,[5]) ob die benutzten Hilfsmittel vom Diebe herbeigeschafft
oder am, bez. bei dem Hause vorgefunden worden. In letzterem
Falle wurde früher die Qualification nicht angenommen.[6])

Das Gesetz von Oldenburg §. 226. bestimmt: „wenn der
Dieb in ein Haus oder anderes Gebäude auf Leitern eingestiegen
oder sonst durch einen andern, als die gewöhnlichen Eingänge
gedrungen ist," und vermischt hier das Mittel des Einsteigens
mit dem Eingange, durch welchen eingestiegen worden.

---

1) Kersting a. a. O. Mittermaier a. a. O.
2) Vgl. z. B. Koch, Anfangsgr. d. p. R. §. 193.
3) Böhmer, l. l.
4) In der französ. Praxis setzt man des moyens ou d'éfforts extra-
ordinaires pour vaincre l'obstacle opposé par la clôture voraus.
Mittermaier, a. a. O.
5) Vgl. hierüber z. B. Quistorp, peinl. R. Thl. II. §. 350. u. d.
Zeitschr. f. Gesetzg. 2c. in Bayern Bd. III. S. 175. Bd. IV. S. 63.
6) Bayer. G. v. 25. März 1816. Art. VI.

Hat der Hausbewohner durch seine Nachlässigkeit dem Diebe das Einsteigen erleichtert, z. B. dadurch, daß er eine Leiter am Hause stehen lassen, so hebt diese Nachlässigkeit die Qualification nicht auf.

Wenn der Dieb auf einer Leiter von Außen auf den Boden des Hauses steigt und daselbst stiehlt, die Leiter aber zu dem Zwecke daselbst angelegt ist, um den Bewohnern den Zugang zu dem Boden zu verschaffen, so ist der Diebstahl nicht qualificirt,[1]) indem der Dieb das ordnungsmäßige Hilfsmittel zum Einsteigen benutzt. Wohl aber würde in diesem Falle die Qualification anzunehmen sein, wenn die Leiter nicht daselbst angelegt geblieben, sondern erst vom Diebe herbeigeholt wird.[2]) Denn mit der Wegnahme der Leiter war auch der ordnungsmäßige Zugang zu dem Boden beseitigt. Die Leiter erlangt aber nicht durch die willkürliche Verwendung Seiten des Diebes eine ihr nicht für immer gegebene Bestimmung. Diese kann nur von dem Berechtigten ausgehen.

§. 7.

Die diebische Absicht — Complott — Einsteigen durch dritte Unbetheiligte.

Von selbst versteht sich, daß das Einsteigen in diebischer Absicht erfolgt sein, sonach ersteres als Mittel zur Ausführung des Diebstahls gedient haben muß, — daß es aber nicht genügt, wenn in anderer Absicht (z. B. zum Uebernachten) eingestiegen und dann erst die Absicht, die gebotene Gelegenheit zum Stehlen zu benutzen, gefaßt worden ist. Der Fall lag vor, daß Jemand, um seine Geliebte zu besuchen, eingestiegen, hierauf aber, durch günstige Gelegenheit verführt, den ursprünglichen Plan aufgab und Sachen entwendete. Entstehen über die Absicht Zweifel, so wird

---

1) Henke, Handbuch ꝛc. §. 146. Berner, Lehrb. ꝛc. S. 289.
2) Anderer Meinung scheint Heffter, Lehrbuch, §. 502. Anm. 5. zu sein.

126

fie befonders feftzuftellen, bez. die Frage an die Gefchworenen darauf mit zu erftrecken fein.[1])

Das Einfteigen kann auch zur Vorbereitung des Diebftahls vorkommen; z. B. wenn der Dieb einfteigt, um fich über die Abwefenheit der Bewohner zu verfichern, fodann aber wieder herausfteigt und in das Haus eingeht, wofelbft er ftiehlt.[2]) Auch hier ift das Einfteigen nicht das Mittel zum Diebftahle und qualificirt nicht.

Ueber die Annahme des beendigten Verfuchs beim Einfteigen f. oben S. 104. bei derfelben Frage-betreff des Erbrechens. In der Preuß. Praxis ift die Frage, ob das Einfteigen eine Verfuchs- oder Vorbereitungshandlung fei, als Thatfrage behandelt worden, deren Beantwortung von der Geftaltung des concreten Falles abhänge.[3])

Bei dem Diebftahle im Complotte ift es felbftverftändlich gleichgiltig, ob jeder Dieb oder nur einer derfelben eingeftiegen und die übrigen Complicen in anderer Weife bei der Ausführung z. B. durch Wacheftehen, Halten der Leiter, fich betheiligt haben. In einem Falle war einer der Diebe eingeftiegen, hatte das Hausthor von Innen geöffnet und dadurch den Complicen den Eingang in das Haus verfchafft. Es wurde fämmtlichen Theilnehmern die Qualification angerechnet.

Auch, wo der Einfteigende nicht im Complotte fich befindet, kann den übrigen Theilnehmern das Einfteigen zur Schuld zugerechnet werden. In einem Falle hatte der Dieb fein unzurechnungsfähiges Kind veranlaßt, durch ein Fenfter einzufteigen und die verfchloffene Hausthüre durch Zurückziehen des Riegels zu öffnen, wodurch ihm felbft die Möglichkeit des Eingangs verfchafft wurde. Wir nehmen an, daß das Kind des Zweckes und der Bedeutung feiner Handlung überhaupt fich nicht bewußt gewefen oder doch ihm die Handlung criminell nicht zugerechnet werden kann. Hier ift die Thätigkeit des Kindes dem Diebe als Quali-

---

1) Vgl. Goltdammer, Archiv ꝛc. Bd. VII. S. 215.
2) Vgl. Struben, Bedenken Thl. II. Bed. 207.
3) Oppenhoff, Rechtsfprechung ꝛc. Thl. I. S. 218.

fication zur Laft gelegt worden. (D. A. G. zu Dresden.) Man
kann den Fall sich denken, daß der Dieb den Dritten durch einen
plausiblen, nicht verbrecherischen Vorwand zum Einsteigen und
Oeffnen der Thüre veranlaßt. Das Kind, wie der Dritte werden
nur als Werkzeug gebraucht; sie sind gleichsam die verlängerte
Hand des Diebes. Das Obertribunal zu Stuttgart nahm die
Auszeichnung nicht an, da der physische Urheber oder Miturheber
des Diebstahls eingestiegen sein müsse. Es liege hier ebensowenig
ein Diebstahl im gesetzlichen Sinne vor, als wenn der Dieb seinen
Hund in das Gebäude hineinhebt oder hineinsteigen und von diesem den Riegel der Thüre zurückschieben oder die Klinke auf-
drücken läßt. [1]

Vierter Abschnitt.

Der Diebstahl mit Waffen (furtum armatum.)

§. 1.

Allgemeine Grundsätze.

Die C. C. C. bestimmt in Art. 159:

> „Item so aber eyn dieb — mit waffen, damit er jemandt der
> im widerstandt thun wolt, verletzen möcht, zum stelen eingeht, —
> so ist in dem diebstall, der mit waffen geschicht, eyner vergewalti-
> gung vnd verletzung zu besorgen.‟

Die Fragen, was unter „Waffen‟ zu verstehen sei, hat von
jeher Zweifel erregt. Die Interpreten der Carolina haben meistentheils die römischrechtliche Definition [2] von Waffen adoptirt.
Dieselbe sagt: telorum autem appellatione omnia, ex quibus
singuli homines nocere possunt, accipiuntur; in Uebereinstimmung mit dem „nocere potest‟ und dem „omne quod nocendi

---

1) Sarwey, Monatschrift ꝛc. Bd. IX. S. 43 f. Vgl. dagegen Rhein-
preuß. Archiv f. Civ. u. Crim. Recht Bd. V. Abth. 2. S. 52.

2) Vgl §. 5. J. IV. 18.

causa habetur" an den anderen Stellen. [1]) Dieses nocere potest ist ziemlich allgemein und deßhalb auf jedes Werkzeug ausgedehnt worden, mit welchem das Leben oder die Gesundheit eines Men= schen beschädigt werden kann. [2]) Solche Werkzeuge sind auch ge= eignet „gewaltsamen Widerstand zu leisten," was zum Thatbe= stande genüge. [3]) Andere Juristen haben eine beschränktere Aus= legung angenommen, indem sie theils nur solche Instrumente hierher gerechnet haben, mit denen Jemand leicht getödtet wer= den kann, theils nur solche, mit denen eine erhebliche Verletzung bewirkt werden kann. [4]) Sehr allgemein drückt sich auch der Code pénal Art. 101 aus: „Sont compris dans le mot: „ar= mes" toutes machines, tous instruments ou ustensiles tran= chans, perçans ou contondans."

Noch lebhafter ist der Streit über die Frage gewesen, ob der Thäter die Waffen in der Absicht an sich genommen haben müsse, sich mit ihnen eventuell zur Wehre zu setzen, oder ob schon die Thatsache der Bewaffnung hinreiche. [5])

Die überwiegende Mehrzahl der Criminalisten hat ange= nommen, daß die absichtliche Bewaffnung zum Thatbestande des bewaffneten Diebstahls gehöre. [6]) Nur Feuerbach (Lehrb. §. 337 [7]) und Roßhirt (Lehrb. §. 174) haben das Gegentheil behauptet, indem sie lediglich die objective Gefährlichkeit des Diebes für den Bestohlenen in's Auge faßten. Ihnen ist neuer=

---

1) fr. 3. §. 2. D. XLIII. 16. fr. 54. §. 2. cod. fr. 56. §. 2. D. XLVII. 2. fr. 11. §. 1. D. XLVIII. 6.

2) Vgl auch Hommel de furto qualif. §. 13. Allen, a. a. O. S. 427 f. Tittmann, a. a. O. S. 441 f. Köstlin, Abh. S. 293.

3) Wächter, in Weiske's Rechtslex. Bd. III. S. 413.

4) Vgl d. Literatur b. Hammer, Crim. Archiv 1845. S. 622 f.

5) Im Layensp. Tenglers (fol. 123. ed. 1532) heißt es ziemlich un= bestimmt: „Item — wo der Dieb mit Waffen betreten wird, so möcht es für einen gewaltigen Diebstahl geacht werden."

6) Wächter u. Köstlin, a. a. O.

7) Vgl auch d. Abh. deff. in d. Bibl. f. d. peinl. R. W. Bd. II. S. 117 f.

dings in ausführlicher Deduction Hammer[1]) beigetreten, welcher nachzuweisen versucht hat, daß die Worte der Carolina „damit er jemand — verletzen möcht" nach dem damaligen Sprachgebrauche nur soviel als „verletzen könnt" bedeuteten.

Nicht minder ist die Frage bestritten, ob es zum Thatbestande erforderlich sei, daß die Bewaffnung vor dem Eingehen selbst geschehe, daß also der Dieb bewaffnet eingehe, nicht erst die Waffen am Orte des Diebstahls ergreife.[2]) Die Mehrzahl der Juristen verlangt, daß der Dieb bewaffnet eingehe; vorzüglich in Rücksicht auf die Wortfassung der Carolina und den in der vorherigen Bewaffnung sich ausdrückenden schwereren dolus. Von selbst versteht sich, daß das Eingehen mit Waffen ein solches gewesen sein müsse, daß es ein bewaffnetes und für den Bestohlenen gefährliches zu nennen war.[3])

Dagegen ist es schon nach der Carolina nicht nöthig, daß es zum Gebrauche der Waffen gekommen sei.[4])

§. 2.
Begriff der „Waffe" und des „Werkzeug."

Was verstehen die neuen Gesetze unter „Waffen?" — Das Oesterr. Gesetzbuch sagt §. 174 „Gewehr oder anderen der persönlichen Sicherheit gefährlichen Werkzeugen." Das K. Bayer. Gesetzbuch v. 1813 definirt in Art. 222 „Waffe" als jedes Werkzeug, womit eine lebensgefährliche körperliche Verletzung zugefügt werden kann."[5]) Die Anmerkungen sagen: „Jedes Werkzeug, womit eine lebensgefährliche körperliche Verletzung zugefügt werden

---

1) a. a. D. S. 622 f.

2) Vgl. Hammer, a. a. D. S. 634 f.

3) Hierdurch widerlegt sich das Argument Hammer's gegen die gewöhnliche Ansicht, wenn er sagt, daß nach ihr ein bewaffneter Diebstahl vorliegen würde, auch wenn der Dieb die Waffen ablege und ohne Waffen stehle.

4) Vgl. Klien u. Tittmann, a. a. D.

5) Das neue Gesetzbuch gibt keine Definition.

kann, ist unter dem Namen verstanden; Gewehre aller Art zum
Hauen, Stechen oder Schießen; Hämmer, Aerte, Beile, zu gefähr=
lichen Verletzungen eigens gefertigte Schlagringe; selbst Holzinstru=
mente sind nicht ausgenommen, wenn sie z. B. Dreschflegel, oder
andere starke und gewichtige Holzprügel, von solcher Beschaffen=
heit sind, daß man damit eine lebensgefährliche Körperverletzung
zufügen kann." Das Württemb. Gesetzbuch bestimmt in Art. 139.
„— Werkzeuge, mit welchen, nach ihrer gewöhnlichen Wirkung, eine
lebensgefährliche Verletzung zugefügt werden kann." Ebenso
Hannov. Art. 157. — Das Hessische Strafgesetzbuch Art. 370
versteht unter Waffen nicht nur „alle Gattungen eigentlicher Ge=
wehre und Waffen, sondern auch alle anderen Werkzeuge, Maschinen
und Geräthschaften, mit welchen man schießen, stechen, schneiden,
hauen oder zerquetschen kann."

Das K. Sächs. Strafgesetzbuch Art. 280 spricht von „ge=
fährlichen Werkzeugen oder Waffen, welche nicht zur Ausführung
des Diebstahls bestimmt sind." Die letzteren Worte sind beige=
fügt, um bei dem Wilddiebstahle die Führung des Gewehres von
der Anwendung dieses Artikels auszuschließen.[1] Hier sind also
die Waffen im strengen Sinne des Wortes unter den „gefähr=
lichen Werkzeugen" mitbegriffen.

Sämmtliche Gesetze sprechen auch von „Werkzeugen" und
zwar in solcher Verbindung mit den „Waffen," daß letztere als
eine Art von „Werkzeugen," die „Werkzeuge" aber als der allge=
meine Begriff behandelt worden.

Die Führung von Waffen ist auch bei andern Verbrechen
ein Erschwerungsgrund. Auch hier kommt die Frage nach dem
Umfange dieses Begriffs vor. Mehrere von den Gesetzgebungen,
welche eine Definition der „Waffe" bei dem bewaffneten Dieb=
stahle geben, erstrecken ihn ausdrücklich auch auf die übrigen Ver=
brechen, bei denen die Bewaffnung einen Erschwerungsgrund bil=
det; andere Gesetze berühren die Frage nur bei dem Diebstahle.
Dessenungeachtet wird es unbedenklich sein, auch ohne jene Er=
streckung den obigen Begriff „Waffe" auf alle Fälle auszudehnen.

---

1) Krug, Commentar Bd. II. S. 188.

Wer bei dem Aufruhre Steine sammelt, um sich ihrer als Schutz=
waffe zu bedienen, — wer zur Vorbereitung eines hochverräther=
schen Unternehmens Sensen fertigen läßt, um sie unter das Volk
als Hiebwaffe zu vertheilen, — ist gewiß den schwereren, hier
einschlagenden strafgerichtlichen Vorschriften verfallen.

§. 3.

Das Werkzeug als „Waffe" überhaupt. — Der Gebrauch des Werkzeugs ist kein ausreichendes Moment zur Charakteri= sirung des Werkzeugs als Waffe.

Man wird selbst bei der Ausdehnung des Begriffs „Werk=
zeuge," wie sie z. B. das Hessische Gesetzbuch enthält, immer auf
den sprachlichen Gebrauch dieses Wortes, wie auf die Zusammen=
stellung mit „Waffen" Rücksicht nehmen müssen und den Begriff
nicht schließlich auf jeden Gegenstand ausdehnen dürfen, durch des=
sen Anwendung eine Körperverletzung des von ihr Betroffenen
entstehen kann. Das „Werkzeug" ist ein (greifbarer) Körper,
der von der menschlichen Hand angefaßt und gehandhabt werden
kann, um unmittelbar einen bestimmten Erfolg zu erzielen. So
werden Thiere, welche auf den andern Theil gehetzt werden,[1] —
Dämpfe, mit denen das Zimmer des Bestohlenen zu dessen Be=
täubung angefüllt worden, — Gifte, — die menschlichen Glied=
maßen selbst, wie z. B. die Faust, — so werden besondere Ver=
anstaltungen, wie das Legen und Anzünden von Pulverminen
hierher nicht zu rechnen sein.[2] Ebenso kann in dem Falle, wo
Jemand einen Topf mit heißem Wasser auf den Andern herabge=
worfen hatte, wohl der Topf, — nicht aber das Wasser allein
als Werkzeug und Waffe erachtet werden.[3] Allerdings kann
durch das heiße Wasser, welches aus dem Topfe herabgegossen

------

1) Andrer Meinung ist z. B. Tittmann, a. a. O. §. 465. Anm. a.

2) Vgl. Jicinsky, in d. Allg. Oesterr. Ger. Ztg. Jahrg. 1860.
Nr. 128 f. über den Begriff „Waffe."

3) Vgl. den bekannten Fall in der Zeitschrift f. Rechtspfl. ꝛc. in
Bayern Bd. III. S. 95 f.

9 *

wird, eine lebensgefährliche Wirkung erzeugt werden. Allein das Gesetz verlangt ein Werkzeug, mit dem solche Wirkung erzeugt wird, und ein solches ist das Wasser nicht. Die Gefährlichkeit allein ist nicht ausreichend. Es gibt manche andere Gefährdungen des Bestohlenen. Aber das Gesetz hat sie nicht besonders qualificirt, und der Richter kann sie daher nur innerhalb des Strafmaßes berücksichtigen.

Allerdings kann es daher im einzelnen Falle zweifelhaft werden, ob ein Werkzeug, das der Dieb bei sich geführt hat, als eine Waffe im Sinne des Gesetzes anzusehen sei.

Es ist von einigen Rechtslehrern[1]) und in einigen Gesetzgebungen[2]) ein Unterschied zwischen den Werkzeugen, die sich als Waffe an sich charakterisiren, und den übrigen Werkzeugen insofern gemacht worden, als man bei den letzteren aus dem späteren Gebrauche derselben rückwärts darauf geschlossen hat, daß sie als Waffen mitgenommen worden sind.

Dieser Unterschied berührt bereits die Frage, ob der Dieb die Werkzeuge in der Absicht mitgenommen haben muß, um mit ihnen sich nöthigenfalls zur Wehre zu setzen, oder ob die Thatsache der Führung des gefährlichen Werkzeugs hinreicht.

Allein nehmen wir die eine oder die andere Antwort auf letztere Frage für richtig an, so liegt klar vor, daß die Thatsache des späteren Gebrauchs des Werkzeugs überhaupt die Zweifel über den Umfang der einer Waffe gleichgeachteten Werkzeuge nicht völlig erledigen kann. Denn der Thatbestand des bewaffneten Diebstahls setzt den Gebrauch der Waffe nicht voraus, und es würde nach obiger Ansicht an einem Erkennungsmerkmale für die Unterstellung des Werkzeugs unter den gesetzlichen Begriff in allen den Fällen fehlen, in welchen es zu einem Gebrauche desselben gegen den Bestohlenen nicht gekommen ist. Sodann kann der Gebrauch des

---

1) Vgl. hierüber Köstlin, Abhandlungen S. 293. Vgl. auch Goltdammer, Archiv Bd. III. S. 818.

2) Der Code pénal Art. 101 sagt: „les couteaux et ciseaux de poche, les canues simples ne seront réputés armes qu'autant qu'il en aura été fait usage pour tuer, blesser ou frapper."

Werkzeugs von der Art sein, daß hierin eine Bedrohung und Gefährdung des Bestohlenen nicht zu finden sein würde. In sol= chem Falle kann der Gebrauch dem Werkzeuge nicht eine Bedeu= tung beilegen, die ihm überhaupt nicht und auch nicht einmal im concreten Falle zukommt. Es kann z. B. mit einem Stocke in der Weise geschlagen worden sein, daß hierdurch eine gefährliche Verletzung gar nicht entstehen konnte. Deshalb allein hört aber der Stock noch nicht auf, ein gefährliches Werkzeug zu sein. [1] Ebenso wird, wenn der Dieb die geladene Pistole absichtlich in die Luft schießt, nur um zu schrecken, durch diesen Gebrauch weder der Begriff der Waffe, noch der des bewaffneten Diebstahls aus= geschlossen. [2]

Bei Waffen im strengen Sinne des Wortes wird die Frage, in welcher Absicht die Bewaffnung erfolgt ist, in anderer Richtung von Wichtigkeit werden, worüber wir noch später sprechen werden; — bei Werkzeugen aber, die sich nicht als Waffen in diesem Sinne präbiciren, bedarf es in der Regel eines äußerlich erkennbaren Merkmals, durch welches das Werkzeug der Waffe gleichgestellt wird.

In denjenigen Gesetzgebungen, welche zu dem Thatbestande die eventuelle Absicht des Widerstandes erfordern, wird die Frage sich einfach dadurch lösen, daß das objective Moment — die Ge= fährlichkeit des Werkzeugs — und das subjective Moment — die Absicht, es eventuell als Waffe zu gebrauchen — zusammentreffen. Es ist dies in der Abhandlung von Dr. Jicinsky, in der Oesterr. Allg. G. Ztg. 1860 Nr. 126. 127 sehr gut ausgeführt worden.

Jedes gefährliche Werkzeug wird in der Hand desjenigen, der es als Waffe gebrauchen will und gebrauchen kann, Waffe sein. Trägt es an sich die Beschaffenheit, als Waffe zu dienen, so wird diese Beschaffenheit im einzelnen Falle durch die Absicht des Inhabers nur concretisirt. Dr. Jicinsky sagt: Waffe ist jedes

1) Vgl. auch die Entscheidung in der Zeitschr. f. Rechtspfl. u. Gesetzg. in Bayern ꝛc. Bd. V. S. 357.
2) Vgl. auch üb. diesen Fall b. ältere Praxis bei Puettmann, El jur. crim. §. 466.

Werkzeug, dem man die bleibende Bestimmung ertheilen kann (objective Merkmale) und im bestimmten Falle ertheilt hat (subjectives Merkmal), lebensgefährlich verletzen zu können.

Allein es fragt sich, ob diese Bestimmung für die Mehrzahl der Gesetzbücher ausreicht, da diese das subjective Moment nicht anerkennen, vielmehr lediglich die Gefährdung des Bestohlenen hervorheben und daher schon die Thatsache der Waffenführung als entscheidend ansehen.

Auch fragt sich, ob man, um den Begriff der Waffe ꝛc. festzustellen, dieses subjective Moment subintelligiren dürfe und ob man nicht mit ihm ein Moment in den Thatbestand hineintragen würde, welches die Gesetze offenbar absichtlich beseitigen wollen.

Wir meinen nun, daß man, auch den erwähnten Gesetzgebungen gegenüber, bei den „Werkzeugen" dieses subjective Moment nicht in allen Fällen wird entbehren können. Zwar kann man in diesen Gesetzgebungen die Willensrichtung des Verbrechers nicht als ein Moment des Thatbestandes, wohl aber nach Befinden, als ein Beweismittel für dasselbe behandeln. Es wird mit ihm festgestellt werden können, daß ein Werkzeug im einzelnen Falle als Waffe zu betrachten sei. Es tritt dies in den Fällen ein, in denen die objective Beschaffenheit des Werkzeugs an sich zu dieser Festsellung nicht hinreicht; vielmehr zu ihr die Bestimmung des Werkzeugs durch den Thäter hinzutreten muß.

In allen den Fällen, in denen das Werkzeug ein solches ist, welches bei dem gewöhnlichen, jedoch gegen die Person eines Menschen gerichteten Gebrauche gefährliche Verletzungen bewirken kann, wird — nach jenen Gesetzgebungen — die Frage nach der Absicht bei der Ansichnahme des Werkzeugs überflüssig und unzulässig sein. Denn es liegt in der Führung solchen Werkzeugs augenscheinlich die gleiche Gefährdung des Bestohlenen, wie bei der Führung einer eigentlichen Waffe. Ob der Dieb bei der Ansichnahme des Werkzeugs die mehrerwähnte eventuelle Absicht gehabt habe, ist (nach diesen Gesetzgebungen) gleichgiltig, ebenso wie bei den eigentlichen Waffen, da diese Gesetzgebungen das subjective Moment ausschließen. Es werden daher hierher auch die zur Ausführung des Diebstahls mitgebrachten ꝛc. Werkzeuge gehören,

soweit von ihnen ein, den Bestohlenen verletzender Gebrauch ge=
macht werden kann. In einem Falle waren schwere (sogen.)
Tragstöcke (zur Forttragung schwererer Lasten bestimmt) von den
Dieben mitgebracht worden; sie versicherten auf glaubhafte Weise,
daß sie dieselben nur zur Fortschaffung des Entwendeten mitge=
bracht hätten; die Tragstöcke konnten aber auch und zwar in der
Hand jeden Diebes als Waffen gebraucht werden und mußten
daher als Waffen gelten. Nach den obigen Gesetzgebungen ent=
scheidet diese Beschaffenheit des Werkzeugs und nur sie allein.

Dagegen werden wir nach diesen Gesetzgebungen das Ge=
ständniß des Diebes, daß er das Werkzeug als Waffe mitgenom=
men habe, in denjenigen Fällen beachten müssen, in denen das
Werkzeug nicht ohne Weiteres als ein solches erscheint, welches
in der Hand des Diebes den Bestohlenen gefährdet.[1] Die ob=
jective Beschaffenheit des Werkzeugs an sich reicht hier nicht aus,
sondern es wird dasselbe erst durch den Hinzutritt der, ihm ge=
gebenen Bestimmung zur Waffe erhoben. So kann ein Strick,
ein großer Schlüssel, ein sogen. Schlagring, ein (eiserner) Topf[2]
ein Stein,[3] durch die Bestimmung, welche der Dieb solchen
Gegenständen gibt, zur gefährlichen Waffe werden, während die
Brechstange, der schwere Stock, das Beil an sich schon und ohne
solches Geständniß, als Waffe sich charakterisiren. Der Strick,
der Schlüssel 2c. kann in der Hand eines starken Menschen wohl
den Nutzen einer Waffe gewähren und den Bestohlenen bei einem
etwaigen Zusammentreffen gefährden. Ohne das Geständniß des
Diebes wird aber wohl schwerlich der Strick 2c. als eine Waffe
betrachtet werden können.[4]

---

1) Goltdammer, Archiv 2c. Bd. III. S. 818.
2) Vgl. auch Zeitschr. f. Rechtspfl. 2c. in Bayern Bd. III. S. 96 f.
3) Steine werden in der Regel zu den Waffen gezählt. Vgl. schon
fr. 3. §. 2. D. da vi et vi arm. — fr. 54. §. 2. de furt. Streit herrscht
darüber in der französ. Praxis. Feuerbach), Lehrb. ed. Mittermaier §. 237.
Not. II.
4) Hierher gehört auch der von Zicniáty referirte Fall, wo ein Knabe
den andern durch einen Stoß mit einem Bleistifte in das Auge tödtete.

Nach denjenigen Gesetzen, welche lediglich von „gefähr=
lichen Werkzeugen,“ ohne weitere Bestimmung, sprechen, ist diese
Auffassung gewiß nicht zu beanstanden. Das im Allgemeinen
nicht gefährliche Werkzeug kann in der Hand des mit seiner
Führung vertrauten Diebes zur furchtbaren Waffe werden, —
der Dieb kennt diese Erfahrung und weil er sie kennt, benutzt er
das Werkzeug, — die höhere Gefahr für den Bestohlenen ent=
springt hieraus von selbst.

Wir beziehen dies auf die nicht absolut gefährlichen Werk=
zeuge; wir lassen aber, wie bemerkt, bei den absolut gefährlichen
Werkzeugen den Einwand des Diebes nicht zu, daß er aus Man=
gel an Uebung oder an Körperkraft nicht im Stande gewesen
sein würde, die volle Wirksamkeit des Werkzeugs zu entwickeln. [1]

In einzelnen Fällen kann diese Auffassung Schwierigkeiten
im Beweise erzeugen. Allein wenn erstere eine möglichst gerechte
Aburtheilung des einzelnen Falles mehr verbürgt, als jenes
Generalisiren, das auf die Verschiedenheit der Fälle keine Rück=
sicht nimmt, so kann jene Schwierigkeit kein Argument gegen die
Meinung sein.

Nach diesen Ausführungen ist auch erwiesen, daß ein Werk=
zeug nicht deshalb von der Kategorie der Waffen ausgeschlossen ist,
weil mit ihm in der Regel eine lebensgefährliche Verletzung
nicht verursacht werde. Die lebensgefährliche Verletzung ist ohne=
dem ein schwankender Begriff, da schließlich die meisten Verletzun=
gen, nach der Individualität des Falles, lebensgefährlich werden
können. Es genügt, daß das Werkzeug eine gefährliche oder er=
hebliche Verletzung zu verursachen geeignet ist. [2] Es wird z. B.
ein Spazierstöckchen hierher nicht zu rechnen sein, — wohl aber
ein, wenngleich mäßiger Stock, irgend ein eisernes Werkzeug.

Von selbst versteht sich aber, daß zwar das Werkzeug, wel=
ches, wenn auch nur in der Hand des hierzu besonders geschickten
Diebes, eine gefährliche Verletzung zu bewirken geeignet ist, als

---

1) Vgl. dagegen z. B. Tittmann, a. a. O. §. 465.
2) Böhmer ad Art. 159. §. 6. setzt eine laesio notabilis voraus.
Vgl. noch Tittmann, Handb. §. 465.

Waffe anzusehen ist, daß aber Gegenstände, welche überhaupt nicht die Brauchbarkeit als Waffe besitzen, nicht deshalb allein, weil der Dieb sie irrthümlich hierzu benutzen will, hierher gerechnet werden können.

Nach diesen Ausführungen wenden wir uns zu der Frage über den Einfluß des nachherigen Gebrauchs des Werkzeugs auf den Begriff „Waffe" zurück. Ist der Gebrauch ein solcher gewesen, welcher eine gefährliche Verletzung des Angegriffenen verursacht hat, so ist badurch die Möglichkeit festgestellt, daß eine solche Verletzung mit dem Werkzeuge verursacht werden kann. Der concrete Fall liefert den Beweis der Gefährlichkeit; — nicht der Gebrauch an sich, sondern die Wirkung desselben. In den obigen Fällen stellten wir fest, daß der ungeschickte ꝛc. Gebrauch an sich den Begriff der Waffe nicht ausschließt und ebenso der Gebrauch überhaupt ihn nicht begründet. Hier ist es aber ein Gebrauch mit gefährlicher Wirkung, der ihn begründet. Mit ihm wird dem Werkzeuge, wenngleich vielleicht nur für den einzelnen Fall, die Eigenschaft als Waffe beigelegt. Diejenigen Gesetze, welche allein die Gefährdung des Bestohlenen accentuiren, müssen dieselbe in dem späteren Erfolge anerkennen.

Allein, wie bemerkt, können diese Fälle zur Feststellung des Begriffs „Waffe" nicht gebraucht werden und releviren auch nicht, wenn die eventuelle Absicht des Widerstands als Moment des Thatbestands vorausgesetzt wird. Wohl aber können sie benutzt werden, wenn der Dieb einräumt, das Werkzeug als Waffe mitgenommen zu haben, und mit ihm wirklich eine lebensgefährliche Verletzung verursacht. Durch die letztere wird der Einwand, daß der Dieb sich über die Qualität des Werkzeugs geirrt habe, von selbst beseitigt.

Der Nichtgebrauch der Waffe bei dem Zusammentreffen mit dem Bestohlenen hebt überhaupt den Thatbestand des bewaffneten Diebstahls nicht wieder auf. Diejenigen Rechtslehrer, welche in dem Gebrauche den Beweis der absichtlichen Bewaffnung, sowie den der Natur des Werkzeugs als Waffe finden, werden in den Fällen mit der Wahrheit dann in Conflict gerathen, in denen ein

Gebrauch nicht stattgefunden, jedoch auf andere Weise nachgewiesen werden kann, daß von dem Diebe das Werkzeug als
Waffe absichtlich mitgenommen worden ist. Andererseits kann
allerdings aus dem Nichtgebrauche eine Vermuthung für den
Dieb und dessen Versicherung, daß er das Werkzeug nicht in
der fraglichen Absicht mitgenommen habe, abgeleitet werden. Wir
erinnern an den Fall, wo der mit Hellebarte bewaffnete Nacht-
wächter bei einem Diebstahlsversuche sofort die Flucht ergriff, als
er das Herankommen einer Person vernahm. In einem andern
Falle der K. Sächs. Spruchpraxis ergriffen die mit Radehacken
versehenen Felddiebe die Flucht, als sie (in der Nacht) Personen
heimkehren und singen hörten. Unbedingt läßt sich eine solche
Vermuthung jedoch aus dem Nichtgebrauche nicht ableiten. Der
Nichtgebrauch kann z. B. auch aus der Ueberzeugung des Diebes
von der Wirkungslosigkeit jedes Widerstandes entspringen. Der
Nichtgebrauch hebt ebensowenig wie die Flucht des Diebes den
Thatbestand des bereits vollendeten bewaffneten Diebstahls wieder
auf. [1]) Dasselbe gilt von der Bitte des betroffenen Diebes um
Gnade, in welcher man früher ein Abstehen von dem Zwecke der
Bewaffnung und hierin einen Ausschluß des bewaffneten Diebstahls
erblickte. [2]) Alle diese Momente treten erst ein und vor, nachdem
bereits das Verbrechen vollendet ist.

§. 4.

Ueber den Einfluß der besondern Befähigung ꝛc. des Diebes zum Gebrauche des Werkzeugs auf den Begriff „Waffe."

Mit dieser Betrachtung gelangen wir zu der Frage, ob der
Begriff der Waffe dadurch ausgeschlossen wird, daß der Gebrauch

---

1) Anderer Meinung ist z. B. Erhard, Sächs. peinl. R. §. 306.
Anm. 3.

2) Vgl. z. B. Kooh, instit. jur. crim. §. 194, der hierin einen
Beweis findet, daß der Dieb die Waffe nicht in der Absicht ꝛc. mitgenommen habe.

des Werkzeugs eine besondere Befähigung oder Geschicklichkeit voraussetzt. Diese Frage ist zu verneinen, auch wenn wir nur die
Gefährdung des Bestohlenen als das maßgebende Moment ins
Auge fassen. Denn dieselbe ist hier, wenn der Träger der Waffe
die erforderliche besondere Fertigkeit besitzt, keine geringere, als
wenn eine, in der Hand jedes Andern brauchbare Waffe geführt
wird. Das Werkzeug wird in der Hand dieses Diebes zur
Waffe und mithin dieser Diebstahl ein bewaffneter. Wir können
daher in der obigen Definition die „bleibende Bestimmung" als
Waffe nicht so verstehen, als ob dieselbe eine absolute sein müsse;
sie kann vielmehr eine verschiedene sein, je nach der Individualität
des Thäters. Sie ist eine bleibende in der Hand dieses Menschen, — es setzt dies immer eine (objective) Beschaffenheit
des Werkzeugs voraus, die lediglich zu ihrer Realisirung in con-
creto einer besondern Befähigung des Inhabers bedarf. Der in
der Hand eines gewöhnlichen Diebes befindliche Strick kann in
der Hand des Seilers zum Lasso geformt werden.

Eine Grenze nehmen wir nur soweit an, als wir jede Rücksicht auf das Verhältniß zwischen dem Diebe und dem Bestohlenen,
insbesondere auf die gegenseitige Körperkraft, ausschließen. Wir
geben nicht zu, daß das Werkzeug dadurch allein eine Waffe in
der Hand des Diebes werden kann, daß der Dieb dem Bestohlenen an Körperkraft überlegen ist und hierdurch erst befähigt wird,
mit dem Werkzeuge dem Bestohlenen eine körperliche Verletzung
beizufügen. Ohnedem hängt dies von vielen Zufälligkeiten in dem
Augenblicke des Zusammentreffens des Diebes mit dem Bestohlenen
ab. Diese Zufälligkeiten können nicht rückwärts dem Werkzeuge
eine Eigenschaft verleihen, die es im maßgebenden Augenblicke der
Ergreifung nicht gehabt hat. Ebenso wird entgegengesetzten Falls
die vorhandene Eigenschaft eines Werkzeugs als Waffe dadurch
nicht wieder ausgeschlossen, daß der Bestohlene in Folge besserer
Bewaffnung, sichtlicher Ueberlegenheit an Körperkräften ɩc. bei dem
Zusammentreffen mit dem Diebe durch das Werkzeug des letzteren
nicht gefährdet gewesen und auch nicht in Furcht gesetzt worden
wäre.

Die concrete Gestaltung des Falles ist ohne Einfluß auf unsere Frage, — nicht aber die Individualität des Thäters gegenüber der Brauchbarkeit des Werkzeugs.

Einige Gesetze haben die Clausel beigefügt: „nach ihrer gewöhnlichen Wirkung" — „nach ihrer Beschaffenheit." Die letztere Beschränkung steht unserer so eben vorgetragenen Ansicht nicht entgegen, da auch die Fertigkeit und Geschicklichkeit des Diebes nicht eine Beschaffenheit in das Werkzeug hineintragen kann, welche es nicht besitzt. Mit dieser Erklärung der „Beschaffenheit" würde aber die Zufügung dieses Worts und die mit ihm beabsichtigte Beschränkung überflüssig sein. Allein es fragt sich, ob das Wort „Beschaffenheit" nicht von dem Gesetzgeber in demselben Sinne gebraucht worden, welchen die Worte „nach ihrer gewöhnlichen Wirkung" bedeuten? Sprachlich genommen, ist dies nicht der Fall. Mit den zuletzt gedachten Worten würden zunächst die Fälle ausgeschlossen sein, in denen die Lebensgefährlichkeit des Werkzeugs nur unter außergewöhnlichen Umständen eintritt. Es sind Fälle constatirt, daß mit einer Stecknadel eine tödtliche Verletzung verursacht worden. Dergleichen Ausnahmefälle können bei der Frage, ob das Werkzeug einer Waffe gleichstehe, nicht herbeigezogen werden. Hiernächst fragt es sich aber, ob mit der bemerkten Clausel („nach ihrer gewöhnlichen Wirkung") nicht auch die Fälle ausgeschlossen werden, in denen allein die besondere Geschicklichkeit des Diebes die Gefährlichkeit des Werkzeugs zur Geltung bringt? Die Wirkung des Werkzeugs, welche in der ursprünglichen Bestimmung desselben liegt, ist insoweit als die „gewöhnliche" zu bezeichnen, als das Werkzeug zu ihr verwendet zu werden pflegt. Es handelt sich nur um die Anwendung dieser mechanischen Wirkung auf den Gebrauch des Werkzeugs gegen einen Menschen. [1] Der Schlag mit einem Hammer hat mechanisch dieselbe Wirkung, gleichviel ob er gegen einen leblosen Gegenstand oder gegen einen Menschen geführt wird; er zertrümmert das

---

[1] Dies wird von v. Bothmer, in s. Erört. aus d. Hannov. Rechte II. S. 318 übersehen.

Object, wenn es schwächer ist, oder erschüttert es wenigstens. Dies ist die gewöhnliche Wirkung eines Schlages mit dem Hammer. Insofern bieten die Worte keinen Zweifel dar und erfordern noch nicht den Ausschluß derjenigen Fälle, in welchen durch die besondere Befähigung des Diebes die Gefährlichkeit in Kraft tritt. Wohl aber wird die aufgestellte Frage und zwar deshalb zu verneinen sein, weil diejenige Wirkung, welche nur unter der Voraussetzung einer „außergewöhnlichen" Befähigung bei der Handhabung des Gegenstandes wahrscheinlich ist, nicht die „gewöhnliche Wirkung" genannt werden kann. Hierdurch stellt sich eine wesentliche Verschiedenheit zwischen der „gewöhnlichen Wirkung" und der „Beschaffenheit" heraus.

Wenn nach der „gewöhnlichen Wirkung" die Gefährlichkeit des Werkzeugs bestimmt wird, so fragt es sich, ob auch Werkzeuge hierher gerechnet werden können, welche in einer andern Weise angewendet werden, als dies gewöhnlich der Fall ist. Nehmen wir den Fall, daß der Dieb mit einem ungeladenen Terzerole (mit einer nicht zusammengesetzten und also nicht schußfertigen Flinte 2c.) sich versieht. Er kann hiermit schlagen, ja den Gegner hierdurch lebensgefährlich verletzen. Ist dies aber die gewöhnliche Wirkung zu nennen, da es doch nicht der gewöhnliche Gebrauch des Werkzeugs ist? Wir bejahen die Frage. Wir werden überhaupt hier bei der „gewöhnlichen Wirkung" nur denjenigen Gebrauch ins Auge fassen dürfen, welchen der Dieb gerade von dem Werkzeuge zu machen beabsichtigt. Der Schlag, den der Dieb mit dem ungeladenen Terzerole führt, ist kein gewöhnlicher Gebrauch, wohl aber ist die Beschädigung des Geschlagenen durch den Schlag die gewöhnliche Wirkung des Schlagens mit einem Werkzeuge. Dies genügt. Nach der entgegengesetzten Meinung würde die zum Ausheben und Auswuchten bestimmte Brechstange, dafern sie zum Schlagen gegen den Bestohlenen verwendet werden soll, nicht als Waffe prädicirt werden dürfen. Das Gesetz beschränkt die „Wirkung" nicht durch die Hinweisung auf einen bestimmten Gebrauch des Werkzeugs, insbesondere nicht auf den „regelrechten" oder „ordnungsmäßigen Gebrauch" desselben. Daher können ungangbare, verrostete Gewehre zwar nicht als Schußwaffen, wohl aber als „gefährliche Werkzeuge" (zum Schlagen 2c.) angesehen worden.[1]

Die „gewöhnliche Wirkung" schließt dagegen die Fälle aus, in denen die gefährliche Verletzung nur bei einer außergewöhn= lichen und nicht zu vermuthenden Kraftanstrengung mit dem Werkzeuge bewirkt werden kann. So wird ein schwacher Spazier= stock als Waffe nicht zu betrachten sein. Solche Fälle setzen zur Annahme der Möglichkeit von lebensgefährlicher Verletzung eine besondere Gestaltung des Falles und unwahrscheinliche Möglich= keiten voraus. Von ihnen ist daher der Begriff nicht abhängig zu machen, und zwar um so weniger, als der Erfolg der An= wendung des Werkzeugs nicht über den Begriff der Waffe ent= scheiden kann. In dem oben berührten Falle der besondern Ge= schicklichkeit, welche dem Träger des Instruments in der Hand= habung desselben beiwohnt, ist es diese von Anfang an vorhan= dene Eigenschaft des Trägers, durch welche eine Wirksamkeit des Instruments, die in ihm bereits vorhanden, lebendig gemacht wird. Die Verschiedenheit dieses Falles von dem so eben besprochenen liegt klar vor. Ebenso kann dadurch, daß ein gefährliches Werk= zeug in nicht gefährlicher Weise gegen den Bestohlenen angewendet worden, die Eigenschaft als gefährliches Werkzeug (Waffe) nicht nachträglich wieder beseitigt werden.[2]

Das Badische Gesetzbuch sagt: „Werkzeuge, mit welchen ihrer Beschaffenheit nach lebensgefährliche Verletzungen leicht zu= gefügt werden können." Mit dem Worte: „leicht" wird die Objectivität der Gefährlichkeit noch schärfer hervorgehoben.

---

1) Hommel, de furto qualif. §. 13. Tittmann, a. a. O. §. 465. not. 10. Eine in ihre einzelnen Theile zerlegte, nicht schußfertige Flinte ist dagegen vom Obertribunal zu Berlin nicht als Waffe angesehen wor= den. Goltdammer, Archiv 2c. Bd. X. S. 140.

2) Vgl. auch nach d. Entscheidungen des O. A. G zu München in der Zeitschr. f. Gesetzg. 2c. in Bayern Bd. V. S. 357. Bd. VII. S. 60 f.

§. 5.
Die Absicht bei der Bewaffnung.

Ist es erforderlich, daß der Dieb in der Absicht sich mit den Waffen versieht, um mit ihnen, da nöthig, sich zur Wehre zu setzen?

Die überwiegende Mehrzahl der Criminalisten bejaht die Frage. Es geschieht dies auch von denen, welche lediglich die Gefährdung des Bestohlenen hervorheben. Es wird hierfür geltend gemacht, daß während in dem Einsteigen und Erbrechen an sich schon die Gefahr für den Bestohlenen sich manifestire, sie nicht ohne Weiteres in dem Tragen von Waffen sich zeige; vielmehr dasselbe möglicherweise höchst ungefährlich sei und nichts Auffälliges habe. Das Einsteigen und Einbrechen könne nicht unwillkürlich und absichtslos geschehen, wohl aber könne die Waffenführung zufällig sein.[1] Auch reiche nicht jede Befürchtung des Bestohlenen hin, um den Diebstahl zu qualificiren.[2] Erst durch die eventuelle Absicht werde daher die Waffenführung ein genügendes Moment für die Qualification.

Nicht minder beruft man sich zur Festhaltung der „eventuellen Absicht" als Requisits des bewaffneten Diebstahls auf die Fassung der Carolina „damit er jemand — verletzen möcht," indem das Wort „damit" in Verbindung mit „möcht" nicht blos soviel als „mit denen," sondern vielmehr „damit er mit ihnen" bedeute.[3] Auch auf die Analogie des Römischen Rechts ist Bezug genommen worden, indem in fr. 1. pr. D. XLVIII. 8. bestimmt sei: „lege Cornelia de sicariis et veneficis tenetur, qui hominis occidendi furtive faciendi causa cum telo ambulaverit."

Was nun die neuen Gesetzbücher anlangt, so erfordern nach den oben referirten Bestimmungen die meisten nicht, daß der Dieb

---

1) Böhmer l. l. §. 6.
2) Vgl. auch Klien, Diebstahl ꝛc. S. 424.
3) Vgl. noch b. Kurhess. Spruchpraxis bei Kersting, S. 672.

sich mit den Waffen in der fraglichen Absicht versehen habe. [1])
Vielmehr ist lediglich die Thatsache der Gefährdung des Bestoh=
lenen durch die Waffenführung Seiten des Diebes das Moment,
in welchem jene Gesetze das Motiv zur Qualificirung finden.

Mit diesem Motive ist jeder Diebstahl ein bewaffneter, wel=
cher mit Waffen oder ihnen gleichstehenden Werkzeugen ausgeführt
wird. Der Unterschied, ob sie zur Ausführung des Diebstahls
dienen und mitgenommen worden oder nicht, kommt gleichfalls nicht
weiter in Betracht. [2])

Diese rein äußerliche Auffassung führt ferner zu manchen
Inconvenienzen. Das Messer in der Tasche des Diebes, wie das
Seitengewehr des Soldaten, der auf einen Diebstahl ausgeht, —
in beiden Fällen qualificirt die Waffe den Diebstahl, selbst wenn
der Dieb bei dem Diebstahle an den Besitz der Waffe und die
Möglichkeit, ihrer eventuell sich bedienen zu können, nicht einmal
gedacht hat. Bei dem Messer in der Tasche des Diebes ist nicht
einmal eine thatsächliche Bedrohung für den Bestohlenen erkenn=
bar, da letzterer das Messer nicht sieht und nicht sehen kann. Hier
würde vielmehr zu einer Infurchtsetzung des Bestohlenen wenig=
stens noch erforderlich sein, daß der Dieb bei dem Zusammentreffen
mit dem Bestohlenen sich des Besitzes der Waffe erinnerte, sie
hervorholte und dadurch unter die Augen des Bestohlenen brächte;
— bei dem bewaffneten Soldaten dagegen bedarf es zur An=
nahme der Bedrohung nicht einmal einer solchen Thätigkeit des
Diebes; das Seitengewehr ist sichtbar und der Bestohlene leistet

---

1) Auch das Oesterr. Gesetzbuch erfordert diese Absicht nicht ausdrück=
lich. Herbst, Handbuch 2c. Bd. I. S. 340 f. sucht jedoch nachzuweisen,
daß bei der Nothwendigkeit des bösen Vorsatzes für die zur Criminalität
erforderlichen Momente die für die persönliche Sicherheit gefähr=
liche Absicht des Diebes zum Thatbestande des bewaffneten Diebstahls
gehöre.

2) Eine Ausnahme macht das Gesetzbuch von Sachsen Art. 280,
welches eventuelle Absicht nicht erfordert, jedoch die zur Ausführung des
Diebstahls bestimmten Werkzeuge und Waffen (wobei die Motiven aus=
drücklich auf die Wilddiebstähle hinweisen) ausschließt.

keinen Widerstand, weil er das Seitengewehr — an welches der
Dieb dagegen vielleicht gar nicht denkt — sieht und dessen Ge=
brauch fürchtet. Dasselbe gilt von den Werkzeugen, welche vom
Diebe lediglich zur Verübung des Diebstahls mitgebracht wurden.

Demnächst weichen diejenigen Rechtslehrer, welche die That=
sache der Bewaffnung für ausreichend zur Qualificirung erachten,
insofern wieder von einander ab, als Einige derselben die Be=
fürchtung des Bestohlenen accentuiren, daß der Dieb mit der
Waffe ihn verletzen könne, und daher den bewaffneten Diebstahl
wiederum negiren, wenn die Unversänglichkeit der Waffenführung
auch dem Bestohlenen erkennbar war;[1] Andere aber nur die in
der Waffenführung liegende Gefahr für den Bestohlenen hervor=
heben und in ihr allein das Wesentliche finden. Diese Gefahr
würde auch bei den, dem Bestohlenen nicht sichtbaren oder erkenn=
baren Waffen vorhanden sein.[2]

Bringen wir damit in Verbindung, daß das Werkzeug durch
den Gebrauch als Waffe auch unter diesen Begriff fallen soll,
so erhalten wir, wenn lediglich die Gefährdung accentuirt und
dabei darauf, ob der Bestohlene das Werkzeug als Waffe erkannt
oder es wenigstens gesehen hat, keine Rücksicht genommen wird,
das eigenthümliche Resultat, daß z. B. der schwere Hausschlüssel,
der Schlagring in der Tasche und an der Hand des Diebes den
Diebstahl zum bewaffneten macht.

Diese Ausdehnung des bewaffneten Diebstahls ist offenbar
unberechtigt. Sie nimmt auf die Gefährlichkeit des Diebes selbst
und dessen dolus keine Rücksicht. Sie qualificirt den Diebstahl
auch da, wo weder eine schwerere Absicht, als die jedes andern
Diebes vorliegt, noch wo in Wahrheit eine Gefährdung des Be=
stohlenen erfolgte, da — zum Thatbestande des bewaffneten Dieb=
stahls — ein Zusammentreffen des Diebes mit dem Bestohlenen
nicht verlangt wird. Die Möglichkeit, daß der bewaffnete Dieb
dem Bestohlenen gefährlich werden könne, ist nicht geeignet, den

---

1) Vgl. Goltdammer, a. a. O.
2) Vgl. z. B. Code pénal Art. 365 „armes apparentes ou cachées."

Mangel eines, auf solche Gefährdung bereits gerichteten animus zu ersetzen.[1]) Der einfache, in jeder Beziehung vielleicht unbedeutende Diebstahl wird zum qualificirten, sobald der Dieb ein Messer 2c. bei sich führt. Macht der Dieb von Waffen 2c. Gebrauch, die er nicht in dieser Absicht bei sich geführt, so erscheint er zwar besonders strafwürdig, weil der Bestohlene und dessen Eigenthum schwer gefährdet werden. Allein diese Erwägung führt zu besonderer Hervorhebung des Falls mit erhöhter Strafe, aber noch nicht zur Subsumtion unter den bewaffneten Diebstahl.

Man hat mit der Beschränkung auf die Thatsache der Waffenführung die Schwierigkeiten des Beweises bezüglich der eventuellen Absicht des Diebes abschneiden wollen. Aber dieser Nützlichkeitsgrund führt zur Ungerechtigkeit.

Man hat auch z. B. in der Preuß. Spruchpraxis in den Fällen, in welchen eine völlig unverfängliche Absicht des Diebes klar vorgelegen, die Qualification nicht angenommen und hiermit für diese Fälle einigen Einfluß der Rücksicht auf den dolus gestattet.[2]) Allein schon hierin ist eine, wenngleich abgenöthigte, Abweichung von dem Gesetze und dessen Tendenz erkennbar, indem das Gesetz lediglich das Thatsächliche der Waffenführung und der in ihr liegenden Gefährdung des Bestohlenen hervorhebt, diese aber auch bei der ursprünglich unverfänglichsten Absicht des Diebes nachträglich im Augenblicke der Gefahr, wo der Dieb betroffen wird, mit dem Gebrauche der Waffe eintreten kann.

Es ist diese Abweichung auch deshalb inconsequent, weil sie nicht völlig durchgeführt ist. Liegt nämlich die unverfängliche Absicht des Diebes bei der Waffenführung klar vor, so wird bewaffneter Diebstahl nicht angenommen. Ergibt sich aber diese Unverfänglichkeit nicht ohne Weiteres und würde sie noch eines besondern Beweises bedürfen, so wird letzterer abgeschnitten und bewaffneter Diebstahl ohne Weiteres angenommen. Die Halbheit

---

1) Hiermit erledigt sich in der Hauptsache die gegentheilige Argumentation Hammers a. a. O.
2) Goltdammer, Archiv Bd. I. S. 247. Bd. III. S. 818.

und der Widerspruch, wie die Ungerechtigkeit solcher Unterscheidung liegen klar vor.

Der spätere Gebrauch der Waffe kann den Diebstahl als solchen nicht qualificiren. Für die Frage der Qualification ist vielmehr der Zeitpunkt der Bewaffnung und die Absicht bei derselben entscheidend.

Es kann die Feststellung der Absicht allerdings im einzelnen Falle mit Schwierigkeiten verbunden sein, obgleich dieselben bisweilen von den Gegnern überschätzt worden sind. Aber die Lösung dieser Schwierigkeiten kann nicht durch eine völlige Beseitigung der Frage nach der Absicht bewirkt werden. Die Schwierigkeit des Beweises ist keine Rechtfertigung für die Negation eines an sich gebotenen Requisits des Thatbestands. Noch weniger kann man aus der Waffenführung eine praesumtio doli ableiten; sie würde häufig genug durch entschiedene Gegenthatsachen widerlegt werden und hiermit zu einer fictio doli ausarten.

Die höhere Gefährlichkeit des bewaffneten Diebes kann an sich auch deshalb nicht als das erschwerende Moment angesehen werden, weil der körperlich starke Mensch, selbst unbewaffnet, nach Befinden, gefährlicher ist, als der bewaffnete, aber schwächliche, auch vielleicht in der Führung der Waffe wenig erfahrne Dieb. Der Faustschlag jenes Diebes ist eine schwerere Gefährdung, als der Schlag dieses Diebes mit dem Knüttel. Dessenungeachtet ist hier der Diebstahl qualificirt, — dort nicht; und mit Recht, weil in der absichtlichen Bewaffnung die größere Verwegenheit des Diebes sich kundgibt.

§. 6.

Nähere Feststellung der Absicht der Widersetzung.

Wir wenden uns nun zu der näheren Feststellung der „eventuellen Absicht" rc. des Diebes bei der Bewaffnung.

Es reicht zur Annahme dieser eventuellen Absicht im einzelnen Falle hin, wenn der Dieb dessen, daß er eine Waffe bei sich führe, und der Möglichkeit, mit ihr dem Bestohlenen Widerstand

10*

leisten zu können, ausdrücklich sich bewußt gewesen. Man darf nicht einwenden, daß der Dieb, welcher eine Waffe nach seinem Lebensberufe zu führen gewöhnt ist, nothwendig dessen, daß er eine Waffe bei sich habe, bewußt gewesen sein müsse und daß sonach obiges Requisit als ein praktisch überflüssiges sich darstelle. Denn die Führung der Waffe kann für ihn allerdings eine so gewöhnliche sein (vgl. die obigen Beispiele), daß er des Waffenbesitzes sich während der That kaum erinnert.

Dagegen ist auch nicht nöthig, daß eine specielle und bestimmte Absicht vorgelegen habe, mit den Waffen sich zur Wehre zu setzen. Es genügt, daß der Sinn des Diebes auf den eventuellen Gebrauch der Waffe mitgerichtet ist. In diesem Sinne des Diebes tritt die größere Verwegenheit desselben hervor, wie durch letztere wieder eine besondere Gefährdung des Bestohlenen bewirkt wird. Der Dieb ist in diesem Falle auf das Zusammentreffen mit dem Bestohlenen vorbereitet, läßt sich aber durch den Gedanken hieran von der Ausführung nicht abhalten; er fühlt sich für diesen Fall sicherer in dem Bewußtsein, daß er bewaffnet sei. Dies wird daher auch auf den Soldaten und überhaupt auf jeden Anwendung finden, welcher die Waffe nicht direct und lediglich in der Absicht des Widerstandes an sich genommen hat, oder bei sich führt, sondern mit der Waffe, die er aus irgend einem andern Grunde bei sich führt, zum Diebstahle geht und dabei ausdrücklich dessen sich bewußt geworden ist, daß er mit der Waffe Widerstand leisten könne.

Es leuchtet ein, daß aus dem Gebrauche der Waffe allein darauf nicht ein Rückschluß gemacht werden kann, daß der Dieb mit ihr sich zu dem Diebstähle versehen habe, da hier zwei ganz verschiedene Zeitpunkte in Frage kommen.[1] Bei den Waffen im eigentlichen Sinne des Wortes wird die geschilderte Absicht in der Regel aus der Führung der Waffe selbst sich ergeben, es wäre denn, daß die Führung der Waffe an sich, sei es in Rücksicht auf das Gewerbe ꝛc. des Diebes, sei es in Rücksicht auf die Umstände

---

1) Vgl. dagegen b. Entscheidung des O. A. G. zu Dresden in der Sächs. Ger. Ztg. Bd. VI. S. 33.

des Falles, nichts Auffälliges enthält. [1]) In diesen letztern Fällen wird nämlich das Anführen des Diebes, daß die Bewaffnung ohne irgend eine Beziehung zu der Ausführung des Diebstahls stehe und erfolgt sei, glaubhaft erscheinen, während dieses Anführen sich in den übrigen Fällen durch die Thatsache der Bewaffnung widerlegen würde. Als eine nicht auffällige Waffenführung würde es z. B. anzusehen und daher qualificirter Diebstahl nicht anzunehmen sein, wenn der Dieb am Orte der That auch einen Degen stiehlt und ihn zu den übrigen Sachen, deren Mitnahme er beabsichtigt, legt.

Bei den „Werkzeugen" wird der Beweis der geschilderten Absicht ebenfalls dann erleichtert sein, wenn das Werkzeug offenbar nicht zur Ausführung des Diebstahls oder zur Fortschaffung des Entwendeten bestimmt gewesen und es im Uebrigen unter den Begriff „Waffe" gestellt werden kann. Auch hier wird in der Thatsache der Mitnahme des Werkzeuges ein gewichtiges Anzeichen für die fragliche Absicht zu finden sein. Andererseits können gleiche Verhältnisse, wie bei den eigentlichen Waffen, dieses Indiz ausschließen, z. B. bei den, mit den Arbeitswerkzeugen heimkehrenden Arbeitern.

Selbst bei der Werkzeugen, welche zur Ausführung des Diebstahls mitgebracht worden, kann gleichzeitig die eventuelle Absicht des Diebes, mit ihnen Widerstand zu leisten, vorhanden sein. Die nächste Bestimmung der Werkzeuge schließt diese eventuelle Bestimmung derselben nicht aus, wenngleich die letztere hierbei mehr in den Hintergrund tritt und auch in Bezug auf den Gebrauch selbst recht eigentlich als eventuelle sich darstellt.

Soll dagegen nach der hier bekämpften Meinung die Thatsache der Waffenführung allein über den Thatbestand entscheiden, so kann in diesem Falle, trotz des hierauf gerichteten dorus des Diebes, bewaffneter Diebstahl nicht angenommen werden, wenn es nicht (was aber zum Thatbestande des bewaffneten Diebstahls nicht erforderlich ist) zum Gebrauche gekommen. Denn die Führung der zum Diebstahle erforderlichen Werkzeuge ist keine Bewaffnung

---

1) Dies wird allgemein angenommen.

in dem hier fraglichen Sinne. Auch hierin liegt ein Argument für die Unrichtigkeit der gegentheiligen Ansicht.

In einem Falle hatten Kartoffeldiebe Spaten zur Ausgrabung der Kartoffeln mitgenommen und einer derselben dabei geäußert, daß die Spaten auch dazu gut wären, dem Feldwächter, wenn er dazu (zum Diebstahle) kommen sollte, eins zu versetzen. Wir wählen zugleich diesen Fall (der K. Sächs. Spruchpraxis), um an ihm praktisch den oben aufgestellten Satz zu erläutern, daß es ausreicht, wenn der Dieb ausdrücklich der Möglichkeit sich bewußt gewesen, mit dem Werkzeuge Widerstand leisten zu können. Diese Hinweisung des Diebes auf den eventuellen Gebrauch des Werkzeugs zur Widersetzung genügt, um es zur „Waffe" und den Diebstahl zum bewaffneten Diebstahl zu stempeln.

Zuweit geht jedenfalls das Badische Gesetzbuch, indem es §. 381 die „Führung" der Waffen ꝛc. qualificirt, dabei aber die Beschränkung beifügt „insofern sich nicht aus den Umständen des einzelnen Falles als glaubhaft ergibt, daß der Dieb sich derselben zum Angriffe oder Vertheidigung bei der Ausführung des Diebstahls nicht habe bedienen wollen."[1]) Der Angeklagte wird hierdurch mit einem Beweise beschwert, dessen Gegentheil vielmehr der Anklage obliegt. Das Gesetz wird auch inconsequent, indem es, wie bemerkt, die Waffenführung und mit ihr die Gefährdung des Bestohlenen hervorhebt, bei dieser Auffassung aber die ursprüngliche Absicht des Diebes einflußlos sein muß.

Die Antwort auf die Frage, in welcher Absicht hat der Dieb das Werkzeug mitgenommen? wird daher auch die Beantwortung der Frage, ob es als Waffe anzusehen sei? wesentlich erleichtern und damit manchen Zweifel beseitigen. Entscheidet die Waffenführung allein, so wird übrigens die Frage, ob das Werkzeug eine Waffe sei? zur Thatfrage und mithin zur Competenz der Jury zu stellen sein.[2])

---

1) Diese Ansicht wurde schon in der gemeinrechtlichen Praxis mehrfach aufgestellt. S. Salchow, Lehrb. d. peinl. Rechts §. 373. Anm. **** u. die das. angeff. Rechtslehrer.

2) Vgl. auch Goltdammer, Archiv, Bd. I. S. 55. III. S. 818.

§. 7.

Ueber die Richtung der (eventuellen) Absicht. — Ungeladenes „Schießgewehr."

Worauf muß die eventuelle Absicht des Diebes gerichtet sein, wenn sie qualificiren soll? — Die Carolina hat auf die „Verletzung" des Bestohlenen hingewiesen. Die neuen Gesetze sprechen von „gefährlichen Werkzeugen" und von Werkzeugen, deren Gebrauch eine gefährliche Verletzung für den Angegriffenen haben kann. Es ist hier eine wirkliche Gefährdung durch den Gebrauch der Waffe, bez. des Werkzeuges indicirt und gerade in ihr liegt auch der Grund für Gleichstellung des Werkzeuges mit der Waffe.

Ohne diese (objective) Gefährdung des Bestohlenen ist daher auch der Thatbestand des bewaffneten Diebstahls nicht vorhanden.

Bei Waffen, die in dem Zustande, in welchem sie sich gerade finden, zu solcher Verletzung unfähig sind, z. B. ungeladenes Schießgewehr, kann die Absicht des Diebes wohl darauf gerichtet sein, mit ihnen den Bestohlenen zu bedrohen und zu schrecken, um ihn dadurch von jedem Widerstande abzuhalten. Allein dies genügt nicht,[1] weil eine objective Gefahr nicht vorhanden war; die Furcht des Bestohlenen allein reicht nicht aus; die Verwegenheit des Diebes ist nicht so groß, als der Bestohlene irrthümlich glaubt.[2]

Selbst wenn man nur den Standpunkt des Bestohlenen festhält und die eventuelle Absicht des Diebes, wie wir sie verlangt haben, für unerheblich erklärt, wird man doch eine nur eingebildete (nicht wirkliche) Gefährdung, wenngleich vielleicht der Irrthum sehr natürlich war, nicht für genügend erachten und daher

---

1) So entschied auch das D. A. G. zu Cassel bei einer nur mit Pulver geladenen Pistole. Heuser, Entscheid. Bd. IV. S. 304.

2) Ueber den Fall, wenn der Dieb mit der ungeladenen Pistole den Bestohlenen zu schlagen eventuell entschlossen ist, s. weiter unten.

im Falle der Bedrohung mit einer ungeladenen Pistole die Qualification nicht statuiren.

Wollte man dagegen lediglich den subjectiven Standpunkt
des Bedrohten als entscheidend ansehen, so würde es zuletzt gleichgiltig sein, ob das Instrument, mit welchem der Dieb drohte,
wirklich eine Waffe war oder nur von dem Bestohlenen dafür gehalten wurde; z. B. ein Stock für eine Flinte ꝛc.

Bei der Nothwehr genügt allerdings auch eine eingebildete
Gefahr, wenn nur der Irrthum des Bedrohten ein nicht völl'g
unhaltbarer gewesen. Ebenso würde auch bei dem Diebstahle der
Irrthum des Bestohlenen, welcher von einem (ungeladenen) Pistole sich bedroht sieht, daß die Pistole geladen und er von einer
schweren Gefährdung seines Lebens ꝛc. bedroht sei, gerechtfertigt
und eine von ihm, zur Abwendung dieser Gefahr dem Diebe zu-
gefügte Verletzung entschuldigt sein.

Allein es handelt sich hier nicht um die strafrechtliche Beurtheilung der Handlungen des Bestohlenen, die er in Folge
seines Irrthums vornimmt, sondern es fragt sich, ob wirklich eine
Gefahr für den Bestohlenen und eine besondere Verwegenheit des
Diebes vorhanden war. Jene, wie diese sind hier nicht vorhanden.
Die irrthümliche Auffassung des Bestohlenen kann jene wie diese
nicht ersetzen.

Allerdings kann der Dieb durch die Drohung mit der,
wenngleich ungeladenen Pistole den Bestohlenen zurückschrecken und
dadurch sich den Rückzug sichern. Allein es ist eine andere Frage,
ob ein solcher Gebrauch der Waffe unter die schwereren Bestimmungen des Gesetzes über die Gewalt zur Sicherung des Entwendeten oder der Flucht fällt. Die Beantwortung dieser Frage
ist unabhängig von dem Thatbestande des bewaffneten Diebstahls.
Die Gewalt zur Sicherung des Entwendeten setzt überhaupt den
Gebrauch von Waffen nicht voraus; sie kann auch ohne Waffen
und z. B. durch die Faust, so wie durch Werkzeuge, welche entschieden nur zur Ausführung des Diebstahls mitgenommen worden sind, ausgeübt werden. Der Gebrauch des Werkzeugs ꝛc.
macht den Diebstahl nicht nachträglich zum bewaffneten, wie dessen

Thatbestand überhaupt völlig unabhängig davon ist, daß es zu
einem Zusammentreffen mit dem Bestohlenen kommt.

Dessenungeachtet kann nach Befinden die Mitnahme einer
ungeladenen Pistole den Thatbestand des bewaffneten Diebstahls
erfüllen. Es kann nämlich der Dieb mit der ungeladenen Pistole
auch schlagen. Allein dann wird vorausgesetzt, daß der Dieb
bei der Ansichnahme der Pistole die Absicht gehabt habe,
ihrer sich als Schlagwaffe zu bedienen. In solchem Falle ist der
Thatbestand des bewaffneten Diebstahls vorhanden, und zwar
ohne daß er dadurch wieder aufgehoben wird, daß der Dieb bei
dem Zusammentreffen mit dem Bestohlenen von der Waffe nicht
den speciell beabsichtigten Gebrauch machte. Es würde also
hier z. B. dieser Thatbestand nicht cessiren, weil der Dieb mit der
Pistole den Bestohlenen bedroht, — nicht aber ihn schlägt. Die
Mitnahme in Verbindung mit der Absicht bei derselben, — nicht
der spätere Gebrauch oder die Art derselben entscheiden. Ohne
solche Absicht ist und bleibt aber die ungeladene Pistole ein
ungefährliches Werkzeug. Dasselbe gilt von Schußwaffen überhaupt, die zur Abfeuerung nicht mehr brauchbar sind. [1]

§. 8.

Das Mitbringen der Waffe und das Bewaffnen an Ort und Stelle.

Muß der Dieb die Waffen mitgebracht haben oder genügt
die Bewaffnung an Ort und Stelle? Die Carolina bestimmt:
„— mit waffen zum stelen eingeht." Dies spricht für die erstere
Meinung. [2] Allein die gemeinrechtliche Praxis hat sich wegen der
ratio legis ziemlich einstimmig für die letztere Meinung erklärt. [3]

---

1) Vgl. übrigens noch Koch, instit. jur. crim. §. 194 not. a.
2) Vgl. auch Marezoll, Lehrb. §. 137.
3) Vgl. Tittmann, Handb. ꝛc. §. 464. Anm. p. u. d. das. Ungeff.
Allen, Diebstahl ꝛc. S. 431. Koch, instit. jur. crim. §. 194. Vgl.
auch Heuser, Handb. b. Churh. Strafrechts S. 106.

Das Hannöv. Gesetz sagt in §. 6 des Gesetzes v. J. 1857: „vor oder während der Verübung des Diebstahls,“ „um sich allenfalls zur Wehre zu setzen.“

Das K. Sächs. Gesetzbuch Art. 280: „Hat sich der Dieb mit — versehen ꝛc.“

Das K. Preuß. Gesetzbuch §. 218 „wenn der Dieb — Waffen bei sich führt.“ Der Entw. f. Bremen §. 399: „wenn der Dieb — bei Verübung der That mit Waffen versehen war.“

Das K. Bayer. Gesetzbuch Art. 274: „wenn sich der Dieb — zur Verübung der That mit Waffen versehen hat.“ Das K. Württemb. Gesetzbuch Art 324 „wenn er sich zur Unternehmung der That mit Waffen versehen hat.“ Das Großh. Hess. Gesetzbuch Art 306, „wenn sich der Dieb zu einem Diebstahle mit Waffen versehen hatte.“

Nach den drei zuletzt genannten Gesetzbüchern ist es erforderlich, daß der Dieb mit den Waffen sich bereits versehen, ehe er am Orte des Diebstahls eingetroffen ist. Es gehört hier die Bewaffnung zur Vorbereitung der That, und man wird von demjenigen, welcher erst am Orte der That sich bewaffnet hat, nicht sagen können, daß er sich „zur Unternehmung derselben“ mit Waffen versehen habe, wie auch das „Versehen“ in dieser Zusammenstellung („zu einem Diebstahle“) auf eine Vorbereitung hindeutet.

Allgemeiner lauten die übrigen Gesetzbücher. Hier entscheidet die Thatsache der Bewaffnung zur Zeit der That. Insbesondere ist das „bei sich führt“ etwas rein Thatsächliches.

Die Bewaffnung am Orte der That zeigt einen minder schweren dolus, als das Ausgehen mit Waffen zum Diebstahle.[1] Diese Auffassung hängt freilich davon ab, daß die (eventuelle) Absicht des Diebes, sich zur Wehre zu setzen, für erforderlich erachtet wird. Wird aber das rein Thatsächliche, also die Gefahr für den Bestohlenen als entscheidend angesehen, so kommt auf diese Absicht überhaupt gar nichts an und daher auch nicht auf die Zeit der Bewaffnung.[2] Das Mitbringen der Waffe, wie das

---

[1] Hommel, de furto qualif. §. XVI.

[2] Vgl. Hammer, a. a. O. S. 634 f.

Ergreifen derselben an Ort und Stelle reichen hier zur Qualification hin; ja selbst dasjenige Führen der Waffe, bei welchem der
Träger an einen möglichen Gebrauch derselben nicht gedacht hat.

Selbst aus dem Erforderniße der eventuellen Absicht läßt sich
jedoch — abgesehen von der Fassung einiger Gesetzbücher — die
Mitnahme der Waffen beim Ausgehen auf den Diebstahl
nicht als Requisit ableiten. Auch das Ergreifen der Waffen an
Ort und Stelle kann noch in dieser Absicht erfolgen. [1] Aus
solchem Ergreifen wird sogar, wenn nicht die Entwendung der
Waffen selbst beabsichtigt war, in der Regel gerade ein Beweis
für diese Absicht hervorgehen. [2] Daß das Mitnehmen der Waffen
einen noch schwereren dolus bekundet, ist dabei zuzugeben, hat
aber nur auf die Abmessung der Strafe Einfluß. Jedoch kann
man auch den Fall sich denken, daß der Dieb gewußt hat, daß er
am Orte des Diebstahls Waffen finden wird, und sich daselbst
bewaffnet; [3] sonach mit dieser Absicht zum Diebstahle ausgeht.

War der Dieb bei dem Diebstahlsacte nicht bewaffnet,
so genügt selbstverständlich auch nicht das bewaffnete Eingehen zum
Thatbestande des bewaffneten Diebstahls. Wenn der Dieb seinen
Sinn ändert und die Waffen beseitigt, ehe ein Zusammentreffen
mit dem Bestohlenen denkbar ist, so liegt insoweit ein freiwilliges
Abstehen von dem Verbrechen vor. [4] Es wird hier die Sachlage
des einzelnen Falles entscheiden. Dagegen genügt eine solche
Weglegung der Waffen nicht, bei welcher dem Diebe in jedem
Augenblicke es möglich ist, sie wieder zu ergreifen und zu gebrau-
chen; z. B. einstweilige Weglegung der Waffen, da durch deren
Führung die Entwendung der Sachen erschwert wird.

Es wird daher auch nicht ohne Weiteres der Thatbestand
des bewaffneten Diebstahls dadurch ausgeschlossen, daß der Dieb
Waffen zwar mitnahm, sie jedoch außerhalb des Gebäudes hin-

---

1) Vgl. hier noch Hammer, a. a. O. S. 636. Die ältere Literatur
stimmt ziemlich allgemein hiermit überein. Salchow, a. a. O. S. 110.

2) Vgl. auch Böhmer, l. l. §. 6.

3) S. auch Heffter, a. a. O. Anm. 7.

4) Hiermit widerlegt sich die Deduction Hammer's a. a. O.

legte, um sich lediglich die Flucht zu sichern.[1]) Die Möglichkeit
alsbaldiger Ergreifung steht der actuellen Führung der Waffen
gleich.[2])

Dem O. A. G. zu Celle hat folgender Fall vorgelegen:
H. und W. vereinigen sich zu einem gewissen, bestimmten Diebstahle und nehmen bei der Ausführung eine scharf geladene Pistole
mit. Nachdem die That vollbracht worden, bietet sich die Gelegenheit, noch an drei andern Stellen, sämmtlich in demselben
Dorfe, zu stehlen und es geschieht dies unmittelbar hintereinander.
Es wurde angenommen, daß nicht vier bewaffnete Diebstähle
vorlägen, vielmehr die drei letzten Diebstähle nicht als bewaffnete
anzusehen, und zwar deshalb, weil das factum der Bewaffnung
nur einmal vorgekommen, in den übrigen Fällen die Waffe, welche
die Diebe einmal bei sich getragen, nur nicht weggelegt worden;
man accentuirte dabei als Grund der Auszeichnung des bewaffneten Diebstahls vorzugsweise die schlimme Individualität des
Diebes.[3]) Es scheint uns diese Entscheidung bedenklich. Die
Mitnahme der Waffe zum ersten Diebstahle war in der eventuellen Absicht der Widersetzung erfolgt. Die alsbaldige Verübung
der übrigen Diebstähle zeigt kein Moment, daß die Diebe diese
Absicht aufgegeben. Besondere Umstände für diese Annahme
liegen nicht vor.

§. 9.
Vollendung des Diebstahls.

Ist zur Anwendung der vollen Strafe die Vollendung des
Diebstahls selbst nöthig? — Die K. Sächs. und die Thüring.
Gesetzgebungen verneinen die Frage.[4]) Die übrigen Gesetze führen

---

1) Anderer Meinung ist Tittmann, Handb. §. 464. Anm. r.
2) Klien, Diebstahl ꝛc. S. 430.
3) N. Jahrb. f. Sächs. Strafrecht Bd. IV. S. 209 f.
4) Ebenso Hommel, de furto armato §. 18. Erhardt, sächs. peinl.
Recht §. 377, welche sich auf die Regel stützen: in lege Cornelia dolus
pro facto accipitur.

den bewaffneten Diebstahl unter den Auszeichnungen des Diebstahls in dem Capitel von dem Diebstahle mit auf und die allgemeine, an der Spitze des Capitels stehende Begriffsbestimmung über die Vollendung des Diebstahls leidet auf alle Diebstahlsarten Anwendung, da keine derselben, auch nicht die des bewaffneten Diebstahls ausgenommen ist. Ohnedem wird der bewaffnete Diebstahl in den meisten Gesetzen lediglich als eine Unterart des ausgezeichneten Diebstahls, unter den übrigen Qualificationsarten, behandelt. Auch der Diebstahl mit Einsteigen ꝛc. ist nicht vollendet, wenn der Dieb nach dem Einsteigen, aber vor der Aneignung der Sache ergriffen wird, obgleich hier das qualificirende Moment bereits vollständig vorhanden ist. Sowohl die Mehrzahl der älteren Juristen,[1]) als auch die neuern Juristen[2]) pflichten der hier vertheidigten Ansicht bei.

§. 10.
Diebstahl in unbewohnten Gebäuden — im Freien.

Der Dieb will sich eventuell mit der Waffe zur Wehre setzen. Dies führt auf die Frage, ob der bewaffnete Diebstahl auch im unbewohnten Gebäude oder im Freien verübt werden kann? Die Frage ist zu bejahen,[3]) da der Dieb hier wie dort Andere betreffen und überraschen können. Sie ist aber auch zu bejahen, wenn die Waffenführung an sich schon qualificirt, weil sie aus dem gedachten Grunde für Dritte gefährlich werden kann. Zu weit geht auch hier Hammer, wenn er die Frage deshalb bejaht,

---

1) Vgl. Leyser, Spec. 536 med. 6. Carpzov, qu. 79. n. 57 sq. Böhmer ad Carpz. qu. 79. obs. 6. Kress, ad C. C. C. 159. §. 3. Engau, §. 115. Koch, Anfangsg. d. p. R. ꝛc. §. 195. Puettmann, El. jur. crim. §. 467. Tittmann, Handb. §. 464. u. d. in not. k Angeff. Klein, Grundf. §. 446. Allen, Diebstahl ꝛc. S. 434 f.

2) Vgl. z. B. Heffter, §. 502. Abegg, §. 360. Martin, §. 154. Wächter, §. 192. Anm. 78. c. Feuerbach, §. 341 (ed. Mittermaier.)

3) Die ältere Praxis war verschiedener Meinung, neigte sich aber mehr zu der Verneinung. Quistorp, Grundf. §. 351.

158

weil die Gefahr für Menschenleben nicht Bedingung, sondern nur Folge des bewaffneten Diebstahls sei; denn jene Gefahr ist auch bei der Beschränkung des letztern auf die Thatsache der Bewaffnung nothwendige Voraussetzung der Qualification. — Ist allerdings der Fall von der Art, daß ein Herbeikommen von Menschen unbedingt nicht zu erwarten war, so ist auch nicht anzunehmen, daß die Bewaffnung in der hier fraglichen Absicht erfolgte. Es ist dies ein Moment zur Feststellung der letzteren. [1]) Schließlich wird die Ansicht des Diebes selbst entscheiden.

§. 11.
Ist das Ergreifen der Waffen nach der Entwendung ein Qualificationsgrund?

Es läßt sich wohl denken, daß der Dieb, nachdem er die Sache bereits an sich genommen und auf dem Rückzuge sich befindet, durch ein Geräusch rc. erschreckt, zur Deckung des Rückzugs sich noch bewaffnet. Wir gehen bei diesem Falle davon aus, daß der Diebstahl selbst vollendet gewesen.

Die Anwesenheit des Diebes in den Räumen oder in dem Hause des Bestohlenen wird für letzteren stets gefährlich sein. Nach Befinden, kann sogar die Fortschaffung des Entwendeten deshalb gefährlicher werden, weil der Dieb den Versuch wagen wird, die bereits erfaßte Beute und damit den Gewinn seiner Unternehmung sich zu sichern. Die Fortschaffung des Entwendeten in unmittelbarer Continuität mit dem Diebstahlsacte ist für den Dieb, wie auch für den Bestohlenen der Schlußstein des Diebstahls selbst und ihrer Anschauung, über Gewinn und Verlust nach, auch ein nothwendiger Theil desselben.

In der K. Sächs. Spruchpraxis hat man, bei mehreren Fragen aus der Diebstahlslehre, die Fortschaffung des Entwendeten noch als zum Diebstahlsacte gehörig betrachtet, natürlich, wenn

---

1) Vgl. den Fall bei Hufnagel, R. Präjud. d. Württemb. Ger. S. 418.

sie in unmittelbarer Continuität mit dem letzteren stand und der Dieb noch nicht außerhalb der Möglichkeit unmittelbarer Ergreifung sich befand. Diese Ansicht ist auch berechtigt.[1] Der Dieb, welcher mit der gestohlenen Sache noch in dem Hause des Bestohlenen betroffen wird, ist gleichsam noch in der Botmäßigkeit des letztern,[2] und es fragt sich wohl, ob man nicht die Vollendung des Diebstahls häufig zu zeitig in den Act der Aneignung selbst setzt, und ob nicht die Apprehensionstheorie bisweilen in einer, dem Leben und der gemeinen Auffassung widersprechenden Weise angewendet wird.

Das Ergreifen „auf frischer That" ist daher nicht auf den Act der Aneignung beschränkt, sondern auch dann anzunehmen, wenn der Dieb am Orte der That, unmittelbar nach der That, betroffen wurde. Der Ort der That ist ebenfalls nicht zu eng zu nehmen. Wird der Diebstahl z. B. im Hause selbst verübt, der Dieb aber im Gehöfte des Hauses betroffen, so ist noch „Ort der That" vorhanden. So bezeichnet schon das Römische Recht den Dieb als fur manifestus, qui in domo furtum fecit et nondum egressus januam deprehensus fuerit.[3]

Jedenfalls muß aber eine zeitliche Continuität mit dem Diebstahlsacte vorhanden sein.[4] Die Gesetzbücher von Preußen und Bayern sprechen von „frischer That." Das Beiwort „frisch" ist bezeichnend, will aber nichts ausdrücken, was nicht schon in dem Begriffe „That" mitenthalten. Wenn der Dieb die Sache versteckt hat, gleichviel aus welchem Grunde, den Ort der That unbelästigt verläßt und erst in späterer Zeit (z. B. um die Sache in der Nacht abzuholen) dahin zurückkehrt, so ist die Continuität nicht mehr vorhanden und eine etwaige Ergreifung des Diebes nicht auf der „That" erfolgt.

---

1) Vgl. noch unsere Ausführung in der Sächs. Ger. Ztg. Bd. VII. S. 128 f.

2) Vgl. noch Stenglein, Zeitschr. f. Gerichtspr. in Bayern Bd. I. S. 40 f.

3) Vgl. §. 3. J. IV. 1.

4) Vgl. auch noch unsere angez. Ausführung in der Sächs. Ger. Ztg. u. Herbst, Handbuch ꝛc. S. 341.

Dagegen ist nicht nöthig, daß bei der Verfolgung des Die=
bes der gerade verübte Diebstahl schon entdeckt war. Es genügt,
wenn der Dieb auch nur als im Allgemeinen eines Diebstahls ver=
dächtig angehalten worden ist. [1] Dasselbe gilt von dem Falle,
wenn die Verfolgenden davon, ob und was der verfolgte Dieb
bereits an sich genommen habe, keine Kenntniß haben. [2]

Der fliehende Dieb wird in der Regel nicht so gefährlich
sein, wie der auf der That betroffene Dieb. Der letztere wird
leicht der Angreifende, — der fliehende Dieb sucht seine Verthei=
digung nicht im Angriffe, vielmehr will er demselben ausweichen.
Allerdings kann auch der Fliehende durch Abschießen von Geweh=
ren re. sehr gefährlich werden; nicht minder, wenn er auf der
Flucht eingeholt wird und sich zur Wehre setzt.

Dessenungeachtet kann nicht in Abrede gestellt werden, daß
der Diebstahl selbst vollendet ist und daß die Qualification des
Diebstahls nicht über diesen hinaus ausgedehnt werden kann.
Die Ergreifung der Waffen nach der That ist daher
kein Qualificationsgrund. Uebrigens haben die meisten
Gesetze den Gebrauch von Waffen gegen die den Dieb anhalten=
den Personen besonders qualificirt, — dies ist aber ein besonderer
der That nachfolgender Erschwerungsgrund, welcher lediglich auf
der ausdrücklichen speciellen Vorschrift des Gesetzes beruht. Sie
hilft einer Lücke ab, aber ist keine nothwendige Consequenz der
Qualification des furti armati.

Es ist daher schon von der ältern gemeinrechtlichen Praxis
in solchem Falle ziemlich einstimmig [3] die Qualification nicht ange=
nommen worden, [4] wie denn auch die Worte in den neuen Gesetzen
„bei Verübung — versehen" „zur Unternehmung der That," auf
gleiche Ansicht hinweisen. Das Badische Gesetzbuch sagt: „vor oder
während der Verübung."

---

1) So entschied auch das Ober=Appell. Ger. zu München. Zeitschr. f.
Gesetzg. re. in Bayern Bd. IV. S. 360.

2) So in einem Falle der Sächs. Spruchpraxis.

3) Vgl. dagegen z. B. Hommel, diss. §. 16. Leyser, a. a. O. med. 13.

4) Vgl. Salchow, Entw. S. 109 f. u. d. daselbst angef. Rechtslehrer,
sowie Hammer a. a. D. S. 637.

§. 12.

Der Gebrauch der Waffe nach dem Diebstahle.

Der Gebrauch der Waffe gegen die, den Dieb anhaltenden Personen kann weder an dem Thatbestande des bewaffneten Diebstahls etwas ändern, noch die That dem Gebiete des Raubes zuführen.

Allein in der Mehrzahl der deutschen Gesetze ist der Gebrauch der Waffe anders behandelt worden.

Einzelne Gesetzgebungen sehen in dem Gebrauche der Waffen einen erhöhten Grad des bewaffneten Diebstahls und strafen ihn deshalb mit besonderer Strafe. Andere Gesetzgebungen haben den Fall theils unbedingt, theils wenigstens dann, wenn die Gewalt zur Sicherung des Entwendeten verübt wurde, dem Raube gleichgestellt, und zwar solchenfalls ohne Unterschied, ob der Dieb vorher mit Waffen sich versehen hat oder nicht und ob er überhaupt Waffen geführt hat oder nicht.

Die Gesetzbücher vom K. Sachsen v. J. 1838 (Art. 234) und v. J. 1855 (Art. 280), sowie von Thüringen (Art. 236) betrachten den Fall, wo der Dieb von den Waffen Gebrauch gemacht, als erschwerten Fall des bewaffneten Diebstahls.[1])

Wenn der Dieb von den Waffen Gebrauch gemacht, oder überhaupt Gewalt angewendet hat, um den Besitz der entwendeten Sachen sich zu sichern, wird er nach dem (alten) Gesetzbuche von Sachsen (Art. 163) und dem Gesetzbuche von Thüringen (Art. 152.), von Hannover (Art. 323),[2]) Baden (§. 411) und Preußen (§. 230) als Räuber bestraft. Es soll nach dem Gesetzbuche von Hannover nur bei der Strafabmessung berücksichtigt werden, ob die Gewalt zur Ergreifung oder nur zur Sicherung des Entwendeten diente.

---

1) Vgl. auch Held und Siebdrat, das K. Sächs. Crim. Gesetzbuch. S. 322.

2) Vgl. hier v. Bothmer, Erörterungen ꝛc. Bd. III. S. 91 f.

11

Nur als einen besonders ausgezeichneten Diebstahl behandeln die Gesetzbücher von Württemberg (Art. 325), Oestreich (§. 174), Braunschweig (§. 214), Sachsen v. J. 1855 (Art. 2c0), Bayern v. J. 1861 (Art. 274) den Fall, wenn der Dieb Gewalt zur Sicherung des Entwendeten verübt. (Das Gesetzbuch von Württemberg spricht dabei lediglich von „Waffen.")

Ist die Gewalt nur zur Sicherung der Person angewendet worden, so liegt Concurrenz von Diebstahl mit Gewalt (Körperverletzung ꝛc.) oder Wiedersetzung ꝛc. vor. [1]

Das Gesetzbuch von Hessen will den bewaffneten Dieb, welcher von den mitgebrachten Waffen Gebrauch macht, um die entwendeten Sachen in Sicherheit zu bringen, nach Art. 345 als Räuber, dagegen den Dieb, welcher erst ergriffene Waffen oder die Diebstahlswerkzeuge gegen die Personen gebraucht hat, welche die Hinwegbringung der entwendeten Sachen verhindern wollen, in Art. 366 nur wegen ausgezeichneten Diebstahls bestraft wissen. Es läßt sich dieser Unterschied nur rechtfertigen, wenn man in dem Mitbringen der Waffen zugleich eine eventuelle räuberische Absicht findet. Hiermit wird jedoch eine, überdies sehr unsichere praesumtio doli etablirt.

Ebenso eigenthümlich war der Unterschied, welchen das Gesetzbuch von Bayern (v. J. 1813) in Art. 235 aufstellte, indem es den bewaffneten Dieb, welcher der Waffen (ohne weiteren Unterschied) zur Schreckung oder Mißhandlung wirklich sich bedient hat, ebenso den, welcher Gewalt zur Sicherung des entwendeten Gutes angewendet hatte, als Räuber bestraft, bei demjenigen Diebe aber, welcher vorher absichtlich mit Waffen nicht versehen war und auf der That ertappt, sich blos zur Sicherung seiner Person vertheidigt, auf die Gesetze wider Körperverletzung oder Tödtung verweist.

Die Gewalt zur Sicherung des Entwendeten nähert sich dem Begriffe des Raubes, kann aber den bereits vollendeten Dieb-

---

1) Vgl. auch z. B. Gesetzbuch von Hannover Art. 323 und von Sachsen (1855) Art. 142, 143 in Verb. mit K. Sächs. Straf-P.O. Art. 80. Bothmer, a. a. O. S. 96 f. (insbes. im Falle einer Tödtung.)

stahl nicht in dieses Verbrechen nachträglich umwandeln. Die Gewalt ist hier nicht das Mittel zur Aneignung, sondern nur zur Sicherung der bereits angeeigneten Sache. Ob die Gewalt mit Waffen, insbesondere mit mitgebrachten, oder ohne Waffen verübt worden, ist hierbei gleichgiltig.

Wird die Gewalt, während die Entwendung noch nicht vollbracht war, zur Vollendung derselben angewendet, so geht die Entwendung in das Verbrechen des Raubes über. Hatte der Dieb die Sache weggeworfen und hierauf Gewalt angewendet, um sich ihrer wieder zu bemächtigen, so ist eine anderweite Besitz= ergreifung (nicht Erhaltung) in Frage, welche durch das Mittel der Gewalt ebenfalls den Charakter des Raubs annimmt. [1]

Es ist gleichgiltig, ob die Person, welche den Dieb betrifft und ertappt, der Bestohlene selbst oder ein Dritter ist. Was das römische Recht über die deprehensio bei dem fur manifestus bestimmt, gilt auch hier. [2] Die Gründe der gesetzlichen Aus= zeichnung finden auch auf den Dritten und die ihm vom Diebe angethane Gewalt Anwendung. [3] Die neuen Gesetze enthalten ebenfalls keine Beschränkung.

§. 13.
Ueber den Zweck des Gebrauchs der Gewalt und den rechtlichen Charakter desselben. — Raub. — Bewaffneter Raub.

Es wird die Frage, zu welchem Zwecke die Gewalt ange= wendet worden, oft schwer zu beantworten sein; — namentlich in den Fällen, wo die Gewalt nicht unmittelbar auf die bedrohte Fortschaffung und Sicherung des Entwendeten gerichtet war. [4]

---

1) Herbst, a. a. O. S. 341.
2) fr. 8. §. 1. de furtis. „Et parvi refert, a quo deprehendatur, utrum ab eo, cujus res fuit, an ab alio." Ebenso fr. 7. §. 3. eod. u. §. 3. J. de oblig. quae ex del. nasc.
3) Vgl. hier Abegg, im N. Archive d. Crim. R. Bd. XIV. S. 440.
4) Wird die Gewalt, noch ehe eine Sache vom Diebe ergriffen war, von dem fliehenden Diebe angewendet, so ist sie nur zur Deckung der

11*

So in den Fällen, wo der Dieb die entwendete Sache zu sich
gesteckt hatte und er, bei der Abwehr gegen den Angriff des Be=
stohlenen ꝛc., sich nicht in der Lage befand, der Sache sich schnell
zu entäußern und seine Person durch die Flucht zu sichern. Auch
ist wohl möglich, daß der Angriff so rasch erfolgt, daß der Dieb
nicht sogleich zum Bewußtsein gekommen ist, um sich durch die
Wegwerfung ꝛc. der Sache seiner Verfolgung zu entziehen. Es
wird hier viel auf die Umstände des einzelnen Falles ankommen.[1]

Deshalb allein, weil mit der Sicherung der Person, nach
Befinden, der Dieb auch die Sache, welche er bereits beigesteckt
hatte, sich sichert, kann noch nicht behauptet werden, daß die
Sicherung der Sache mit bezweckt gewesen sei. Ohne solche
Absicht kann nur der geringere Reat angenommen werden. Doch
wird auch die indirecte Absicht genügen.

„Gebrauch der Waffen." In der K. Sächs. Spruchpraxis
ist über die Bedeutung dieser Worte Streit entstanden. Gehört
hierher nur der Gebrauch, zu dem die Waffe ordnungsmäßig be=
stimmt und welcher zur Hervorbringung der regelmäßigen Wirkung
derselben erforderlich ist? z. B. bei einem Schießgewehre das Ab=
feuern. Oder reicht z. B. bei dem letzteren das Anschlagen mit
dem Gewehre hin? Die Praxis neigt sich der strengeren Ansicht
zu, indem sie das Wort „Gebrauch" in dem gewöhnlichen und
allgemeinen Sinne desselben auffaßt.[2]

In den übrigen Gesetzgebungen tritt dieser Zweifel nicht
ein. So hat z. B. das Hessische Gesetzbuch ebenfalls das Wort
„gebraucht," aber mit dem Beisatze „zur Schreckung oder Miß=
handlung der Personen;" hier reicht daher jeder Gebrauch, welcher
einen dieser beiden Zwecke verfolgt, zur Anwendung des Gesetzes
hin. Gewalt gegen Sachen, z. B. um den Ausgang zur Flucht

Flucht verübt. Vgl. noch den in d. N. Jahrb. f. Sächs. Strafrecht
Bd. III. S. 352 f. aus der Bayer. Spruchpraxis referirten Fall.

1) Vgl. den Fall in der Oesterr. Ger. 8. Jahrg. 1858. S. 258 f.
wo jedoch die Annahme, daß die Gewalt zur Sicherung des Entwendeten
gedient habe, erheblichen Bedenken unterliegt.

2) Vgl. auch v. Egiby, Diebstahl ꝛc. S. 157 f.

zu gewinnen, gehört keinenfalls hierher. In gleicher Maße spre=
chen die Gesetze von „Gewalt gegen Personen."

Wir meinen, daß hier überhaupt jede Gewalt (gleichviel ob
mit oder ohne Waffen) gegen den Bestohlenen hinreicht.[1] Es
ist hier auf die Voraussetzungen des bewaffneten Diebstahls nicht
zurückzugehen. Die „Gewalt" kann sich auch dem einfachen Dieb=
stahle anschließen; sie kann insbesondere mit den lediglich zur
Ausführung des Diebstahls mitgebrachten, sowie mit den zufällig
im Besitze des Diebes befindlichen Werkzeugen verübt werden.
Sie setzt aber überhaupt weder Waffen noch irgend welche Werk=
zeuge voraus; sie kann durch die Faust und durch den Stoß
mit dem Fuße eben sowohl verübt werden, als sie auch in
Drohungen bestehen kann, welche ebenfalls mit und ohne Waf=
fen und Werkzeuge ausgesprochen werden können. Ueberhaupt
also gehört hierher jede Anwendung von Gewalt, sei sie physi=
scher oder psychologischer Natur. Das Anschlagen mit dem unge=
ladenen Feuergewehre ist eine Bedrohung. Denn sie setzt den
Andern in die gerechte Furcht, daß das Gewehr geladen und der
Dieb im Begriffe sei, es abzuschießen. Es entscheidet hier nicht
der objective Standpunkt der wirklichen Gefährdung, sondern des
Zwanges, welcher dem Willen des Andern angethan wird; dieser
besteht auch in Drohungen, bei denen die, durch die Umstände
gerechtfertigte, wenngleich vielleicht irrthümliche Auffassung des
Bedrohten entscheidet. Es kommt daher, wenn mit einem Werk=
zeuge Gewalt gegen Personen verübt wird, auf die Art des Ge=
brauchs desselben nichts an.[2]

An diese Ausführung knüpft sich die Frage, wie derjenige
Fall zu behandeln sei, wo der Dieb sich bewaffnet, in der Absicht,
eventuell sich zur Wehre zu setzen, gleichzeitig aber auch mit dem
Gedanken sich befaßt, eventuell zur Sicherung des Entwendeten
Gewalt anzuwenden. Die Intention des Diebes ist letztern Falls
nur eine eventuelle, trägt aber entschieden den Charakter der räu=

---

1) Vgl. auch z. B. Gesetzbuch v. Bayern Art. 274. Oesterreich §. 174.
2) Vgl. auch die Entscheidung des O. A. G. zu München in der
Zeitschrift f. Gesetzg. 2c. in Bayern Bd I. S. 214 f.

berifchen Abficht an fich. Die Bewaffnung dient hier eventuell
zwei Abfichten, die überdies nicht miteinander collidiren. Der
Fall kann fich eigenthümlich geftalten. Wird der Dieb bei der
Ausführung des Diebftahls in keiner Weife geftört, fo liegt ein
bewaffneter Diebftahl vor; — die eventuelle räuberifche Abficht
tritt nicht in die äußere Erfcheinung und gelangt daher nicht weiter in Betracht. Die Ausführung des Raubes ift nicht begonnen
worden. Gehen wir einen Schritt weiter. Der Dieb wird betroffen und widerfetzt fich feiner Feftnehmung; eine Sache hatte
er noch nicht ergriffen. Hier tritt zu dem bewaffneten Diebftahle
die Gewalt zur Sicherung der Perfon. Auch hier ift die eventuelle räuberifche Abficht nicht zur That geworden. Nehmen wir
dagegen den Fall, daß der betroffene Dieb Gewalt zur Sicherung
des Entwendeten anwendet. Hier tritt die Realifirung der eventuellen Abficht und mit ihr der Thatbeftand des Raubes ein.
Der vollendete Diebftahl geht in das Verbrechen des Raubes
über. Allerdings ift der Diebftahl vollendet. Allein die Continuität der Handlungen des Diebes ift keine blos äußerliche,
fie ift auch eine fubjective. Die ganze Reihenfolge feiner Thätigkeiten wird von demfelben dolus beherrfcht, welcher erft in der
letzten Thätigkeit, in dem letzten Acte feine volle Befriedigung
und Erledigung findet. Der eventuelle dolus verbindet die Gewalt mit dem Diebftahlsacte zu einem Ganzen; letzterer ift ebenfo
wie die Gewalt dadurch nur ein Theil diefes Ganzen geworden.
Der eventuelle dolus trat früher nicht mit in die Erfcheinung;
aber er begleitete deffenungeachtet die Handlung. Die eventuelle
Abficht wird nunmehr realifirt, aber fie war fchon beim Beginne
der Handlung vorhanden. Die erfolgte Anfichnahme der Sache
erhält nunmehr einen härteren, jedoch fchon vorher mit in der
Abficht begriffen gewefenen Charakter.

Die Charakterifirung der That als Raub ift daher hier
abhängig davon, daß die Gewalt überhaupt (eventuell) beabfich-
tigt war. Diejenigen Gefetzgebungen, welche die mit Gewalt
ausgeführte Fortfchaffung des Entwendeten als Diebftahl beftrafen,[1]

---

1) Vgl. z. B. Gefetzb. v. Bayern Art. 274. Württemberg Art. 325.

stehen der hier vorgetragenen Ansicht nicht entgegen, weil sie bei
dieser Bestimmung davon ausgehen, daß der Thäter lediglich und
ausschließlich in diebischer Absicht gehandelt und die Gewaltanwendung zur Sicherung des Entwendeten nicht gleich anfangs
in seiner, wenngleich eventuellen Absicht mitgelegen habe. Dagegen
gehen diejenigen Gesetzgebungen zu weit, welche den Dieb, welcher
die Fortschaffung des Entwendeten durch Gewalt bewirkt,[1] auch
ohne solche eventuelle Absicht als Räuber bestrafen. Selbst die
Gleichstellung mit den Strafen des Raubes ist deshalb nicht zu
billigen, weil die, wenngleich eventuelle räuberische Absicht und
mit ihr ein sehr erschwerendes Moment fehlt. Dagegen sagt
z. B. das Gesetzbuch von Hannover Art. 324: „Wer auf einen
bloßen Diebstahl ausgegangen ist und erst bei vorgefundenem
Widerstande ꝛc. Gewalt angewendet hat, ist gleich einem Räuber
zu bestrafen."

Es kann die Frage aufgeworfen werden: Ist der Dieb,
welcher nunmehr als Räuber bestraft wird, deshalb, weil er bewaffnet auf den Diebstahl ausgegangen ist, als bewaffneter Räuber zu bestrafen? Die meisten Gesetze haben den Raub mit Waffen qualificirt.[2]

Mehrere Gesetze verlangen, daß der Räuber sich behufs
der Verübung des Raubes mit Waffen versehen hat.[3] Es
geschieht dies selbst Seiten solcher Gesetzgebungen, welche die eventuelle Absicht des Widerstands zum Thatbestande des bewaffneten
Diebstahls nicht verlangen.[4] Die Mitnahme der Waffen ist
hier eine Vorbereitung zum Raube, daher eine wesentliche Erschwerung der Schuld, wie auch Voraussetzung der höheren Strafe.
Sie kann nicht nachträglich durch den Gebrauch der Waffe und
noch viel weniger durch die Thatsache der Führung von Waffen
ersetzt werden.

---

1) S. oben. S. 161.
2) Gesetzb. v. Sachsen Art. 177. Württemberg Art. 312. Hannover
Art. 326 f. Braunschweig §. 175. Baden §. 414. Großh. Hessen Art.
347. Preußen §. 232. Bayern Art. 301.
3) K. Sachsen. Großh. Hessen. Bayern.
4) Vgl. z. B. Gesetzbuch v. Sachsen Art. 177.

Andere Gesetzgebungen qualificiren einfach ben „bewaffneten Raub," sonach die Waffenführung bei dem Raube. Nach diesen Gesetzgebungen ist der bewaffnete Dieb, welcher mit Gewalt das Entwendete sich sichern will, als bewaffneter Räuber zu bestrafen. Denn bei dem als Raub bezeichneten Acte — der Gewaltan= wendung — ist der Thäter bewaffnet. Auch hier entscheidet ledig= lich der Gesichtspunkt der höheren Gefahr für den bedrohten Eigenthümer.

§. 14.

Complott.

In mehreren Gesetzen[1]) wird der Fall hervorgehoben, wenn nur einer der Theilnehmer, — nicht alle Theilnehmer — mit Waffen sich versehen hatten. Es sollen auch die unbewaffneten Theilnehmer mit den Strafen des bewaffneten Diebstahls belegt werden. Diese Bestimmung ist überflüssig, sobald man sie auf den Fall beschränkt, daß die unbewaffneten Theilnehmer von der Bewaffnung der Genossen Kenntniß gehabt haben,[2]) — sie ist aber ungerecht, wenn diese Wissenschaft nicht als Requisit ange= sehen wird. Die Wissenschaft muß sich auch, wenn die eventuelle Absicht des Bewaffneten 2c. vorausgesetzt wird, auf diese erstrecken, — außerdem aber wenigstens in den besonderen Fällen, wo die (an sich zum Thatbestande zureichende) Waffenführung als an sich unverfänglich sich darstellt. Selbstverständlich ist es, daß es ohne Einfluß ist, ob einer der Diebe selbst oder einer der (bei der That gegenwärtigen) Gehilfen bewaffnet gewesen.[3])

Dies gilt auch von dem Falle, wenn der Complice, der vor dem Hause Wache gestanden, bewaffnet gewesen, die übrigen Complicen, welche in das Haus gegangen und daselbst gestohlen

---

1) 8. B. R. Preuß. Gesetzbuch §. 218 in Verb. mit Abänderungs=
gesetze v. 14. April 1856·

2) Vgl. auch Berner, a. a. O. S. 291. Salchow, a. a. O. §. 46.

3) Dies spricht das Preuß. Abänder. Gesetz ausdrücklich aus.

haben, nicht bewaffnet gewesen. — Die Carolina sagt zwar „— eingeht —". Allein der Thatbestand des bewaffneten Diebstahls ist auch hier anzunehmen. [1])

Fünfter Abschnitt.

Diebstahl bei Nacht mit Einschleichen.

§. 1.

Die neuen Gesetzbücher.

Schon die deutschen Volksrechte haben vielfach den Diebstahl bei Nacht mit erhöhter Strafe ausgezeichnet und selbst für einen Capitalfall erklärt. Diese Anschauung findet sich auch wiederholt in den Rechten des Mittelalters vor. [2]) Ebenso ist in einer Mehrzahl der neuen Gesetzbücher der Diebstahl im bewohnten Gebäude zur Nachtzeit mit erhöhter Strafe bedroht worden. Der Grund dieser Auszeichnung liegt hier weniger in der Verwegenheit des Diebes, als in der Gefahr, welcher die Bestohlenen dadurch ausgesetzt sind, daß sie im Falle des Erwachens und des Zusammentreffens mit dem Diebe nicht so schnell sich Hilfe gegen den Dieb verschaffen können, als am Tage, wohl auch der Dieb deshalb zu einem Angriffe auf die Bestohlenen sich verleiten läßt. Die Unmöglichkeit für die Bestohlenen, ihr Eigenthum während der nächtlichen Ruhe ebenso wie am Tage zu schützen, tritt dabei mehr in den Hintergrund. Das Stehlen bei Nacht wird häufig mit Einbruch oder Einsteigen verbunden und daher schon aus diesem Grunde qualificirt sein. Wo diese Qualification aber nicht eintritt, da wird es wohl der obige Gesichtspunkt sein, durch welchen die erhöhte Strafe des nächtlichen Diebstahls gerechtfertigt ist.

---

1) Vgl. bereits Kress, ad C. C. C. 159. §. 8. Meckbach, ad eund. art. (S. 319.)

2) Köstlin, in d. Krit. Ueberschau ꝛc. Bd. III. S. 186 f. u. b. daf. gelieferten Belegstellen.

Einige Gesetzgebungen, z. B. die K. Preußische,[1]) bestim=
men einfach: „wenn der Diebstahl in einem bewohnten Gebäude
zur Nachtzeit begangen worden." Die Berechtigung zum Aufent=
halte im Hause schließt die Qualification nicht aus; — ebenso
ist der Grund, sowie die Zeit des Eintritts in das Haus gleich=
giltig.[2])

Andere Gesetzgebungen verlangen dagegen allerdings zur
Qualification ein Mehreres, als die Entwendung zur Nachtzeit:

Das Gesetzbuch von Württemberg Art. 323 sagt „um zur
Nachtzeit zu stehlen, in bewohnte Gebäude eingeschlichen ist."
Das Gesetzbuch von Hessen Art. 364 „sich in der Absicht zu
stehlen, in einer fremden Wohnung verborgen und darin zur
Nachtzeit gestohlen hat."[3])

Das Braunschw. Gesetzbuch macht in §. 214. 3. §. 215,
218 verschiedene Unterschiede, spricht aber in allen Fällen von
einem „Eindringen in eine Wohnung, um (zur Nachtzeit) zu
stehlen" und definirt das „Eindringen" als das „nicht nur ge=
waltsame Einbrechen oder Einsteigen, sondern auch das Eingehen
in dieselben durch von dem Berechtigten nicht gestattete Eröffnung
der Fenster oder Thüren oder durch Einschleichen oder ver=
heimlichtes Zurückbleiben in denselben, um zu stehlen."
Das Gesetzbuch von Baden §. 385 erachtet es als Erschwerungs=
grund, wenn der Dieb zur Verübung der That zur Nachtzeit in
ein fremdes bewohntes Gebäude oder den dazu gehörigen ge=
schlossenen Hofraum eingeschlichen oder eingedrungen ist,
oder wenn sich der Dieb zur Verübung eines nächtlichen Dieb=
stahls in einem fremden bewohnten Gebäude oder dem dazu ge=
hörigen geschlossenen Hofraume verborgen hatte." — Das K.
Sächs. Crim. Gesetzbuch v. J. 1838 qualificirte den Fall, „wenn
der Dieb, um zur Nachtzeit zu stehlen, sich in bewohnte Gebäude

---

1) Das Gesetzbuch stellt den nächtlichen Diebstahl unter die qualificirten, — die Novelle v. 1856 nur unter die erschwerten Diebstähle.

2) Goltdammer, Archiv Bd. I. S. 399.

3) Es gilt dies jedoch nur als Erschwerungsgrund.

eingeschlichen hatte." Die Praris schwankte bei der Auslegung.[1]) In dem Gesetzbuche von Altenburg findet sich dieselbe Ausdrucks= weise. Der Entwurf von Bremen §. 399 Nr. 6. „wenn der Diebstahl bei nächtlicher Weile in einem bewohnten Gebäude be= gangen ist, in welches der Dieb sich in diebischer Absicht einge= schlichen, oder in welchem er in gleicher Absicht sich verborgen hatte." [2])

Diese Gesetzgebungen lassen die Frage unentschieden, zu wel= cher Zeit der Dieb in das Haus eingedrungen sein müsse, um den Diebstahl als qualificirt zu betrachten. Es gewinnt zwar den Anschein, als ob die gebrauchten Worte „Einschleichen" „ver= heimlichtes Zurückbleiben" und „zur Verübung eines nächtlichen Diebstahls verborgen" ein Eintreten in das Haus bei Tagezeit erforderten, da man ein Einschleichen bei Nacht, wenn die Bewohner der nächtlichen Ruhe sich hingegeben haben, ein „Ein= schleichen" ebensowenig als ein „Verborgenhalten" ꝛc. füglich nicht annehmen kann. Denn das Einschleichen ist das heimliche Suchen eines Verstecks im Innern, um die Zeit zur Verübung des Dieb= stahls abzuwarten. Allein neben diesen Worten kommen noch Be= zeichnungen vor, welche auch auf ein Eintreten bei Nacht sich be= ziehen lassen. Es ist hiernach nicht jeder nächtliche Diebstahle qualificirt, sondern nur ein solcher, welcher mit einem „Einschlei= chen" ꝛc. verbunden ist. In dieser Beziehung ist die Praris in Württemberg belehrend.

Man hat nämlich in Württemberg zwar ein Einschleichen auch bei Nacht angenommen, jedoch solchenfalls die Auszeichnung dann nicht statuirt, wenn der Dieb sofort nach seinem Eintritte in das Haus, ohne erst auf eine Gelegenheit zu lauern, den Diebstahl verübt hat; — ebenso nicht, wenn der Dieb zur Nacht= zeit einschleicht, um bei Tage zu stehlen. Man hat als charak= teristisch ein Einschleichen zum Erlauern der Gelegenheit, um

---

1) N. Jahrb. f. Sächs. Strafrecht Bd. II. S. 243. 363. IV. S. 208. VIII. S. 232.

2) In den Motiven S. 238 wird es als gleichgiltig bezeichnet, zu welcher Zeit (bei Tage oder Nacht) das Einschleichen erfolgt sei.

während der Nacht zu stehlen, erfordert.[1] Ebenso hat sich die Praxis in Altenburg ausgesprochen.[2]

Man wird eine gleiche Auslegung bei denjenigen Gesetzen anzunehmen haben, welche von „Verbergen und Stehlen" als zwei verschiedenen Handlungen sprechen. Ja selbst bei den übrigen Gesetzgebungen, die nicht einfach den Diebstahl bei Nacht in einem Wohngebäude qualificiren, wird diese Auslegung zu billigen sein, da ohne sie, wie gedacht, es genügt haben würde, so wie in dem Gesetzbuche für Preußen, den nächtlichen Diebstahl überhaupt auszuzeichnen.[3] Der Unterschied in der Gefährlichkeit des Diebes, je nachdem man diese oder jene Auslegung adoptirt, ist ebenfalls nicht zu verkennen.

Eine dritte Gruppe von Gesetzen erfordert das Einschleichen bei Tage mit nachfolgendem nächtlichen Diebstahle. Hier ist zuerst die K. Baper. Novelle v. 25. März 1816. §. II. 10 zu nennen, „welche als erschwerten Diebstahl bezeichnet, wenn der Dieb in diebischer Absicht sich in eine fremde Wohnung eingeschlichen und daselbst zur Nachtzeit den Diebstahl verübt hat." In einem Rescripte vom 14. Mai 1816 wird Folgendes hierzu ausgeführt: „Der besonders erschwerende Umstand des Einschleichens ist auf den Fall beschränkt, wenn der Dieb sich vorher in diebischer Absicht in eine fremde Wohnung eingeschlichen und nachher den Diebstahl zur Nachtzeit verübt hat. Verübt er den Diebstahl so, daß er sich zur Nachtzeit in eine fremde Wohnung eingeschlichen und dabei sogleich den Diebstahl verübt, so ist der Diebstahl ohne besonders erschwerenden Umstand strafbar, indem derjenige, der sich in eine offen stehende Wohnung einschleicht, dadurch allein die häusliche Sicherheit auf keine besonders erschwerende Art verletzt, und der Bewohner, welcher seine Wohnung zur Nachtzeit so wenig verwahrt, daß ein Anderer in dieselbe einschleichen kann, eine Fahrlässigkeit begeht, welche den Begriff besonderer Erschwerung aufhebt."

1) Hufnagel, Commentar Bd. II. S. 346 f

2) Haase, in den Blättern für Rechtspfl. in Thüringen, Bd. IV. S. 342 f.

3) Anderer Meinung ist Häberlin, a. a O. S. 90.

Das Gesetzbuch von Thüringen Art 221 und das K. Sächs.
Strafgesetzbuch v. J. 1855 adoptirten diesen Gedanken. Das
Letztere qualificirt in Art. 278 den Diebstahl, „wenn der Dieb,
um in einem bewohnten Gebäude nach eingetretener Nachtruhe
zu stehlen, vor dem Eintritte der letzteren in das Gebäude ꝛc.
eingeschlichen ist oder sich hat einschließen lassen.“ Das K. Hannöv.
Gesetz v. 20. April 1857[1] qualificirt in §. 6, „wenn der Dieb
zur Nachtzeit in einem, zur Wohnung oder zum nächtlichen Aufenthalte von Menschen dienenden Gebäude stiehlt, nachdem er
in diebischer Absicht entweder vor dem Eintritte der Nachtzeit in
das Gebäude sich eingeschlichen hat oder in demselben heimlicher-
weise zurückgeblieben ist.“ Das Gesetzbuch von Bayern erwähnt
die Qualification in Art. 274. 1. nur bei dem Diebstahle in
Kirchen ꝛc., „wenn der Thäter sich vorher in diebischer Absicht
daselbst eingeschlichen oder verborgen hatte.“

§. 2.
Begriff der Nachtzeit.

Was ist Nachtzeit? Jedenfalls ist hier die Zeit der nächtlichen Ruhe, der nächtlichen Schlafzeit der Hausbewohner zu verstehen.[2] Wie wird dieselbe bestimmt? Es ist darüber viel Streit
in praxi gewesen; so z. B. im K. Sachsen. Das O. A. G. zu
Dresden hatte die Grenzen der Nachtzeit nach den äußeren Zeichen der nächtlichen Ruhe, nämlich nach dem Auftreten und dem
Abtreten des Wächters, wie es in jedem einzelnen Orte herge-
bracht ist, bestimmt und hierüber für die Fälle, wo an einem ge-
gebenen Orte etwas Anders nicht bekannt war, den Beginn der
Nachtzeit auf Abends 10 Uhr, das Ende derselben aber nach den

---

1) Ueber das Hannov. Gesetzbuch 292, woselbst schon derselbe Gedanke maßgebend war, vgl. v. Bothmer, Erörterungen ꝛc. Thl. I. S. 118 f.
Thl. II. S. 307 f.

2) Wie in den altdeutschen Rechtsquellen bisweilen gesagt wird:
„bei nachtschlafender Zeit.“ Vgl. auch Osenbrüggen, d. Brandstiftung ꝛc.
S. 59.

verschiedenen Jahreszeiten verschieden festgesetzt. Diese Festsetzung wurde mit einer Modification in die Gesetzbücher Thüringens,[1]) jedoch nicht in das Strafgesetzbuch von Sachsen a. d. J. 1855 aufgenommen. Auch in Preußen hat der Begriff „Nachtzeit" verschiedene Auslegungen erfahren. Das Obertribunal zu Berlin hat das Präjudiz festgestellt:[2]) Ob eine bestimmte Stunde als Nachtzeit zu betrachten sei, hängt nicht von den zufälligen Umständen des einzelnen Falles und von speciellen Lebensgewohnheiten der Bewohner des Hauses ab, in welchem der Diebstahl begangen worden, sondern ist nach der Jahreszeit und nach den Gewohnheiten des Ortes und der Gegend zu prüfen und festzustellen. Wiederholt hat derselbe Gerichtshof ferner ausgesprochen, daß auf die Bestimmung höchstens noch solche concrete Umstände von Einfluß sein können, welche nach einer allgemeinen örtlichen Gewöhnung oder Einrichtung die Annahme der Nachtzeit begründen oder ausschließen.[3])

Mit diesen Regeln können wir uns nicht einverstanden erklären. Die bestimmte, gleichmäßige Norm ist allerdings von praktischem Nutzen; sie beseitigt die Schwierigkeiten der Feststellung im einzelnen Falle. Allein sie führt auch zu Ungerechtigkeiten, weil sie die Individualität des einzelnen Falles nicht berücksichtigt, und zu Entscheidungen, die mit der Sachlage im directesten Widerspruche stehen.

Der Schutz der nächtlichen Ruhe in Verbindung mit der Gefährdung der schlafenden Hausbewohner für den Fall des Erwachens, — diese Momente verlangen eine entscheidende Berücksichtigung bei der Beurtheilung des einzelnen Falles.

Wir geben hier drei Fälle aus der Praxis: Bei einem, weit über die zehnte Abendstunde hinausgehenden Souper wurde

---

1) Vgl. auch Egidy, Diebstahl S. 126 f.

2) Goltdammer, Archiv ꝛc. Bd. III. S. 569. In §. 28 des Strafgesetzbuches wird gelegentlich einer Bestimmung über die Polizeiaufsicht der Anfang und das Ende der Nachtzeit nach Verschiedenheit der Monate festgesetzt.

3) Goltdammer, Archiv Bd. III. S. 841 f.

von einem Bedienten aus der Tasche eines, in der Garderobe aufgehängten Rockes eine Dose gestohlen. In den benachbarten Häusern war vollständige Nachtruhe; der Wächter hatte längst die Mitternacht verkündet; in dem Hause, woselbst das Souper, herrschte reges Leben; auch in der Garderobe waren fortbauernd Menschen zugegen gewesen. — In einem Schenklokale hatte Abends nach zehn Uhr ein Gast den Ueberrock des andern Gastes angezogen und entwendet. — Bei einem vielbeschäftigten Professionisten wurde von den Gesellen die Nacht gearbeitet; — einer der Gesellen stahl in der Arbeitsstube seinem Meister einen Gegenstand.

Der Diebstahl war in diesen drei Fällen zur Nachtzeit ausgeführt; aber auf keinen paßt das Motiv der Auszeichnung. Es würde wohl billiges Erstaunen erregt haben, wenn man hier von einem ausgezeichneten Diebstahle deshalb sprechen wollte, weil er in einer Nachtstunde ausgeführt worden. Der Gesetzgeber hat den Begriff „Nachtzeit" als gleichbedeutend mit „nächtlicher Ruhe" gebraucht, wozu er, da beides in der Regel zusammentrifft, sprachlich wohl befugt war. Die Nacht ist zur Ruhe bestimmt. Wenn aber im einzelnen Falle sie nicht hierzu verwendet wird, kann auch die, auf solche gestützte Qualification nicht eintreten. In den obigen Fällen ist kein Moment ersichtlich, durch welches die Qualification begründet wurde. Insbesondere läßt sich nicht behaupten, daß die Aufsicht über das Eigenthum erschwert oder aber die Verübung des Diebstahls durch die Nachtzeit erleichtert worden sei.[1]) Eine höhere Gefahr für das Eigenthum war in keinem dieser Fälle vorhanden.

Es wird die allgemeine Bestimmung über den Begriff „Nacht" „Nachtzeit" in den Fällen nützlich sein, wo der Diebstahl in der, unter diese Bestimmung fallenden Zeit verübt worden, der Dieb sich aber darauf nicht beziehen kann, daß zu dieser Zeit in dem Hause die nächtliche Ruhe noch nicht eingetreten gewesen sei.

----

1) Vgl. diese Motiven in einer Entscheidung des Obertribunals zu Berlin, in Goltdammer's Archive Bd. III. S. 841. Dessenungeachtet nahm dieser Gerichtshof in einem, dem dritten der obigen Fälle ähnlichen Falle qualificirten Diebstahl an.

Hat der Dieb davon Kenntniß, daß die nächtliche Ruhe noch nicht eingetreten, als er den Diebstahl verübte, so ist auch seine subjective Verschuldung nicht eine solche, durch welche die Qualification erfüllt wurde.

Aus gleichem Grunde wird andererseits dagegen ein nächt= licher Diebstahl anzunehmen sein, wenn in einem Hause die Nacht= ruhe ausnahmsweise schon vor dem Beginne der im Allgemeinen, wie oben gedacht, normirten Nachtzeit eingetreten ist, dies dem Diebe bekannt gewesen und er nunmehr den Diebstahl im Hause verübt hat. In diesem Falle würde nach den obigen Entschei= dungen des Obertribunals zu Berlin ein nächtlicher Diebstahl nicht angenommen werden. Allein mit Unrecht. Denn das ob= jective Moment der Nachtruhe und die Kenntniß des Diebes von derselben sind vorhanden; durch ihr Zusammentreffen wird in jeder Beziehung die Qualification und deren Motiv gedeckt.

Es ist uns wiederholt in praxi der Fall vorgekommen, daß der Dieb mit Ausführung des Diebstahls so lange gewartet hat, bis er gesehen, daß alle Lichter im Hause erloschen sind, die Hausthüre verschlossen worden rc. In einzelnen Fällen war den Dieben die hergebrachte Ordnung des Hauses bekannt; sie wußten, daß mit dem Erlöschen des Lichtes in einem bestimmten Zimmer auch der letzte Bewohner des Hauses schlafen gegangen sei. In einem Falle hatte der Dieb abgewartet, daß der Hausherr das Haus verlassen; der Dieb wußte, daß der Hausherr allabendlich nach dem Abendessen zum Biere ging, die übrigen Familienmit= glieder aber zur Nachtruhe sich begaben. In allen diesen Fällen war die zehnte Abendstunde noch nicht abgelaufen.

Das Ober=Apell.=Gericht zu Dresden hat in den zuletzt referirten Fällen einen zur Nachtzeit verübten Diebstahl ange= nommen. Es hat dabei wiederholt ausgesprochen, daß, wenn auch im Zweifel das äußere Zeichen des Auf= und Abtretens des Wächters entscheide, doch des Diebes Kenntniß von einer früheren oder späteren Zeit der nächtlichen Ruhe im einzelnen Falle nicht unberücksichtigt bleiben könne. [1]

---

1) R. Jahrb. f. Sächs. Strafrecht Bd. IV. S. 494. Bd. VII. S. 466. Bd. IX. S. 346.

Es kann hiernach kommen, daß in einem Hause desselben Ortes die Nachtruhe eingetreten, in einem andern aber nicht. Allein diese Verschiedenheit ist kein Hinderniß,[1]) den Fall so zu behandeln und zu beurtheilen, wie es die Individualität desselben verlangt; wohl aber ist die Uniformität ein Hinderniß, das Gesetz so anzuwenden, wie es der Zweck desselben und die Gerechtigkeit erheischt.

Allerdings können hier sehr spitzige Fragen vorkommen; z. B. nach den verschiedenen Etagen desselben Hauses. Allein es wird Sache des Ermessens im einzelnen Falle sein, festzustellen, ob die Nachtruhe eingetreten gewesen oder nicht; im Zweifel wird die allgemeine Bestimmung Platz ergreifen. Meistentheils wird es, wo nicht besondere locale Verhältnisse und Einrichtungen des Hauses den Ausschlag für die entgegengesetzte Meinung geben, bedenklich sein, in demselben Hause eine Verschiedenheit der Nachtruhe dann anzunehmen, wenn nur in derjenigen Etage, in welcher gestohlen worden, die Bewohner zur Nachtruhe sich begeben haben. Dies letztere muß, gegenüber der Intention des Gesetzes, genügen, wie auch in dieser Thatsache die Voraussetzung des Gesetzes sich erfüllt. Nehmen wir dagegen z. B. den Fall, daß in der einen Etage eine Abendgesellschaft sich befindet, wo einer der Diener bei dem Serviren eine silberne Gabel entwendet, während die Bewohner der übrigen Etagen sich bereits zur Nachtruhe begeben haben. Wir würden hier einen ausgezeichneten Diebstahl nicht annehmen. Hätte dagegen der Dieb in einer dieser letztgedachten Etagen gestohlen, so würden wir ihn nicht mit der Einwendung hören, daß in einer andern Etage noch volles Leben gewesen sei.

---

1) S. aber d. obigen Präjudize des Obertribunals zu Berlin. Vgl. auch Heuser, Sammlung d. Entsch. d. O. A. G. zu Cassel. Bd. IV. S. 219.

§. 3.
Die Verbindung des Einschleichens und des Stehlens.

Die Mehrheit der deutschen Gesetzgebungen verlangt, daß das Eingehen und das Stehlen nicht in unmittelbarer Aufeinanderfolge zu einander stehen. Nicht jedes heimliche Eingehen soll genügen, sondern nur ein solches, durch welches der Diebstahl vorbereitet wird. Das heimliche Eingehen kommt ohnedem bei den meisten Diebstählen vor; — bei Diebstählen in der Nacht wird es wenigstens ein unbemerktes sein. Das Einschleichen soll vielmehr hier das Mittel zum Diebstahle sein; — das Einschleichen bildet hier ein bestimmtes Moment im Thatbestande selbst. Somit kann nicht jedes Einschleichen genügen.

Es ist daher der Württemb. Praxis darin beizutreten, daß ein sofortiges Stehlen bei dem Eingange in das Haus nicht zur Anwendung der Qualification hinreicht.

Allein ist ein Eintreten bei Nacht überhaupt ein Einschleichen? Das Schleichen setzt das Geheime und Beobachtende voraus, was bei dem Eintreten in ein Haus bei nächtlicher Weile nicht vorkommt. (Vgl. oben S. 171.)

Wir finden den allein richtigen Gesichtspunkt in dem Requisite des Eingehens (Einschleichens, Verbergens, Einschließenlassens 2c.) bei Tage und des Stehlens bei Nacht. In einem derartigen Gebahren des Diebes liegt eine hohe Gefahr für das Eigenthum, wie für die Person des Bestohlenen. Der gewöhnlich erst beim Eintritte der Nacht erfolgte Verschluß des Hauses sichert den Bestohlenen und sein Eigenthum nicht vor solchen Angriffen, und, indem der Dieb schon bei Tageszeit in dem fremden Gebäude weilt und dadurch sich jederzeit der Gefahr der Entdeckung aussetzt, zeigt er eine hohe Verwegenheit, welche bei der Entdeckung in einen Angriff auf die Person übergehen kann.

Diese Vorbereitung zu dem nächtlichen Diebstahle in Verbindung mit der Zeit der Ausführung ist es, welche den Diebstahl mit Recht unter die gefährlichen Diebstähle einreihen. Das

Stehlen bei Nacht wird in der Regel an sich keine besondere Verwegenheit bekunden.

Das Einschleichen (bei Tage) ist das Eingehen, bei welchem der Eingehende bestrebt ist, jedes Zusammentreffen mit den Hausbewohnern zu vermeiden. Es ist das unbefugte Eingehen, — das Eingehen ohne Wissen und Willen der Hausbewohner. Eine besondere List wird bei dem Einschleichen nicht vorausgesetzt.

Allein es fragt sich, ob man nicht überhaupt das Requisit des Eingehens zu eng auffaßt. Das Wesen der Qualification liegt vielmehr in dem Sichverbergen im Hause bei Tage. Nicht blos das Eingehen, sondern auch das Verweilen und Zurückbleiben im Hause, das Verbergen in demselben, [1] kann ein unbefugtes sein. Auch derjenige, der befugter Weise in das Haus eingetreten, aber unbefugter Weise zurückgeblieben und dies, um zur Nachtzeit zu stehlen, gethan hat, sollte unter die Qualification gestellt werden. Auch z. B. in dem Falle, daß ein Bettler, erst nachdem er in das Haus eingetreten, den Entschluß, daselbst zur Nachtzeit zu stehlen, gefaßt hat und ausführt, würden wir daher die Qualification annehmen.

Das Wort „Einschleichen," durch welches das unbefugte Eintreten bezeichnet werden soll, erschöpft nicht das fragliche Moment. Ebenso reicht keine andere Bezeichnung des unbefugten Eintritts hin. Der Eintretende kann bemerkt oder unbemerkt, befugt oder unbefugt eingetreten sein; — dies Alles entscheidet nicht.

Die besprochenen Fälle werden auch durch die Bestimmung „oder sich einschließen lassen" nicht gedeckt, da es zum Begriffe dieser Diebstahlsart durchaus nicht gehört, daß das Haus verschlossen gewesen, in welchem gestohlen worden.

Vielmehr ist das Verbergen im Hause bei Tage das maßgebende Moment, — es ist die Vorbereitung zum Diebstahle.

------

1) Vgl. die Ausdrücke in den Gesetzbüchern von Hessen, Braunschweig, Baden, Bremen. Gesetzbuch von Thüringen Art. 221 „eingeschlichen hat oder heimlich darin geblieben ist."

Die Oestr. Spruchpraxis hat einen bei Nacht an freiliegen=
den Gegenständen ausgeführten Diebstahl, als der Dieb bei Tag
sich in das damals offene Haus eingeschlichen und einschließen
lassen, als einen (ausgezeichneten) Diebstahl am v e r s p e r r t e n
G u t e behandelt, indem in Folge der stattgefundenen gänzlichen
Verschließung des Hauses die darin aufbewahrten Gegenstände
(jedem Auswärtigen gegenüber) versperrt gewesen und die List,
wodurch der Beschuldigte die Ausführung des Vorhabens sich er=
leichterte, den Bestand des Sperrverhältnisses nicht aufhob. [1])

Wohin muß der Dieb sich eingeschlichen haben? In eine
Räumlichkeit des Hauses, in welchem er stehlen will. Dem Hause
stehen die dazu gehörigen übrigen Räume gleich, wie wir oben
S. 155 ausgeführt haben. Das Gesetzbuch von Sachsen sagt
ausdrücklich „in das Gebäude oder in eine der — dazu gehörigen
Räumlichkeiten." Die Identität des Gebäudes, in welches der
Dieb sich eingeschlichen, und desjenigen, in welchem er stiehlt, ist
daher hier kein unbedingtes Erforderniß. Es kann hier keinen
Unterschied machen, ob die Räumlichkeit, in welche eingeschlichen
ist, so wie ob die, in welcher gestohlen worden, zur Zeit der
That oder überhaupt bewohnt gewesen oder nicht, und zwar ohne
Unterschied, ob beide oder nur eine derselben. Es genügt, wenn
diese Räumlichkeiten, jedoch beide, Theile eines Gebäudecomplexes
sind und wenigstens ein Theil dieses Complexes bewohnt ist.
Nehmen wir den Fall, daß auf einem geschlossenen Gutshofe der
Dieb sich in den unbewohnten Kuhstall einschleicht und daselbst
stiehlt, das bewohnte Hauptgebäude aber nicht betritt. [2]) Wir
würden auch hier die Qualification annehmen, da wir jedes Ge=
bäude in dem Hofe als einen integrirenden Theil des durch die
Hofmauer rc. zu einem Ganzen verbundenen Gebäudecomplexes
betrachten müssen.

Die Qualification wird dadurch nicht ausgeschlossen, daß
das Gebäude zur Zeit des Einschleichens von den Bewohnern

---

1) Oesterr. Ger. Ztg. Jahrg. 1857. S. 456. 1858. S. 15.
2) Zu vergleichen ist noch der von Bothmer, a. a. O. Bd. II. S. 201
referirte Fall.

verlassen gewesen; es genügt, wenn die Bewohner oder einer der=
selben zur Zeit des Diebstahls im Gebäude sich befinden.
Die Rückkehr des Hausbewohners setzt den Dieb der Gefahr der
Entdeckung aus. Ist das Wohngebäude auch in der Nacht ver=
lassen, so cessirt die Qualification, auch wenn der Dieb das Be=
wohntsein irrthümlich vorausgesetzt hatte.

Die obigen Gesetze setzen voraus, daß der Diebstahl in der
Nacht selbst ausgeführt worden. Schlich sich der Dieb in dieser
Absicht ein, verübte er aber, dem entgegen, den Diebstahl vor
Eintritt der Nacht, so ist die Qualification nicht vorhanden. Das
D. A. G. zu Dresden hat demgemäß in einem Falle entschieden,
obschon der Dieb erst in der Nacht ertappt wurde, als er sich
mit den (bei Tage) gestohlenen Sachen entfernen wollte, und den
Eintritt der Nachtzeit nur zur sicheren Fortschaffung der Sachen
in seinem Verstecke, wohin er sie mitgenommen, abgewartet hatte.[1]
Die Qualification tritt ferner nicht ein, wenn der Dieb den Dieb=
stahl nach Verfluß der Nacht verübt hat. Dies wurde in einem
Falle ausgesprochen, als der Dieb sich eingeschlichen, in seinem
Verstecke eingeschlafen und erst am andern Morgen, als er erwacht
war, den Diebstahl verübt hatte.

§. 4.

Mitbewohner.

Ist der Diebstahl bei Nachtzeit ohne Weiteres qualificirt,
so kann auch der Mitbewohner des Hauses die Qualification be=
gehen. Wie aber, wenn ein Verbergen, ein Einschleichen verlangt
wird? Im Allgemeinen ist die Frage zu verneinen.[2] Allein es
sind auch Fälle denkbar, in denen sie zu bejahen ist. Die Frage
wird nämlich verneint, weil der Qualificationsgrund in der Regel
auf den Hausbewohner nicht Anwendung leidet. Denn der Haus=
bewohner versteckt und verbirgt sich nicht in dem Hause, in wel=

---

1) Vgl. Sächs. Ger. Ztg. Bd. V. S. 355.
2) Vgl. Goltdammer, Archiv Bd. I. S. 92. Sächs. Ger. Ztg. Bd.
IV. S. 348.

chem zu verweilen er völlig befugt ist; — er wird in dem Hause nicht „betreten" und sein Aufenthalt in ihm setzt keinen Mitbewohner in Furcht, noch gefährdet er ihn. Allein diese Gründe passen nicht auf die Fälle, in denen der Hausbewohner in Hausräumen sich verbirgt, in die er einzutreten oder in denen er zu verweilen nicht befugt ist. Solche Fälle können leicht vorkommen, wenn man die in mehrere, für sich abgeschlossene Wohnungsräume zerfallende Theilung der Hauslocalitäten in Betracht zieht. Hier sind die einzelnen Haustheile, z. B. Etagen, und auch in den einzelnen Etagen wieder die einzelnen selbstständigen Wohnungen in denselben, als abgesonderte Theile des Hauses zu betrachten. Für den Inhaber der einen Wohnung ist die andere eine völlig fremde, und der Verschluß der letzteren ist ebenso gegen den ersteren, wie gegen jeden dritten gerichtet. Schleicht sich der Mitbewohner in eine andere fremde Wohnung desselben Hauses ein, um in ihr bei Nacht zu stehlen, so ist die Qualification vorhanden. (Vgl. oben S. 48.)

Ebenso kann es wohl vorkommen, daß der Mitbewohner sich selbst der Eigenschaft als Mitbewohner im einzelnen Falle entäußert und dadurch einem Extraneus sich gleichstellt. So hatte in einem Falle der Mitbewohner Abends das Haus verlassen, um angeblich die Nacht auswärts bei Verwandten zuzubringen, und es war seine Entfernung und die Dauer derselben allen Bewohnern bekannt geworden. Er schlich sich jedoch Abends unbemerkt in das Haus und auf dessen Oberboden zurück und versteckte sich daselbst, um in der Nacht einen andern Hausbewohner zu bestehlen. Er führte dies aus und entfernte sich noch in der Nacht. Er hatte die erste Entfernung und deren Dauer nur vorgespiegelt, um jeden Verdacht der Verübung des von ihm längst beabsichtigten Diebstahls von sich fern zu halten. Es wurde hier ausgezeichneter Diebstahl statuirt,[1]) indem man davon ausging, daß der Dieb dadurch, daß er die Rolle eines Fremden übernommen, auf die ihm als Mitbewohner der fraglichen Localität zustehenden Vortheile verzichtet habe.

---

[1]) Sächs. Ger. Ztg. Bd. VI S. 213.

Der einzige Bewohner des Hauses kann diesen Diebstahl nicht verüben; er kann nicht gegen sich selbst gefährlich sein und gleichsam eine doppelte Person in sich vereinigen. Die Entwendung aus, andern Personen gehörigen, jedoch unbewohnten Räumen desselben Hauses ist ein einfacher Diebstahl.

Sechster Abschnitt.
Diebstahl mit falschen Schlüsseln.

§. 1.
Die gesetzlichen Bestimmungen.

Dem altdeutschen Rechte war die Auszeichnung des Diebstahls, welche in der Anwendung falscher Schlüssel gefunden wird, nicht völlig unbekannt, wenngleich nur vereinzelte Stellen ihrer gedenken.[1] Die Carolina übergeht sie mit Stillschweigen. Die spätere Praxis beschäftigt sich aber öfters mit der Frage, ob die Beseitigung des Verschlusses durch Nachschlüssel — die List, gegenüber der Gewalt bei der Erbrechung — in analoger Anwendung des Art. 159 der Carolina als Qualificationsfall zu behandeln sei? Carpzov, Qu. 79 no. 40. verneint die Frage, da man zu dem Einbrechen eine violentia erforderte, welche natürlich bei dem Oeffnen mit Nachschlüsseln nicht vorkommt. Ebenso z. B. Kress, ad art. 159. §. 5. 2. Dorn, Commentar §. 143, Salchov, Entwendung §. 40. Anm.

Der Code pénal qualificirt in Art. 3ɔ1 den Diebstahl mit fausses clefs.

Die deutschen Gesetzbücher[2] zählen zu den ausgezeichneten Diebstählen auch die Diebstähle mit Diebsinstrumenten oder falschen Schlüsseln.

---

1) Wilda, das Strafrecht der Germanen S. 878 ff.
2) Das Gesetzbuch von Oestreich §. 174 qualificirt im Allgemeinen den Diebstahl an „versperrten Sachen." Vgl. noch oben S. 37.

Das Gesetzbuch von Oldenburg Art. 226 „Dittriche oder nach=
gemachte Schlüssel, die sich der Dieb absichtlich dazu verschaffte."
Die Bayer. Diebstahlsnovelle vom Jahre 1816 Art. VI. erachtet
als ausgezeichneten Diebstahl, wenn der Dieb (im Hause oder am
Behältnisse) „daran die Schlösser mit Instrumenten z. B. Sperr=
haken, Dittrichen, nachgemachten Schlüsseln oder auf andere uner=
laubte Art ꝛc. geöffnet hat." Gesetzbuch von Württemberg Art.
325 „mittels falscher Schlüssel." Art. 332 „den falschen (nach=
gemachten) Schlüsseln werden Sperrhaken, Dittriche, Hauptschlüssel
und andere Instrumente, womit Schlösser geöffnet werden können,
gleichgeachtet." Gesetzbuch vom K. Sachsen (1838) Art. 230
„mit Diebsinstrumenten" und (1855) Art. 278 „falsche Schlüssel
oder andere zur ordnungsmäßigen Oeffnung des Verschlusses nicht
bestimmte Werkzeuge." Gesetzbuch von Thüringen Art. 221
„nachgemachte Schlüssel, Dittriche, Sperrhaken oder sonstige Werk=
zeuge." Gesetzbuch von Baden §. 385 „mittels Eröffnung von
Schlössern durch Diebsschlüssel (Dittriche, Sperrhaken, nachgemachte
oder Hauptschlüssel)." Gesetzbuch von Hessen Art. 364 „falsche
Schlüssel — alle Sperrwerkzeuge, Haken, Dittriche, Hauptschlüssel,
nachgemachte, veränderte oder solche Schlüssel, welche nicht für das
damit geöffnete Schloß bestimmt waren." Gesetzbuch von Braun=
schweig §. 215 „Dittrich oder Nachschlüssel." Hannov. Ges. v.
1857. §. 6. „nachgemachte, veränderte oder für das betreffende
Schloß nicht bestimmte Schlüssel, Dittriche, Sperrhaken oder andere
zur Eröffnung von Schlössern geeignete Werkzeuge anwendet."
Gesetzbuch von Preußen §. 224 „Falsche Schlüssel" „nachgemachte
veränderte oder solche Schlüssel, welche für das Schloß, bei wel=
chem der Thäter sie anwendet,[1]) nicht bestimmt sind, sowie Dit=
triche, Haken und andere zum Oeffnen von Schlössern brauchbare[2])
Werkzeuge." Gesetzbuch von Bayern Art. 281 „mittels rechts=
widrigen Gebrauchs von Schlüsseln" und dieser wird gefunden im
Gebrauche von „falschen oder nicht für das geöffnete Schloß

---

1) Entw. von Bremen §. 407 „für das mit demselben geöffnete
Schloß."

2) Entw. v. Bremen „geeignete."

beſtimmten Schlüſſeln, Dittrichen, Sperrhaken oder andern zur Eröffnung von Schlöſſern geeigneten Werkzeugen 2c."

Das praktiſche Bedürfniß zu dieſer Ausdehnung des ausgezeichneten Diebſtahls iſt unbeſtritten;[1] über die Fälle aber, welche hierher zu rechnen ſind, herrſcht kein Einverſtändniß.

Man iſt einig, hierher den Gebrauch von eigentlichen Diebsinſtrumenten als Dittrichen, Sperrhaken u. ſ. w. zu zählen.[2] Ihnen ſind die für das betreffende Schloß nicht beſtimmten Schlüſſel jedenfalls dann gleichzuſtellen, wenn ſie für dieſes Schloß niemals beſtimmt geweſen ſind. Die „nachgemachten" „veränderten" Schlüſſel fallen mit unter die „für das damit geöffnete Schloß nicht beſtimmten" und es ſind daher dieſe Categorien überflüſſig. Allein der Zweifel tritt in praxi ziemlich ſcharf hervor, ob auch der für das Schloß beſtimmt geweſene, aber verloren gegangene Schlüſſel in der Hand des Diebes und durch den Gebrauch des Diebes als ein falſcher Schlüſſel ſich darſtelle.

Es iſt namentlich geltend gemacht worden, daß der rechte Schlüſſel aufhöre, der zur ordnungsmäßigen Oeffnung des Schloſſes beſtimmte zu ſein, wenn er verloren gegangen und dadurch außer Gebrauch gekommen ſei.

Man hat ferner darüber geſtritten, in wie weit ein Hauptſchlüſſel den ordnungsmäßigen Schlüſſeln beizuzählen, inwieweit er bezüglich einzelner Localitäten in Folge ſpäterer Ereigniſſe, ohne Aenderung des Schloſſes, die fragliche Qualität verliere.

Es iſt weiter darüber geſtritten worden, ob eine Kenntniß des Diebes von den, die Qualität des falſchen Schlüſſes bedingenden thatſächlichen Vorausſetzungen zur Annahme eines ausgezeichneten Diebſtahls erforderlich ſei.

---

1) Eine intereſſante Mittheilung über die gewerbmäßigen Nachſchlüſſeldiebſtähle und die (frühere) fabrikmäßige Anfertigung von Nachſchlüſſeln zu Betſcha bei Meſeritz in Schletter's Annalen (Hißig) Jahrg. 1851. Bd. I. S. 101 f.

2) Der Code pénal zählt hier auf: tous crochets, rossignols, passepartout, clefs imitées, contrefaites, altérées etc.

Man hat vielseitig das entscheidende Moment auf die Be=
stimmung gesetzt, welche der Eigenthümer des Schlosses dem
Schlüssel gegeben, dergestalt, daß ein Wechsel in dieser Bestim=
mung die rechtliche Qualität des Schlüssels auch in der hier frag=
lichen Richtung ändere, und daß die Willkür des Eigenthümers
nachträglich den echten Schlüssel in den falschen verwandle.
Man hat z. B. gesagt, daß der heute in die Hände des Diebes
gelangte richtige Schlüssel morgen aufhöre, der richtige Schlüssel
zu sein, wenn der Eigenthümer ihn morgen durch einen andern
ersetzt hat, und hat daran die Folgerung geknüpft, daß ein heute
mit jenem Schlüssel verübter Diebstahl ein einfacher sei, morgen
aber ein solcher Diebstahl ein ausgezeichneter Diebstahl sein werde.
Man hat ferner hierher die Lehre von den Pertinenzen zur Hilfe
gerufen, um hiernach im einzelnen Falle zu bestimmen, ob ein
Schlüssel der richtige oder falsche sei.

Wir übergehen hier zur Zeit noch diejenigen Vorschriften,
nach denen der Diebstahl mit dem richtigen Schlüssel für einen
ausgezeichneten dann erklärt wird, wenn der Dieb den Schlüssel
vorher sich mit List oder heimlich angeeignet hat.

§. 2.
Begriffsbestimmung des „falschen Schlüssel ꝛc." — Haupt-
schlüssel.

Die „falschen," „nachgemachten" Schlüssel stehen mit den
„Dittrichen" und „Sperrhaken" auf derselben Linie. Hier ent=
scheidet oft nur die Form. Die Ausdehnung des Begriffs auf
die richtigen, aber in der Hand des Diebes zu Diebsinstrumen=
ten werdenden Schlüssel ist jedenfalls später erfolgt, als die Auf=
nahme der Dittriche in den Kreis der, den Diebstahl qualificir=
enden Begehungsmittel. Man nahm zunächst den Dieb von
Profession in's Auge, der mit Sperrhaken und Dittrichen ver=
sehen, auf den Diebstahl ausgeht. Das Bayer. Gesetzbuch v. J.
1812 und nach ihm das Gesetzbuch von Oldenburg sagen sehr
bezeichnend: „nachgemachte Schlüssel, die sich der Dieb dazu ab=
sichtlich verschaffte." Das ältere Sächs. Crim. Gesetzbuch (vom

J. 1838) sprach von Diebsinstrumenten, und es ist in praxi anfänglich oft der Satz vertheidigt worden, daß hiermit nicht jedes Instrument in der Hand des Diebes, sondern durch die Bezeichnung „Diebs," gegenüber jedem anderen Justrumente, nur solche Werkzeuge bezeichnet seien, deren sich die Diebe zur Eröffnung von Schlössern zu bedienen pflegen. Dies sind also Dittriche, Haken rc. [1])

Die Dittriche, Haken rc. sind Instrumente, die in der Regel alle Schlösser zu öffnen vermögen, und daher vorzugsweise auch für Professionsdiebe passend. Die „nachgemachten" Schlüssel (z. B. Thüringensches Gesetzbuch) deuten bereits mehr auf ein einzelnes, bestimmtes Schloß; sie weisen nicht auf einen Professionsdieb hin, bekunden aber ebenfalls eine besondere Energie der Vorbereitung, welche dem Gelegenheitsdiebe nicht beiwohnt[2]) und ihn daher vor letzterem auszeichnet.

Mehrere Gesetzgebungen sprechen von Werkzeugen, „womit Schlösser geöffnet werden können;" „zur Eröffnung von Schlössern brauchbaren" „geeigneten Werkzeugen." Es ist hierdurch eine Beschränkung angedeutet, welche die Anwendung auf jedes Werkzeug und die mit ihm bewirkte Oeffnung des Schlosses nicht gestattet. Instrumente, mit denen ein Schloß nicht in der, seiner Natur und Bestimmung gemäßen Weise geöffnet wird, gehören nicht hierher, z. B. Ofengabeln.[3]) Es wird dagegen hier ein Erbrechen verschlossener Behältnisse vorliegen.

Die Worte „falsche", „nachgemachte" (Schlüssel) haben den Zweifel hervorgerufen,[4]) ob hierunter auch derjenige eigne Schlüssel des Diebes begriffen sei, von welchem der Dieb weiß, daß er (nicht blos das Schloß, für das er bestimmt ist, sondern auch) das (fremde) von ihm zu öffnen beabsichtigte Behältniß aufschließe, und welchen er daher zur Eröffnung mitbringt. Ein „falscher"

1) Vgl. auch Blätter f. Rechtspfl. in Thüringen 1861. S. 343.
2) Die Thüringsche Praxis verwirft jedoch die Beschränkung auf ein „bestimmtes Schloß." Blätter f. Rechtspfl. in Thüringen. 1854. S. 59.
3) Vgl. aber Hufnagel, Commentar Bd. II. S. 363.
4) Hufnagel, Commentar Bd. II. S. 359 S. 971 f.

Schlüssel ist er zu nennen, weil er für das gedachte Schloß nicht bestimmt ist[1]) und die zufällige Eigenschaft desselben, daß er letzteres ebenfalls schließt, nicht in Betracht kommen kann. Er ähnelt dadurch einem Dittrich; jedenfalls ist er ein fremder Schlüssel und die ratio legis hier völlig anwendbar, wie er auch ein Instrument ist, „womit Schlösser geöffnet werden können."

Ueberhaupt ist es eine zu enge Auffassung der „falschen Schlüssel," wenn man hierunter nur Schlüssel verstehen will, die von Anfang an als falsche sich darstellen, insbesondere diejenigen, welche der Dieb nach einem Abdrucke (nach dem Schlosse) oder auf andere Weise nachgemacht hat oder nachmachen lassen. Der „falsche" Schlüssel ist gleichbedeutend mit dem sogen. „unrichtigen" Schlüssel. Man sagt dies auch von demjenigen Schlüssel, welcher für ein anderes Behältniß bestimmt ist, wenngleich letzteres und dasjenige Behältniß, bei welchem irrthümlich der Schlüssel anzuwenden versucht wurde, demselben Eigenthümer gehören. In solchen Fällen vernimmt man tagtäglich die Aeußerung: „ich habe den unrichtigen (oder falschen) Schlüssel genommen." Die ratio legis — die Beseitigung des Verschlusses mit einem dazu nicht bestimmten Schlüssel re. — paßt ebenfalls und die Geflissenheit des Diebes ist keine geringere, als die bei jedem andern falschen Schlüssel.

Eine besondere Berücksichtigung verlangen noch die sogen. Hauptschlüssel (Capitalschlüssel). Es entscheiden aber auch hier die obigen Gesichtspunkte. Ein Hauptschlüssel, ist für jedes derjenigen Schlösser, für welches er bestimmt ist, der ordnungsmäßig bestimmte; er ist, wenngleich vielleicht nicht täglich im Gebrauche, doch auch nicht außer Gebrauch gesetzt; er ist zum außerordentlichen, aber immer doch zum ordnungsmäßigen Gebrauche bestimmt.[2]) Hieraus folgt zugleich, daß der Hauptschlüssel nur für diejenigen Schlösser der ordnungsmäßige Schlüssel ist, für welche er hierzu von dem Eigenthümer bestimmt ist. Irgend ein belie-

---

1) Vgl. die Bestimmungen in den Gesetzbüchern von Hessen und Bayern, und dem Gesetze von Hannover.

2) Goltdammer, Archiv Bd. II. S. 125.

biger, für andere Schlösser verwendeter und bestimmter Haupt=
schlüssel ist nicht der ordnungsmäßige Schlüssel für alle Schlösser,
die er zu öffnen vermag.[1]) Der Umstand allein, daß ein Schlüs=
sel ein Schloß öffnen kann, macht jenen noch nicht zu dem für
letzteres bestimmten, nicht zu dem ordnungsmäßigen Schlüssel.
Die Qualität des Hauptschlüssels ist nur eine relative, und
zwar gegenüber den für ihn bestimmten Schlössern.[2]).

Dagegen ist die Bezeichnung „rechtswidriger Gebrauch"
(Gesetzbuch von Bayern) jedenfalls zu allgemein. Ein solcher
Gebrauch liegt überhaupt in der Handlung des Diebes, und ist
auch dann vorhanden, wenn das Schloß zwar abgeschlossen wor=
den, der Schlüssel aber im Schlosse stecken geblieben ist, und nun=
mehr der Dieb mit dem Schlüssel öffnet.

§. 3.
Der richtige, aber außer Gebrauch gekommene Schlüssel.

Die hauptsächlichsten Zweifel zeigen sich bei der Frage:
Wann kann man von einem Schlüssel sagen, daß er zur Oeffnung
des Schlosses nicht bestimmt sei, dafern er hierzu zu irgend einer
Zeit bestimmt gewesen? Ist es hinreichend, daß der Schlüssel ge=
rade in dem Augenblicke, wo desselben sich der Dieb bedient,
von dem Eigenthümer des Schlosses nicht als derjenige angesehen
wird, dessen er sich selbst bedient? So hat z. B. das Obertribunal
zu Berlin[3]) in einem Falle die Qualification nicht angenommen,
wo die Eröffnung des Schlosses durch den für das Schloß früher
bestimmt gewesenen, aber verloren gegangenen Schlüssel erfolgt
war, da das Gesetz einen Schlüssel voraussetze, „welcher für das
Schloß überhaupt nicht bestimmt worden ist." In dem betreffen=
den Falle war überdies der Schlüssel nicht nur verloren gegan=
gen, sondern auch durch einen anderen ersetzt gewesen. Die De=
stination des Schlüssels als des ordnungsmäßigen Werkzeugs der

---

1) Vgl. noch Blätter f. Rechtspfl. in Thüringen 1861. S. 342.
2) Vgl. den Fall in der Sächs. Ger. Ztg. Bd. IV. S. 141.
3) Goltdammer, Archiv Bd. II. S. 691.

Oeffnung war daher aufgehoben gewesen. Deſſenungeachtet wurde die Qualification nicht angenommen. Die, in Goltdammer, a. a. O. angezogenen Ariéts des Franzöſ. Caſſationshofs laſſen nicht erkennen, ob nach der Anſicht des Letzteren bereits die Thatſache, daß der Schlüſſel aus dem Beſitze des Eigenthümers gekommen, nach Ablauf einiger Zeit (wo die Hoffnung auf Wiedererlangung erloſchen ſein wird), den Schlüſſel zum falſchen ſtempelt oder die Anfertigung eines neuen hinzutreten muß.

In der ſächſiſchen Praxis ſind uns viele Fälle vorgekommen, in denen die Anwendung des Geſetzes zweifelhaft geworden. Die Erſetzung des verlorengegangenen Schlüſſels durch einen neuen, iſt allſeitig als ein Moment angeſehen worden, welches jenen Schlüſſel zum falſchen ſtempelt, — und zwar auch ohne Aenderung des Schloſſes ſelbſt. Ueberhaupt hat man ſich zu der Anwendung der civilrechtlichen Grundſätze von der destinatio bei den Per= tinenzen geneigt gezeigt. Ob aber der richtige Schlüſſel aufhöre, der ordnungsmäßige zu ſein, weil er längere Zeit verloren oder auch ſonſt außer Gebrauch geweſen, darüber iſt verſchieden judicirt worden.

Wir bemerken hier Folgendes:

Die gewaltſame Beſeitigung des Verſchluſſes von Be= hältniſſen iſt als Qualificationsmoment anerkannt worden. Es iſt in ihr in ſubjectiver wie objectiver Beziehung eine beſondere Gefährlichkeit der Entwendung zu erkennen. Man kann den Ein= bruch in das Gebäude und das Erbrechen verſchloſſener Behält= niſſe den rechtswidrigen Aufſchlüſſen des Gebäudes und einzelner Theile desſelben, ſowie einzelner Behältniſſe gleichſtellen. In jenem Falle wird mit Gewalt, in dieſem aber mit Liſt das= jenige Verſchlußmittel beſeitigt, mit welchem der Eigenthümer ſeine Sachen gegen fremde Eingriffe noch beſonders verwahrte. Auch hier manifeſtirt ſich eine beſondere Gefliſſenheit des Diebes, welche durch den Verſchluß der Sache von der Entwendung ſich nicht abhalten läßt, vielmehr die Beſeitigung desſelben durch dazu vor= bereitete Mittel anſtrebt.

Für denjenigen, der im Beſitze des richtigen Schlüſſels ſich befindet, iſt der Verſchluß nicht vorhanden; — für ihn iſt das

Behältniß nicht verschlossen und der Inhalt desselben ohne Wei=
teres zugänglich; für ihn ist dasselbe offen.

Andererseits setzt der Verschluß immer ein Verschlossensein
voraus. Es genügt dabei nicht, daß das Behältniß geschlossen
ist. Wenn die Thüre zugeklinkt, aber nicht zugeschlossen ist, so
daß durch den Druck auf die Klinke die Thüre sich öffnet, so ist
zwar das Zimmer geschlossen, aber nicht verschlossen. Es wird
zur Oeffnung ein besonderes Instrument vorausgesetzt, wenn ein
„Verschluß“ angenommen werden soll.

Ein Verschlossensein im Sinne des Gesetzes ist ferner dann
nicht vorhanden, wenn der Verschluß in einer, jedem Dritten zu=
gänglichen Weise beseitigt werden kann. Auf dem Lande wird
z. B. häufig die Thüre nur durch einen sogen. Vorstecker ge=
schlossen, der ohne weitere Mühe und ohne jede Verletzung der
Thüre herausgezogen und dadurch beseitigt werden kann; ebenso
durch einen Fallriegel, dessen Verschluß dadurch beseitigt wird, daß
in ein dazu befindliches Loch unter demselben mit einem Stückchen
Holz gefahren und er dadurch ausgehoben wird. Der Eigenthü=
mer wie jeder Dritte bedarf hier keines Schlüssels. Ebenso kann
das Holzstückchen, welches keine Besonderheiten an sich trägt, nicht
als Schlüssel für ein bestimmtes Schloß angesehen werden. Es
ist ein Verschluß im Sinne des Gesetzes nicht vorhanden. [1]

In denjenigen Gesetzgebungen, welche von Eröffnung von
„Schlössern“ sprechen, kann hierüber noch weniger ein Zweifel
sein, da ein solcher Verschluß gewiß nicht als ein „Schloß“ be=
zeichnet werden kann. Allein auch nach den übrigen Gesetzgebun=
gen ist die Qualification nicht anzunehmen, wenn, wie in diesen
Fällen, der Verschluß in Wahrheit irgend eine Sicherheit nicht
bietet und jedem Dritten zugänglich ist.

Nehmen wir einen gleichstehenden Fall. Der Eigenthümer
läßt den Schlüssel im Schlosse stecken oder dergestalt im Zimmer
liegen, oder hängt ihn daselbst offen auf, so daß der Dieb leicht
zu ihm gelangen kann. Die Gesetze erachten hier den Diebstahl

---

[1] Vgl. hierzu die Fälle bei Goltdammer, Archiv Bd. VII. S. 139
u. in den Bl. f. Rechtspfl. in Thüringen Bd. IV. S. 205.

nicht für einen ausgezeichneten.[1]) Man könnte sagen, daß den Eigenthümer eine Fahrlässigkeit treffe. Allein dieses Argument kann nicht entscheiden. Die culpa des Eigenthümers kann an sich den dolus des Diebes nicht ändern, noch kann die geringere Bestrafung des letzteren gleichsam wie eine Strafe für die Fahrlässigkeit des Eigenthümers behandelt werden. Wohl aber ist es die durch die Handlung des Eigenthümers hergestellte Sachlage, welche die Qualification ausschließt. Man kann nämlich sagen, daß nunmehr für den Dieb der Verschluß nicht mehr vorhanden sei, vielmehr der Eigenthümer ihm selbst die Eröffnung möglich gemacht habe. Der Diebstahl verliert hiermit auch den Charakter des Gefährlichen. Wir nehmen wieder eine Analogie vom Einbruchs=Diebstahle zu Hilfe. Wenn das Gehöfte durch einen Plankenzaun umschlossen ist, in demselben aber eine schadhafte Stelle sich befindet, wo die Planken ohne Verletzung bei Seite geschoben werden können, der Dieb diese defecte Stelle entdeckt und durch sie den Eingang gewinnt, so ist der Diebstahl ein einfacher.

Nehmen wir folgenden Fall: Der Eigenthümer behält, nachdem er das Haus verlassen und verschlossen, den Schlüssel nicht bei sich, sondern versteckt ihn (wie oft auf dem Lande unter der Thürschwelle, unter dem angebauten Backofen 2c.). Der Dieb findet den Schlüssel und verübt den Diebstahl. Wir erachten auch diesen Diebstahl für einen einfachen. Die Aneignung des Schluß- und Oeffnungsmittels kann der Eröffnung selbst nicht gleichgestellt werden. Es ist zwar mit dieser Aneignung zugleich der Verschluß selbst für den Dieb des Schlüssels aufgehoben und beseitigt. Allein immerhin ist es der richtige, für das Schloß noch in Gebrauch befindliche Schlüssel, welcher entwendet und mit welchem die Oeffnung erzielt wurde; die Art und Weise, wie der Dieb in den Besitz des Schlüssels gelangte, kann an sich allein, wenn sie nicht selbst als ein höheres Verbrechen sich darstellt, die rechtliche Natur des späteren Diebstahls nicht ändern. Der Diebstahl bleibt ein einfacher, auch wenn der Dieb das Mittel des Diebstahls erst

---

1) Vgl. Bl. f. Rechtspfl. in Thüringen Bd. I. S. 59.

entwendet hatte. Ist allerdings die Entwendung des Schlüssels an sich eine qualificirte, so wird der, durch sie vorbereitete Diebstahl auch für einen ausgezeichneten zu achten sein.[1] Wenn z. B. der Dieb den Schlüssel durch Erbrechen eines verschlossenen Behältnisses oder den Schlüssel zur Geldcassette durch Aufschließen des Schrankes, in welchem jener sich befindet, mittels eines Ditrichs sich aneignet, so wird auch der, mit dem Schlüssel ausgeführte Diebstahl, bei der Einheit und inneren Verbindung beider Diebstähle, zu einem ausgezeichneten erhoben, und zwar auch dann, wenn beide Entwendungen nicht unmittelbar auf einander folgten, vorausgesetzt nur, daß die Entwendung des Schlüssels mit Rücksicht auf den spätern Diebstahl verübt wurde. Auch hier ist das Erbrechen, bez. der falsche Schlüssel das Mittel gewesen, zu den verwahrten Sachen zu gelangen, indem es dazu diente, die Verwahrung und Absperrung derselben zu beseitigen.

Man kann, wie bemerkt, die Entscheidung hier nicht von der Frage abhängen lassen, ob den Eigenthümer eine culpa in der Aufbewahrung des Schlüssels treffe. Die Frage würde oft sehr zweifelhaft und die ganze Individualität des Falles, sowie Ortsgewohnheit ꝛc. entscheiden müssen. Ja, es kann z. B. heute, wo die Nachbarn in ihren Wohnungen gegenwärtig sind und daher das Haus noch unter ihrer Mitaufsicht steht, die Aufbewahrung des Schlüssels unter der Thürschwelle eine durchaus nicht unbedachtsame sein, während sie es gestern war, wo die Nachbarleute nicht einheimisch gewesen. Der Dieb hat aber weder die Anwesenheit, noch die Abwesenheit der Nachbarleute gekannt. Will man von solchem Umstande (der Anwesenheit, resp. Abwesenheit ꝛc.) die geringere oder schwerere Bestrafung des Diebes abhängen lassen?

Der gewöhnliche Fall ist der, daß der Eigenthümer den Schlüssel verloren hat und letzterer nun in den Besitz des Diebes gelangt. Hört der Schlüssel in der Hand des Diebes schon von selbst auf, der zur Oeffnung des Schlosses bestimmte zu sein?

---

1) Goltdammer, Archiv Bd. II. S. 125. Bd. VII. S. 715.

Dies ist nicht anzunehmen. Die Gesetze hätten sonst einfach den Diebstahl mit rechtswidriger Anwendung von Schlüsseln qualificiren müssen. Andererseits muß zugegeben werden, daß der Schlüssel nicht für alle Zeiten der richtige Schlüssel bleiben wird. In den, in Goltdammer ꝛc. a. a. O. angeführten französischen Arrêts wird auf den Ablauf der Zeit (seit dem Verluste des Schlüssels) die Entscheidung gesetzt, ohne den Zeitraum näher zu firiren. Die Firirung desselben wird wohl auch mit unüberwindlichen Schwierigkeiten verbunden sein. Der Ausweg aber, in jedem einzelnen Falle diese Zeitfrage nach Lage der Sache zu beantworten, ist ein sehr mißlicher und völlig unsicherer.

Hierdurch wird man von selbst darauf geführt, die Entscheidung von der Disposition desjenigen abhängen zu lassen, welcher über den Gebrauch und die Anwendung des Schlüssels zu verfügen ausschließlich berechtigt ist. Dies ist der Eigenthümer des Schlosses und des mit ihm verschlossenen Behältnisses.[1]) So lange der Eigenthümer ihn noch als den gangbaren Schlüssel betrachtet und demgemäß sich gerirt, behält er auch diese Eigenschaft. Wenn der Eigenthümer in der Hoffnung, den verlorenen Schlüssel wieder zu erhalten, in der nächsten Zeit einen neuen Schlüssel nicht anschafft, so bleibt der Schlüssel in der ihm bestimmt gewesenen Qualität und Beziehung zum Schlosse. Die Gefahr, daß inmittels der Schlüssel gemißbraucht und mit ihm ein Diebstahl verübt werden könne, schließt diese Qualität und Bestimmung um so weniger aus, als sie dem Verlierer bekannt ist und ihn zu einer sofortigen Aenderung durch Anschaffung eines andern Schlüssels nicht bewogen hat. Ein falscher Schlüssel (wie manche Gesetzgebungen, z. B. Württemb. den Fall bezeichnen) ist er noch nicht geworden.

Auf eine culpa des Eigenthümers möchten wir jedoch auch hier nicht zurückgehen. Dieselbe würde in vielen Fällen höchst schwierig festzustellen sein. Auch kann die Frage über die Qualification auf diese besondern Verhältnisse nicht gestützt werden.

---

1) Der Code pénal sagt Art. 398: „clefs qui n'ont pas été destinées par le proprietaire, locataire, aubergiste ou logeur."

Es würde zu sehr hier an objectiven allgemeinen Merkmalen feh=
len. Der Wille des Eigenthümers, welcher in bestimmten Hand=
lungen sich manifestirt, kann hier allein entscheiden. Legt z. B.
der Eigenthümer einen Schlüssel völlig bei Seite, weil er sich
dessen zur Oeffnung nicht mehr bedienen will, so hört der Schlüs=
sel dadurch auf, der zur ordnungsmäßigen Oeffnung bestimmte zu
sein. Der Umstand, daß er früher zu der Oeffnung bestimmt
gewesen, kann nicht mehr maßgebend sein, wenn derjenige, von
welchem die Bestimmung ausging, sie wieder aufgibt; die frühere
Bestimmung gibt dem Schlüssel nicht einen character indelibilis.

Ebensowenig kann der Umstand maßgebend sein, ob der
Schlüssel „zur Oeffnung des Schlosses paßt." Ist er nicht pas=
send, so kann mit ihm überhaupt der Diebstahl nicht begangen
werden. Es gibt übrigens eine Menge so einfacher Schlösser im
täglichen Gebrauche, daß sie beinahe mit jedem Schlüssel oder
Nagel geöffnet werden können. Der bestimmte Schlüssel wird
auch ein passender sein, — nicht aber umgekehrt.

Die frühere Bestimmung des Schlüssels zu einem bestimm=
ten Schlosse wird jedenfalls durch die Aenderung des Schlosses
selbst aufgehoben; durch sie wird der fernere Gebrauch des Schlüs=
sels ohnedem unmöglich. Keineswegs ist aber, wie man mehrsei=
tig angenommen, [1]) die einzige Aufhebung dieser Bestimmung in
der Aenderung des Schlosses zu finden. Es reicht zur Aenderung
der Bestimmung, wie bemerkt, jede klare thatsächliche Erklärung
des Eigenthümers, durch welche sein diesfalliger Wille zum Aus=
drucke gelangt, hin. Der Wille des Diebes, den Schlüssel noch
als den bestimmten zu gebrauchen, kann diese Erklärung nicht
wirkungslos machen und kann nicht, zu Gunsten des Diebes, dem
Schlüssel eine Bestimmung bewahren, die er nur durch den Wil=
len des Berechtigten erlangen und behalten kann. Der Wille
des Diebes kommt, gegenüber dem Willen des Berechtigten, nicht
weiter in Betracht.

---

1) Vgl. z. B. Oppenhof. a. a. O.

Läßt daher der Eigenthümer einen andern Schlüssel für den verlorenen fertigen, so tritt ersterer an die Stelle des letzteren. So ist auch wiederholt in der K. Sächs. Spruchpraxis entschieden und der mit dem verlorenen Schlüssel verübte Diebstahl für einen ausgezeichneten erklärt worden.[1]

Diese Sätze können, nach Befinden, gegen den Eigenthümer selbst Anwendung leiden. Wenn — um einen in praxi vorgekommenen Fall zu nehmen — der Hauseigenthümer eine Etage seines Hauses vermiethet, zu deren Localitäten er mehrere Schlüssel besitzt, und er übergibt nur einen oder einige derselben dem Miether, so hat er selbst durch den Miethvertrag und diese Uebergabe die übrigen, in seinem Besitze verbliebenen Schlüssel, auf die Dauer dieses Verhältnisses, außer Gebrauche gesetzt; sie sind gegenwärtig nicht die zum ordnungsmäßigen Gebrauch bestimmten Schlüssel. Begeht der Hauseigenthümer mit ihrer Hilfe einen Diebstahl in der Wohnung des Miethmanns, so ist der Diebstahl als ein durch Gebrauch eines falschen Schlüssels ausgezeichneter zu behandeln. Das Ober=Appell.=Gericht zu Dresden ist von diesen Sätzen ausgegangen, als eine Dienstperson des Hauswirths unter diesen Verhältnissen einen Diebstahl in der vermietheten Wohnung verübte. Noch weniger ist an der Auszeichnung des Diebstahls zu zweifeln, wenn der Eigenthümer den Schlüssel erst nach der erfolgten Vermiethung anfertigen läßt, um mit ihm den Diebstahl zu verüben. Hier kann er sich, gegenüber seiner vertragsmäßigen Verpflichtung und Stellung zu dem Miether, nicht darauf beziehen, daß er den Schlüssel für das Schloß bestimmt habe.[2]

Die Qualität des richtigen Schlüssels wird dadurch nicht aufgehoben, daß der Dieb, welcher in den Besitz desselben gelangt ist, den Besitz gegen den Eigenthümer auf dessen Nachfrage abläugnet.[3]

---

1) A. M. war das Ob.=Tribunal zu Berlin. Vgl. Oppenhof, a. a. O. S. 178. Goltdammer, Archiv Bd. II. S. 691. Bd. IX. S. 140 f. Vgl. jedoch auch Bd. III. S. 263.

. 2) So entschied auch das Ober=Tribunal zu Berlin. Vgl. Oppenhof, a. a. O. S. 551. Goltdammer, Archiv. Bd. IX. S. 849.

3) Vgl. jedoch noch unten §. 6.

§. 4.

Die „versperrte" Sache.

Das Oesterr. Gesetzbuch qualificirt den Diebstahl an ver=
sperrten Sachen.[1] Es wird hier die Qualification dadurch nicht
aufgehoben, daß der Schlüssel, mit dem das Schloß geöffnet wor=
den, der richtige gewesen; insbesondere nicht dadurch, daß der
Dieb auf nicht unrechtmäßige Weise in den Besitz gelangt ist.
Wäre er jedoch mit der Oeffnung vom Eigenthümer beauftragt
gewesen, so würde hierdurch für ihn die Sache den Charakter
einer versperrten verloren haben.[2] Dies gilt auch dann, wenn
der Dieb durch ein unwahres Vorgeben den Auftrag zur Oeffnung
sich zu verschaffen gewußt hat. Ebenso ist die „Sperre" bei einem,
mehreren Personen zugehörigen Schlüssel z. B. zu einer gemein=
schaftlichen Wohnung, rücksichtlich jeder dieser Personen nicht vor=
handen.

Ist der Schlüssel im Schlosse nur umgedreht, aber nicht
abgezogen, so kann eine Sperre nicht angenommen werden; — wohl
aber ist sie dann und hiermit auch die Qualification anzunehmen,
wenn der Schlüssel in der Nähe oder überhaupt für Jedermann
bemerkbar liegt. Denn mit der Entfernung des Schlüssels aus dem
Schlosse tritt die Sperre der Sache ein und es ist ohne Einfluß
hierauf, wohin der Schlüssel gelegt worden.

§. 5.

Die Eröffnung als das Mittel zum Diebstahle.

Die Eröffnung mit dem falschen Schlüssel ist das Mittel,
um Zugang zu der Sache zu verschaffen, deren Entwendung be=
absichtigt wird. Sie ist hier das Mittel, wie bei den oben ge=
schilderten Diebstählen das Einbrechen und das Einsteigen das

---

1) Weeber, Abhandl. ic. S. 357.
2) Vgl Kitla, Abhandl. a. d. Strafrechte ic. S. 190. Herbst, Handb.
Bd. I. S. 344. Weeber, Abhandl. ic. S. 350 f.

Mittel ist. Ebensowenig ist aber auch hier nöthig, daß die Qualificationshandlung unmittelbar das Behältniß betrifft, in welchem die Sache sich befindet. So wird z. B. durch den Verschluß des Hauses auch der Complex aller in ihm befindlichen, wenngleich offen daliegenden Gegenstände verschlossen und die rechtswidrige Eröffnung des Hauses qualificirt auch die Entwendung eines dieser Gegenstände.[1]) Aus diesem Grunde ist, wie schon oben bemerkt, die Entwendung qualificirt, wenn sie zwar mit dem richtigen Schlüssel erfolgte, der Dieb sich aber in den Besitz desselben auf qualificirende Weise gesetzt hatte.

Die Eröffnung muß in diebischer Absicht erfolgen. Die unbefugte Eröffnung allein, z. B. aus Neugierde, den Inhalt des Behältnisses kennen zu lernen, qualificirt die nachfolgende (z. B. durch den Glanz der vorgefundenen Gegenstände veranlaßte) Entwendung nicht.

Der Umstand, daß das Behältniß oder das Gebäude auch auf eine nicht qualificirte Weise geöffnet werden konnte, schließt die Qualification der Eröffnung hier ebensowenig als beim Einbruche, bez. Einsteigen aus. Der Begriff des „Verschlusses" cessirt nicht, da die von dem Diebe bewirkte Oeffnung, durch welche er den Zugang zu der Sache sich verschaffte, an der Stelle, wo sie erfolgte, einen Verschluß beseitigte und diese Beseitigung eine ordnungswidrige war. Als ein Dieb aus dem mittlern, verschlossenen Kasten einer Commode, nach Eröffnung des Kastens mittels falschen Schlüssels, einen Gegenstand entwendet hatte, wurde die Qualification angenommen, obgleich der obere Kasten unverschlossen gewesen und daher der Dieb durch Herausziehen desselben sich ohne Weiteres Zugang in den mittlern Kasten hätte verschaffen können.[2])

Bei der Eröffnung verschlossener Behältnisse ist es gleichgiltig, ob dieselben im Innern eines Gebäudes oder an einem

---

1) Vgl. auch Goltdammer, Archiv Bd. II. S. 125.
2) Vgl. Goltdammer, Archiv Bd. X. S. 497. Ebenso der oberste Gerichtshof zu Wien; Herbst, Handb. ꝛc. Thl. I. S. 345.

Gebäube ober außerhalb eines solchen unb im Freien sich be=
finben. [1]

Wohngebäube werben baher nicht vorausgesetzt. [2]

§. 6.

Der rechte, aber mit List ꝛc. erlangte Schlüssel.

Einige Gesetzgebungen (vgl. z. B. Gesetzbuch von Bayern
vom Jahre 1812 unb 1862, Hannover, Württemberg, Großh.
Hessen) haben ben Fall zum ausgezeichneten Diebstahle gerechnet,
wenn ber Dieb mit List ober heimlich ben richtigen Schlüssel ent=
wenbet hat. Hier tritt ber Gesichtspunkt hervor, ob ber Eigen=
thümer ben Schlüssel gehörig verwahrt habe ober nicht, so baß
ber Dieb erst besonbere Veranstaltungen treffen mußte, um in ben
Besitz bes Schlüssels sich zu setzen. Der Verschluß bes Behält=
nisses ist burch bie gehörige Sicherung bes Schlüssels gewahrt
unb bie Entwenbung bes letzteren ist ber gewaltsamen Eröffnung
bes Verschlusses selbst gleichgestellt worben. Diese Ausbehnung
bes hier fraglichen Thatbestanbes wirb burch bie Gesetzgebungs=
politik gerechtfertigt, wenngleich bie Consequenz berselben zu ver=
missen. Die Durchführung bieser Bestimmung in praxi erzeugt
übrigens mannigfache Zweifel; namentlich bas Wort „heimlich"
im Gegensatze bes „mit List." Die meisten Entwenbungen er=
folgen heimlich; bie Heimlichkeit ist nichts Besonberes. Denn
auch z. B. ber Dienstbote, welcher ben offen baliegenben Schlüssel
bei ber Reinigung bes Zimmers an sich nimmt, nimmt ihn heim=
lich an sich; bie List wirb bagegen eine Vorbereitung, minbestens
eine kluge Ausführung bes Diebstahls voraussetzen.

---

1) In einem Falle bemerkte bas Obertribunal zu Berlin, baß
„frembe" (innere) Räume (eines Gebäubes) vorauszusetzen seien. Golt=
bammer, Archiv Bb. II. S. 601. Es hängt jeboch bies wohl mit ber
Frage zusammen, ob bas Erbrechen ꝛc. anvertrauter Behältnisse unb bie
Aneignung bes Inhalts berselben als Diebstahl ober als Unterschlagung
zu betrachten sei?

2) Vgl aber Gesetzbuch v. Braunschweig §. 215.

Interessant ist hierbei die K. Bayer. Novelle v. 1816
Art. VI., welche sagt: „auch mit den rechten Schlüsseln, welche
der Dieb sich vorher heimlich oder mit List verschaffte, geöffnet
hat," und das schon vorher unter dem 4. Oct. 1814 erlassene
Rescript, [1]) in welchem die Worte des Gesetzbuches v. J. 1813
„oder mit den rechten Schlüsseln, welche von ihm erst heimlich
entwendet oder mit List genommen worden sind" erläutert werden.
In dem Rescripte wird gesagt: „mit List oder auf andere Art,
das heißt, durch heimliche Weise, Entwendung, als Gegensatz der
List, absichtlich an sich gebracht, um stehlen zu können;" — ferner: „es kommt darauf nicht an, ob er sie zum Eigenthume oder
zum Gebrauche heimlich entwendet;" — und endlich: „Auf die
Länge des Zwischenraumes von der absichtlichen 2c. Verschaffung
an bis zur Vollbringung des Diebstahls kommt nichts an, und
der Diebstahl ist als gefährlicher strafbar, wenn auch der Dieb
auf der Stelle, wie er die Schlüssel 2c. sich verschaffte, damit
den Diebstahl verübt, ebenso als wenn er es Stunden oder Tage
vorher thut."

Das neue Gesetzbuch von Bayern sagt in Art. 281 „oder
sich der rechten Schlüssel bedient, nachdem er sich dieselben vorher heimlich oder mit List verschafft hat." Dieses Accentuiren
des vorherigen Verschaffens finden wir in dem Gesetzbuche von
Württemberg Art. 323 und von Hessen Art. 364 nicht, wohl
aber, in wörtlicher Uebereinstimmung mit Bayern, in dem Hannov.
Gesetze v. 1857. §. 6.

In diesem „vorherigen Verschaffen" liegt, wie wir sofort
sehen werden, eine Quelle neuer Streitfragen. Daß die Ansichnahme des Schlüssels früher erfolgen muß, als die mit ihm aus-
zuführende Entwendung, versteht sich von selbst. Es scheint daher,
als ob dies einer besondern Hervorhebung im Gesetze nicht be-
durft hätte. Ist dies aber der Fall, so liegt die Vermuthung
nahe, daß der Gesetzgeber etwas Besonderes bestimmen und zwar
die Qualification dann ausschließen wollen, wenn die Ansich-

---

1) Vgl. Doppelmaier's Sammlung S. 55 f. (Ed. III.)

nahme des Schlüssels und die Entwendung selbst unmittelbar auf=
einander folgen.

Das OAG. zu München hat [1] auf Grund der ange=
führten Bestimmungen zur Qualification vorausgesetzt, daß das
Verschaffen des Schlüssels und die Ausführung des Diebstahls
nicht in einer und derselben Handlung zusammentreffen, nicht als
die gleichzeitige Vollziehung des verbrecherischen Vorsatzes er=
scheinen, [2] und daß der Bestohlene den Schlüssel verwahrt [3] habe,
so daß die Wegnahme nicht blos ohne sein Wissen, sondern auch
gegen seine Voraussicht erfolgt sei. Als „List" ist es angesehen
worden, als der Dieb den Eigenthümer unter einem unwahren
Vorgeben um einstweilige Ueberlassung des Schlüssels bat, ob=
schon der Eigenthümer die Lüge erkannte und den Schlüssel nur
deßhalb überließ, um nunmehr desto sicherer den Dieb zu über=
raschen. [4] Man fand das Charakteristische darin, daß der Dieb
vorerst Schleichwege betritt oder Lügen und Verstellung anwen=
det, um sich den Schlüssel zu verschaffen. Es ist ferner als
List (?) angesehen worden, als ein Hausgenosse, welcher den
Schlüssel an der Thüre steckend gefunden, dessen Besitz auf die
Nachfrage des Eigenthümers abgeläugnet hatte. [5]

Dagegen hat man die Qualification nicht angenommen, als
der Dieb den Aufbewahrungsort des Schlüssels zum Voraus ge=
wußt, denselben ohne Ueberwindung irgend einer besondern Schwie=
rigkeit lediglich an sich genommen und sofort zur Verübung des
Diebstahls gebraucht hat. [6]

---

1) Zeitschrift ꝛc. für Bayern Bd. I. S. 460.

2) Vgl. noch die angez. Zeitschrift Bd. II. S. 47; — jedoch auch
Bd. VI. S. 89.

3) Dagegen wurde in einem andern Falle eine besondere Verwahr=
ung nicht als nöthig angesehen und die Qualification angenommen, als
der Dieb den Schlüssel heimlich vom Tische, wohin ihn der Eigenthümer
gelegt hatte, weggenommen. Angez. Zeitschr. Bd. III. S. 368 f.

4) Vgl. die angez. Zeitschr. Bd. II. S. 46.

5) Angez. Zeitschrift Bd. III. S. 97.

6) Angez. Zeitschr. Bd. VI. S. 431. Vgl. den entgegengesetzten
Fall, wo der Dieb nach einem etwa passenden Schlüssel sich im Locale

Das Suchen nach dem Schlüssel ist in der Württemb. Praxis nicht ohne Weiteres als ein „zur Handbringen durch List oder heimlich" angesehen worden;[1] — ausnahmsweise in dem Falle, als der Dieb den Schlüssel in verschiedenen Localitäten des Hauses gesucht und ihn endlich in einem ganz entlegenen Verstecke (auf dem sogen. Himmel eines Bettes) in einem andern Zimmer zufällig gefunden hatte. Hier liege eine Vorbereitung des Diebstahls vor, welche die besondere Geflissenheit des Diebes bekunde. Man kann sagen,[2] daß die Qualification wegfällt, wenn der Schlüssel so unsicher verwahrt war, daß der Dieb bei der Ausführung ihn sogleich finden konnte. Hat der Dieb den richtigen Schlüssel von dem Eigenthümer zu einem erlaubten Zwecke erhalten, so kann der Mißbrauch desselben zum Diebstahle letztern nicht qualificiren,[3] selbst dann nicht, wenn der Dieb, als ihm der Schlüssel ausgehändigt wurde, gleichzeitig daran dachte, ihn auch zu einem Diebstahle zu mißbrauchen.

Der Zufall, durch welchen der Dieb in den Besitz des Schlüssels gekommen ist, fällt nicht unter „die List und heimliches Ansichbringen;"[4] — es ist keine Vorbereitung zum Diebstahle, wie auch die List ein Mehreres bedeutet, als das bloße Wegneh=men des Schlüssels.

Schon diese Entscheidungen zeigen das Mißliche der Aus=brücke: „List" „heimlich" „vorher Anschaffen." Die Ansichnahme des Schlüssels, welcher offen daliegt oder dahängt und vom Diebe

umgesehen und einen solchen auch gefunden. Hier wurde (Angez. Zeitschr. Bd. VII. S. 79.) die Qualification lediglich deßhalb nicht angenommen, weil Aneignung des Schlüssels und die Entwendung unmittelbar auf einander folgten. Vgl. dagegen den Fall in Blättern f. Rechtsanw. in Bayern Jahrg. 1839. S. 161 f., wo die Auszeichnung nicht angenom=men wurde, als der Schlüssel in der Nähe der Thüre oder des Behält=nisses auf oder unter dasselbe gelegt worden und der Dieb ihn daselbst gefunden oder selbst aufgesucht hatte.

1) Hufnagel, Commentar Bd. II. S. 354. 358.
2) Hufnagel, a. a. O. S. 359.
3) Hufnagel, a. a. O. in Verb. mit Präjudizien ꝛc. S. 413.
4) Hufnagel, Commentar Bd. II. S. 355 f.

benutzt wird, kann weder als eine listige, noch als eine heimliche bezeichnet werden. [1]) Die ganze Entwendung ist vielleicht eine heimliche zu nennen; nicht aber besonders und im Gegensatze zu dem Acte der Entwendung selbst die Ansichnahme des Schlüssels. Ebenso wird man das Suchen nach dem Schlüssel, wenn nicht hierbei der Dieb eine besondere Verschlagenheit bekundet, — und dies ist wieder eine sehr unsichere, zu Willkürlichkeiten führende Beschränkung — schwerlich ein Verschaffen mit List oder ein heimliches Verschaffen nennen können.

Die Aneignung des Schlüssels selbst wird, wenn nicht eine bloße Benutzung zum Diebstahle beabsichtigt worden, sondern ihn der Dieb mit entwendet und fortnimmt, als Diebstahl anzusehen, jedoch, da er als die Vorbereitung zu dem ausgezeichneten Diebstahle sich darstellt, mit diesem ein fortgesetztes Verbrechen bilden. [2])

§. 7.

Beweis der Qualification.

Eine wichtige Frage ist noch folgende: Ist es Aufgabe der Anklage, dem Diebe die Wissenschaft von den, die Qualification bedingenden thatsächlichen Umständen nachzuweisen, oder genügt der Beweis der letzteren bis dahin, daß der Angeklagte die Unkenntniß von denselben nachweist? — Es wiederholt sich die, namentlich bei dem Verbrechen der Unzucht mit Kindern unter 12 Jahren neuerdings vielfach ventilirte Frage: Entscheidet für den Charakter des Verbrechens das Vorhandensein das dasselbe

---

1) Vgl. noch den Fall bei Hufnagel, Präjudizien ꝛc. S. 414.

2) In dem K. Bayer. Erl. Rescripte v. J. 1814 (Doppelmaier, Sammlung ꝛc. Ed. III. S 56) wird gesagt: „daß an den Schlüsseln selbst ein Diebstahl im juristischen Sinne begangen wird, ist zu dieser Qualification weder den Worten noch dem Geiste des Gesetzes nach erforderlich. Das Eigenthum des im Werthe so unbedeutenden Schlüssels trägt zur Qualification einer Handlung, welche nur in der absichtlichen Verschaffung der Mittel des Diebstahls, als im Gebrauche der Mittel ihren Grund hat, nichts bei."

auszeichnenden Verhältnisses oder muß der Thäter sich eines sol=
chen auch bewußt gewesen sein?[1] Das K. Preuß. Obertribunal
(vgl. Goltdammer, Archiv Bd. III. S. 843 fg.) hat, in specieller
Beziehung auf den Diebstahl mit falschen Schlüsseln, ausgespro=
chen, wie es nicht nöthig sei, dieses Wissen positiv festzustellen,
vielmehr nur in Fällen, wo eine besondere Veranlassung zu der
Annahme sich ergebe, daß die besondern Umstände dem Thäter doch
unbekannt geblieben sein möchten, festgestellt werden müsse, ob diese
Unbekanntschaft anzunehmen. Im Allgemeinen sind wir der An=
sicht, daß der Anklage der Beweis jener Wissenschaft obliege,
weil die Anklage auf diesem Qualificationsgrund mit beruht und
durch dessen Existenz die Anwendung des Strafgesetzes für den
ausgezeichneten Diebstahl bedingt ist. Es kann hier nicht, wie
geschehen, daraus, daß nur ein Qualificationsgrund vorliege, eine
Ausnahme von der allgemeinen Regel über Umfang und Verthei=
lung der Beweislast gefolgert werden. Ganz anders gestaltet sich
der Fall da, wo das Gesetz die Schwere der Strafe nach der
Schwere des Erfolgs verschieden abgestuft hat, wie dies meistens
bei den Verbrechen der Brandstiftung und des Raubes zu gesche=
hen pflegt. Hier entscheidet das rein Objective; die verbrecherische
Handlung wird in ihrem dolus von dem Erfolge nicht berührt,
wie sie auch die wirkende Ursache des schwereren Erfolgs bleibt.
In Fällen der gegenwärtigen Erörterung ist dagegen ein Theil
der verbrecherischen Handlung selbst und eine besondere Eigenschaft
derselben in Frage. Man sieht nicht ein, weshalb hier eine Aus=
nahme von den allgemeinen Regeln über den Beweis der Anklage
gemacht werden soll und darf.

In praxi wird sich meistentheils der Zweifel von selbst er=
ledigen. Der Gebrauch des an sich falschen Schlüssels, wie jedes

---

1) Vgl. Mittermaier im Gerichtssaal 1854. Bd. II. S 11 f. und
die daselbst referirten Entscheidungen in Verb. mit Hannöv. Magaz. von
v. Klende Bd. IV. S. 120 f. und Goltdammer, Archiv Bd. II S. 238 f.
254. Bd. III. S. 56. Vgl. noch Schwarze, Blätter f. Rechtspfl. in
Thüringen Bd. II. S. 211. Vgl. neuerdings endlich (Hess.) Archiv f.
prakt. Rw. v. Emminghaus ꝛc. Bd. IX. S. 1 f.

andern Diebsinstruments enthält bereits wider den Dieb den Be=
weis der Wissenschaft davon, daß der Schlüssel nicht zum ord=
nungsmäßigen Gebrauch bestimmt sei. Nur wo der ächte Schlüs=
sel gebraucht worden, können Zweifel entstehen. Allein auch sie
werden in der Regel durch die Angaben des Diebes über den
Erwerb des Schlüssels, insbesondere auch über die Zeit, seit wel=
cher er ihn besessen, leicht sich erledigen. Der Dieb ist meistens
in dem Glauben, daß der Schlüssel nicht der richtige oder daß er
vorlängst durch einen andern ersetzt sei. In den wenigen Fällen,
wo er dies bezweifelt und die fortdauernde Richtigkeit des Schlüs=
sels behauptet, wird er auch näher angeben, worauf seine Behaup=
tung sich stütze; hiernach wird der Richter beurtheilen, ob und
inwieweit letztere glaubhaft sei. Ebenso wird häufig hier die
Bezugnahme auf einen dolus indirectus vollkommen der Sach=
lage entsprechen. Die schwierigsten Fälle sind vielmehr diejenigen,
in denen der Eigenthümer über den Verlust des Schlüssels de=
ponirt und erst aus diesen Depositionen Zweifel sich ergeben, ob
der Schlüssel wirklich als ein falscher zu betrachten sei, obgleich
der Dieb gar nicht geglaubt hat, daß er den richtigen Schlüssel
angewendet habe. Der Fall gestaltet sich sodann leicht dahin,
daß dem Diebe der Irrthum über ein thatsächliches Moment des
Verbrechens zu Statten kommt. Ja, es kann sogar der Dieb auf
eine Weise in den Besitz des Schlüssels gelangt sein, welche in
dem Diebe jeden Zweifel ausschließen mußte, als ob er den rich=
tigen Schlüssel angewendet habe.

Wir referiren hier einen Fall aus der Praxis: A verliert
den Schlüssel der Vorhausthüre zu seiner Wohnung. Der Schlüs=
sel der anstoßenden Küchenthüre des Nachbars auf derselben Flur
schließt ebenfalls jene Vorhausthüre. Der Verlierer, in der Hoff=
nung, den Schlüssel wiederzufinden, gebraucht einstweilen mit
Genehmigung des Nachbarn den Küchenthürschlüssel des Letzteren
zum Verschlusse und zur Oeffnung seiner Thüre, jedoch dergestalt,
daß er den Küchenschlüssel jedesmal aus der Küchenthüre, wo er
fortdauernd gesteckt hat, abgezogen und, nach gemachtem Gebrauche,
daselbst wieder eingesteckt hat. Ein Dieb — ohne alle Kenntniß
dieser Vorgänge — versucht mit dem ansteckenden Küchenschlüssel,

nachdem er ihn abgezogen, die verschlossene Vorhausthüre zu
öffnen und stiehlt, als ihm dies gelungen, aus dem Vorhause
mehrere Gegenstände. Der Dieb mußte nothwendig den Schlüssel für den unrichtigen halten, wogegen der Bestohlene aussagte,
daß er den Schlüssel seit mehreren Wochen zur Oeffnung seiner
Behausung verwendet habe und verwende.

Fragt man übrigens, ob der Schlüssel in diesem Falle als
der zum „ordnungsmäßigen" Gebrauche „bestimmte" anzusehen
gewesen, so bejahen wir die Frage. Die Bestimmung war allerdings nur eine vorübergehende, und der Schlüssel selbst zunächst
für eine andere Thüre bestimmt, als zu welcher der Bestohlene
ihn gebrauchte. Allein das erstere Moment ist nicht maßgebend,
da durch dasselbe die Thatsache, daß der Schlüssel zum ordnungsmäßigen Gebrauche bestimmt gewesen, nicht aufgehoben wird und
die Zeitdauer der Bestimmung einflußlos ist. Außerdem würde
auch derjenige Schlüssel, welchen der Eigenthümer aus irgend
einem Grunde nächstens außer Gebrauch zu setzen, bereits entschlossen ist, aufhören, der ordnungsmäßige zu sein. Es entscheidet vielmehr die gegenwärtige Bestimmung des Schlüssels.
Daß hiernächst der Schlüssel auch für ein anderes Schloß und
zwar hauptsächlich bestimmt gewesen, ist ebenfalls gleichgiltig, da
der Eigenthümer des Schlüssels mit der gleichzeitigen Verwendung
desselben für ein anderes Schloß einverstanden gewesen und somit
beide Theile — der Verleiher und der Leihende — ihn als den
richtigen Schlüssel für letzteres behandelten; er diente nunmehr
für zwei Schlösser, für welche er der ordnungsmäßige wurde. —
Der Diebstahl selbst stellte sich sonach als ein einfacher dar.

In **Ferdinand Enke's** Verlag in **Erlangen** ist erschienen und durch alle Buchhandlungen des In = und Aus=landes zu beziehen:

Abeg, J. F. H., Beiträge zur Begutachtung des Entwurfs des Gesetzbuches über Verbrechen und Vergehen für das König=reich Bayern vom Jahre 1854. gr. 8. 1854. geh. 28 Sgr. od. 1 fl. 36 kr.

Beschorner, J. H., das deutsche Eisenbahnrecht mit besonderer Berücksichtigung des Actien- und Expropriationsrechtes gr. 8. 1858. geh. 1 Thlr. 22 Sgr. od. 3 fl.

Bleibtreu, L. O., die Lehre von den Wechseln mit Hinweisung auf bestehende Gesetze. gr. 8. 1860. geh. 22 Sgr. oder 1 fl. 12 kr.

Brauer, Eduard, die deutschen Schwurgerichtsgesetze in ihren Hauptbestimmungen übersichtlich zusammengestellt, mit kurzem Hinweis auf fremdes, insbesondere französisches und englisches, auch schottisches und nordamerikanisches Recht. gr. 8. 1856. geh. 1 Thlr. 15 Sgr. ob. 2 fl. 36 kr.

Brauer, W., die allgemeine deutsche Wechselordnung mit den Abweichungen der Oesterreichischen Wechselordnung erläutert. 2te vermehrte und verbesserte Auflage. gr. 8. 1851. geh. 1 Thlr. 6 Sgr. ob. 2 fl.

Busch, F. B., die Stimme der Praxis bei den höchsten deutschen Landestribunalen und anderen Spruchcollegien über verschiedene Streitfragen aus dem Gebiete des bürgerlichen Rechts und Prozesses. gr. 8. 1862. geh. 1 Thlr. 18 Sgr. oder 2 fl. 42 kr.

Frey, Ludwig, Frankreich's Civil = und Criminalverfassung. II. vermehrte Auflage. gr. 8. 1851. geh. 1 Thlr. 26 Sgr. ob. 3 fl.

— — die Staatsanwaltschaft in Deutschland und Frankreich. gr. 8. 1850. geh. 1 Thlr. 2 Sgr. ob. 1 fl. 54 kr.

Gerichtssaal, der, Zeitschrift für volksthümliches Recht insbeson=dere für öffentlich=mündliches Verfahren in Criminal= und Civil=sachen und Geschwornenverfassung. Unter Mitwirkung vieler, den deutschen gesetzgebenden Versammlungen, Gerichtshöfen und Hochschulen 2c. angehörenden Juristen, herausgegeben von Dr. von Jagemann. I.—V. Jahrgang. 1849—1853. VI.—IX. Jahr=gang, herausgegeben von Dr. F. Ch. v. Arnold, Dr. A. v. Hye=Glunek und Dr. F. O. Schwarze. 1854—1857. Der Jahrgang von 12 Heften. 4 Thlr. 20 Sgr. oder 8 fl.

— — X.—XV. Jahrgang, herausgegeben von Dr. F. Ch. v. Arnold, Dr. H. Hälschner, Dr. A. v. Hye=Glunek, Dr. K. J. A.

Mittermaier und Dr. F. O. Schwarze. 1858—1863. Der Jahr=
gang von 6 Heften. 2 Thlr. 16 Sg. oder 4 fl. 24 kr.

Jagemann, Dr. L. von, Criminallexicon. Nach dem neuesten
Stande der Gesetzgebung in Deutschland bearbeitet. Fortgesetzt
von Wilhelm Brauer. Lex. 8. 1854. geh. 5 Thlr. od. 9 fl.

Janke, H., das Fruchtrecht des redlichen Besitzers und des Pfand=
gläubigers. Zwei civilistische Abhandlungen, unter Berücksich=
. tigung der modernen Gesetzgebungen herausgegeben. gr. 8.
1861. geh. 1 Thlr. 16 Sgr. od. 2 fl. 42 kr.

Jritter, E. die K. Württembergische Strafanstalt für jugendliche
Verbrecher in Schwäbisch Hall. gr. 8. 1863. geh. 15 Sgr.
oder 48 kr.

Kärcher, K. G., die Straferkenntniss. Eine Begründung des
Strafbeweises in der Denklehre. I. Band. Die Lehre von der
Erkenntniss. gr. 8. 1857. geh. 1 Thlr. od. 1 fl. 45 kr.
— — II. Band. 1. Abth. Die Lehre von der Erkenntniss der
Strafbarkeit. gr. 8. 1848. geh. 22 Sgr. od. 1 fl. 12 kr.
— — II. Band. 2 Abth. Der gegenständliche Thatbestand des
Verbrechens. gr. 8. 1861. geh. 1 Thlr. oder 1 fl. 45kr.

Kletke, Dr. M. O., Sammlung von Präjudizien der obersten
Gerichtshöfe Deutschlands in Handels=, See= und Wechsel=
rechts=Streitsachen bis zu Ende des Jahres 1856. gr. 8.
1857. geh. 1 Thlr. 10 Sgr. od. 2 fl. 24 kr.
— — desselben Werkes erste Fortsetzung. gr. 8. 1857. geh.
24 Sgr. od. 1 fl. 24 kr.
— — desselben Werkes zweite Fortsetzung. gr. 8. 1858. geh.
1 Thlr. 16 Sgr. od. 2 fl. 40 kr.

Lehmann, Dr. G., die Mobilisirung des Hypothekenbriefes. gr. 8.
1863 8. Sgr. oder 28. kr.

Neumann, Dr. jur. M., Geschichte des Wechsels im Hansagebiete
bis zum 17. Jahrhundert nach archivalischen Urkunden. gr. 8.
geh. 1 Thr. 6 Sgr. oder 2 fl.

Schwarze, Dr. Friedr. Oskar, zur Lehre von dem sogenannten
fortgesetzten Verbrechen. 8. 1857. geh. 12 Sgr. oder 40 kr.

Zeitschrift des Anwaltsvereines für Bayern. Bd. I.—III. 1861/63.
Der Band von 24 Nummern à 1 Bogen. gr. 8. 2 Thlr. od.
3 fl. 24 kr.

Zeitschrift, für das gesammte Handelsrecht. Herausgegeben von
Dr. L. Goldschmidt. I. Band. gr. 8. 1858. geh. 2 Thlr.
20 Sgr: oder 4 fl. 48 kr.
— — II.—VI. Band. 1859/1862. à 3 Thlr. 18 Sgr. od. 6 fl.

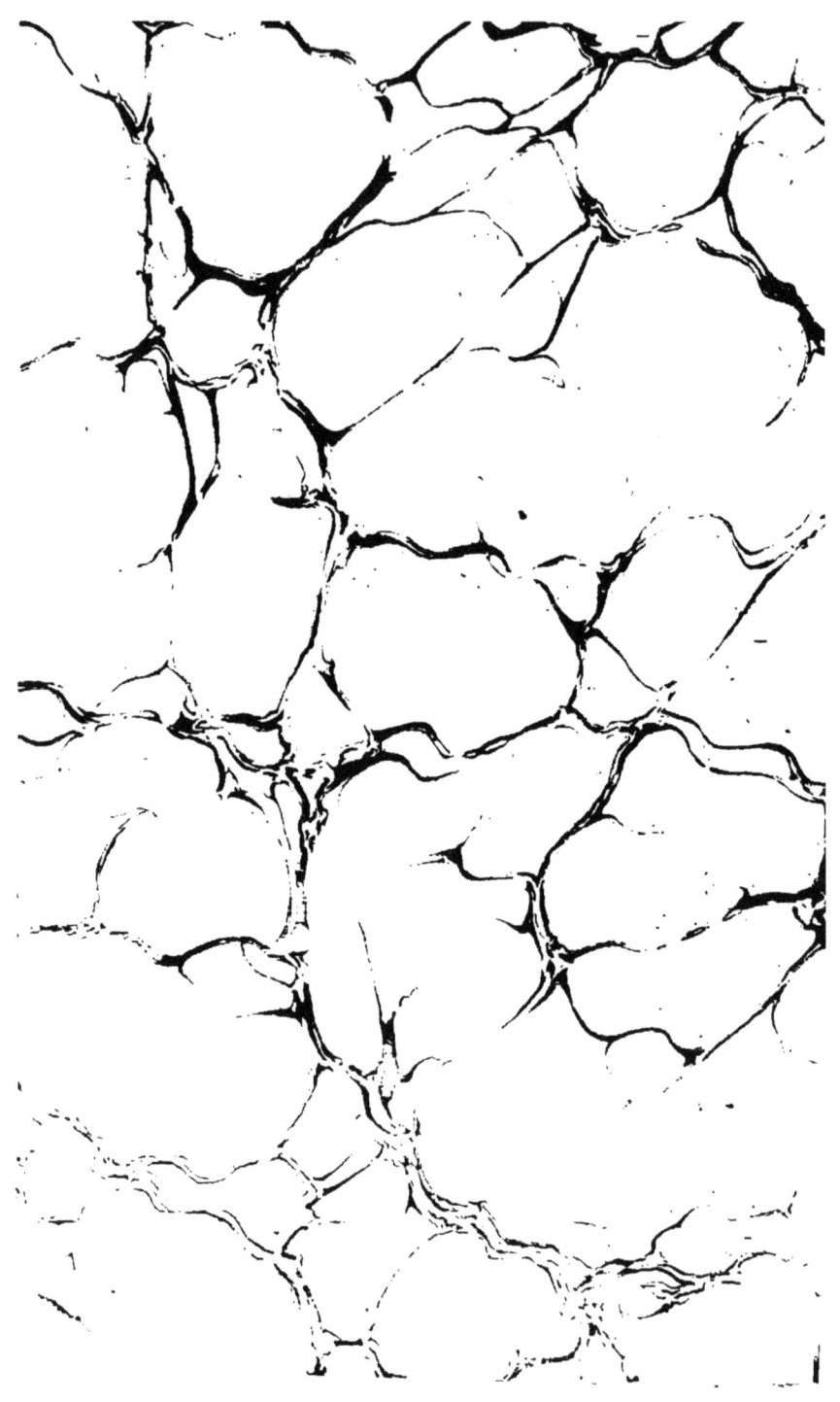

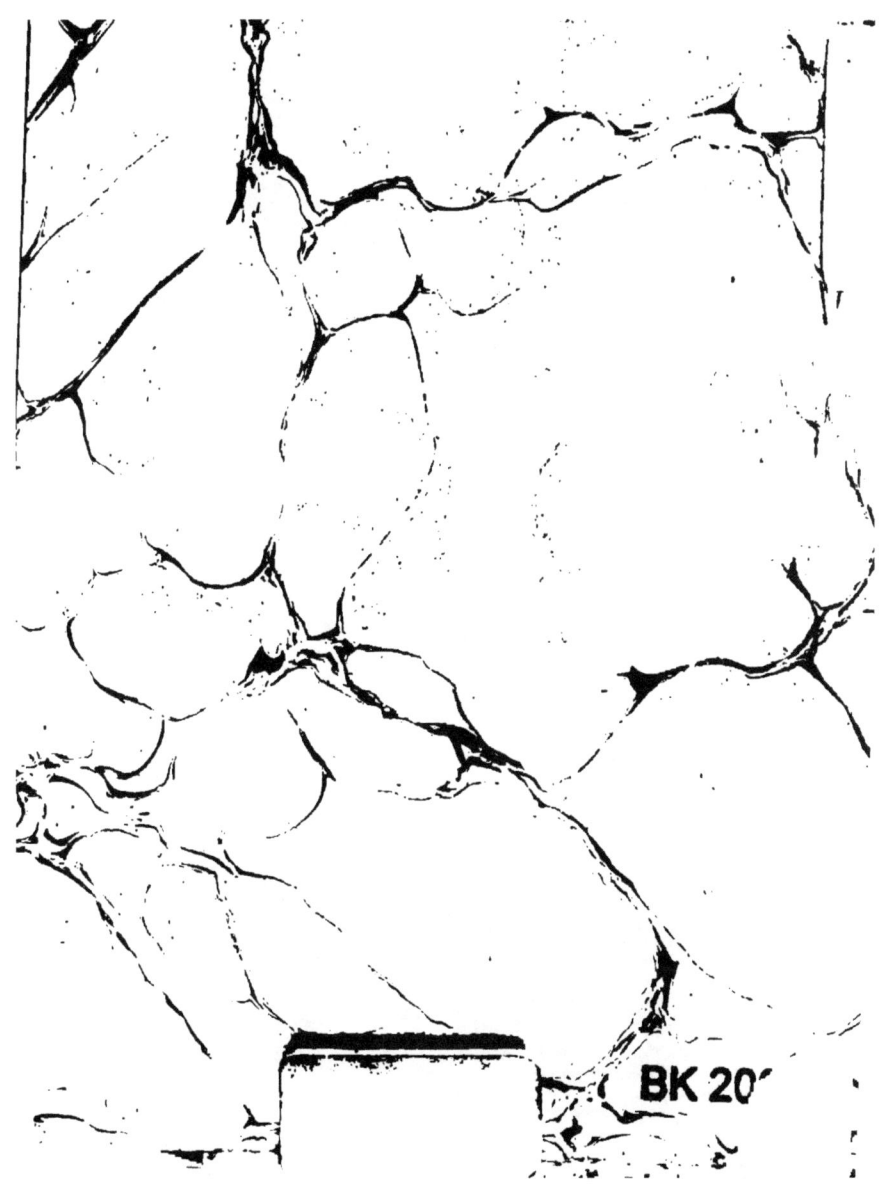

BK 20